D1140743

GROEN DOEN

Marie-Claire van den Berg

GROEN DOEN

Verslag van een zoektocht naar klimaatvriendelijk leven

Artemis & co

ISBN 978 90 472 0204 2

Omslagontwerp Janine Jansen
Omslagillustratie Jossy Albertus
Foto auteur Anja Robertus

Verspreiding voor België:
Veen Bosch & Keuning uitgevers n.v., Antwerpen

INHOUD

Bein' green

It's not that easy being green
Having to spend each day the color of the leaves
When I think it could be nicer being red, or yellow, or gold
Or something much more colorful like that

It's not easy being green
It seems you blend in with so many other ordinary things
And people tend to pass you over
'Cause you're not standing out
Like flashy sparkles in the water
Or stars in the sky

But green's the color of spring
And green can be cool and friendly-like
And green can be big like a mountain
Or important like a river
Or tall like a tree

When green is all there is to be
It could make you wonder why
But why wonder why wonder
I am green, and it'll do fine
It's beautiful, and I think it's what I want to be

(Kermit de Kikker, *Sesame Street*, 1969)

VOORWOORD

Echt leven is veel biefstuk eten. Volgens de overleveringen van mijn moeder tenminste. Toen ik klein was vertelde ze me vaak een verhaal over haar leven voor mijn geboorte. Het was een eenvoudige anekdote over haar en mijn vader, maar ze vertelde het iedere keer met zoveel liefde en trots in haar stem dat ik het steeds weer mooi vond.

Het ging ongeveer zo: toen ik er nog niet was en mijn smoorverliefde vader en moeder samen gingen wonen op een kleine flat in Rotterdam, hadden ze niets. Geen geld, geen bezittingen, geen gezamenlijke geschiedenis, alleen die lege flat en elkaar. In die flat maakte mijn vader een eettafel van een oude deur en stoelen van sinaasappelkistjes. Daar dineerden ze 's avonds, bij kaarslicht. 'En ook al hadden we niets,' zo sloot mijn moeder haar sprookje altijd even stralend af, 'we aten wel altijd verse biefstuk.'

Zo klein als haar verhaal was, zo groot is de invloed ervan op mijn leven. Ik denk dat mijn moeder mij onbewust haar levensmotto vertelde. Niet zozeer dat je altijd vlees moet eten, maar wel dat je het altijd goed moet hebben. Als kinderen van door de Tweede Wereldoorlog gevormde ouders wilden ze alleen maar gaan voor het beste. Ook voor hun kinderen. Dat voornemen hebben ze dubbel en dwars waargemaakt. De flat werd opgezegd en mijn ouders kochten een eengezinswoning. De deur die dienstdeed als tafel maakte plaats voor een eikenhouten eettafel, de sinaasappelkistjes werden ingeruild voor comfortabele eetkamerstoelen en er kwam een luxe keuken waar het vaak rook naar stoofpotjes, kippenragout, gebakken spekjes, rookworst en varkenskoteletten.

Er was altijd genoeg geld voor nieuwe kleren, we hadden twee auto's en gingen ieder jaar op zomer- en wintervakantie. Als het koud was ging de verwarming aan, in alle kamers. Zelfs als er een raam openstond. We gingen vaak met de hele familie uit eten en als we dat niet deden, maakte mijn moeder de meest uitgebreide maaltijden. En vrijwel altijd met vlees of vis, ondanks het feit dat ze een cursus vegetarisch koken had gevolgd. Alsof dat vlees iedere keer weer het bewijs was van de rijkdom waarin we leefden.

Die levenshouding van mijn ouders botste weleens met die van mijn oma, die ons maar ongebreideld zag consumeren en vond dat we best wat zuiniger en bescheidener mochten zijn. Mijn oma had de hongerwinter meegemaakt en was dus de enige in onze familie die wist wat het was om echt honger te hebben. Zij bewaarde iedere kruimel. Als wij weer eens een restje eten weggooiden of ons bord niet leeg wilden eten, konden we er donder op zeggen dat er een verhaal kwam over de tijd dat zij alleen maar suikerbieten at.

Ze kon ook indrukwekkende verhalen vertellen over de vrieskou en de ijsbloemen in haar kinderslaapkamer die, in tegenstelling tot die van ons, geen verwarming had. Of over hoe ze één keer per week werd gewassen met het water uit een ketel die de hele dag op de enige kachel in huis stond. Vol verbazing keek ik haar aan: een ketel? Wekelijks? Ik douchte, net als mijn zus en mijn ouders, iedere dag! En dan ging er 's avonds vaak ook nog iemand in bad.

Ik hing ook aan mijn oma's lippen als ze vertelde hoe ze in de huiskamer fietsend een dynamo aandreef om een boek te kunnen lezen. Of hoe haar moeder bij schemering met haar naar de lichtste plek van de kamer ging om nog even voor te lezen. Want lampen aandoen kon alleen als ze een muntje in de elektriciteitsmeter deed en dat wilde ze zo lang mogelijk uitstellen. Dat je niet zomaar een lamp kon aanzetten als je een boek wilde lezen, vond ik onvoorstelbaar. Bij ons was er altijd licht, overal. Buiten, om mogelijke inbrekers te weren, 's avonds op de gang, als ik bang was in het donker, zelfs als we niet thuis waren was er licht dankzij de tijdschakelaar die mijn vader voor onze vakanties programmeerde, of gewoon omdat het fijn was na een dagje uit niet in het donker thuis te komen.

Mijn oma's verhalen hadden voor mij dezelfde sprookjesachtige lading als de verhalen die mijn moeder over haar flat vertelde. Ze kwamen uit een wereld die ik nooit zou kennen. Na verloop van tijd vergat ik ze ook, omdat ik aan mijn eigen leven was begonnen. Ik ging studeren, vond een piepkleine kamer in een studentenhuis, kreeg een bijbaantje in de horeca en werd verliefd op een studiegenoot. En toen we een paar jaar later gingen samenwonen werd ik overvallen door hetzelfde romantische gevoel dat ik had gehad wanneer mijn moeder vertelde over haar eerste keer samenwonen. De geschiedenis herhaalde zich: we vonden vier oude stoelen op straat, toverden een plank om tot een eettafel en we aten, net als vroeger, iedere dag vlees.

In de jaren die volgden deden we wat zoveel jonge stellen doen: we studeerden af, vierden ons geluk in cafés, restaurants en discotheken, vlogen samen de wereld over en kochten een appartement. We ontwierpen onze eigen badkamer met vloerverwarming, ligbad en regendouche waar we samen onder stonden tot onze vingertoppen week en gerimpeld waren. We haalden de halve Ikea-gids in huis en ruilden de trein in voor de oude auto van een familielid. Als we het druk hadden, haalden we complete maaltijden bij een van de exotisch afhaaltentjes in de buurt of we gingen uit eten. Koffiezetten deden we ook steeds minder omdat we zo'n luxe koffieboer om de hoek hadden die de bonen ter plekke voor je maalde en er gelijk een verse *latte* met een niet te evenaren schuimlaag van maakte.

Na een tijdje raakte ik zwanger en kregen we een dochter. Nog geen twee jaar later werd onze zoon geboren. Er kwamen kinderkamers, kinderwagens, kinderbadjes, kinderspeelgoed en een heuse kindermaaltijdblender. We kochten kinderzitjes, kinderpotjes, kinderflesjes. Ik werd een grootverbruiker van billendoekjes, snoetenpoetsers en andersoortige schoonmaakdoekjes. Er kwam een groter huis, een nieuwere auto, een hogere energierekening en een vollere vuilnisbak.

En we aten bijna elke avond vlees.

Tot er na de geboorte van mijn twee kinderen onverwacht nóg iets werd geboren: mijn nieuwe bewustzijn. Als er een speentje op de grond viel, snelde ik naar de keuken om het gelijk te steriliseren. Babyprakjes uit een potje kwamen er niet in, tenzij ik zeker wist dat er geen bestrijdingsmiddelen of onverantwoorde E-nummers inzaten. Ik waste alles driedubbel op zestig graden en als ik met mijn ergonomische kinderwagen op straat liep en er reed een vieze brommer voorbij, dan wendde ik de wagen demonstratief af in de hoop de uitlaatgassen te ontwijken. Ik gromde er nog net niet bij.

Maar mijn nieuwe bewustzijn ging verder. Ik kon me wel zorgen maken om de gassen van die ene brommer. Maar de straat waar ik woonde stond in de top vijf van straten met de hoogste concentratie fijnstof van Nederland. En ik kon me wel zorgen maken over mijn straat, maar hoe zat het eigenlijk met de wereldwijde CO_2-uitstoot?

Ik begon me te verdiepen in het klimaat en stuitte op het verhaal van de Amerikaanse schrijver Colin Beavan, die een jaar lang CO_2-neutraal had geleefd. Voordat Beavan in 2007 aan zijn 'No Impact'-experiment begon, leidde hij een 'gewoon' leven als schrijver van historische non-fictie. Hij had een appartement in New York met zijn eveneens schrijvende vrouw Michelle en een dochtertje van twee. Beavan omschreef zichzelf graag als de schuldbewuste progressief en zijn vrouw als een kopie van Carrie Bradshaw uit *Sex and the City*. Als zij thuiskwam met een bontsjaal, begon hij te zwaaien met actiefolders van de dierenrechtenorganisatie PETA. Als zij de televisie aanzette voor haar soapverslaving, begon hij te preken over het uitsterven van de ijsberen. Maar daar bleef het bij. Tot hij op een gegeven moment zo ziek werd van zichzelf dat hij besloot met vrouw en kind een jaar lang op geen enkele manier het milieu te belasten. In grote lijnen kwam dat neer op: geen afval produceren, geen elektriciteit verbruiken, niet televisiekijken of autorijden en alleen biologische streekproducten kopen. Hij hield er een weblog over bij, liet dat weblog uitgeven in boekvorm en er kwam een documentaire over zijn experiment, die lovende recensies kreeg. Alle kranten schreven over hem en iedereen wilde weten hoe hij een jaar lang zonder toiletpapier had geleefd, want dat was misschien wel de extreemste beslissing die hij nam. Maar er was ook kritiek. Zo werd Beavan beschuldigd van hypocrisie: als je een jaar lang een weblog schrijft over hoe je klimaatneutraal moet leven, waarom druk je dat dan alsnog af op dode bomen? *The New York Times* was ook niet onverdeeld enthousiast en noemde zijn project 'op zijn best een scène uit een ouderwetse komedieserie en op zijn slechtst een moreel verdachte poging tot zelfverheerlijking'.

Ik las zijn boek, probeerde een week net zo CO_2-neutraal te leven als hij een jaar had gedaan en schrok van mijn persoonlijke milieubelasting. Wat ik in één week aan afval produceerde was schokkend en het besef dat er miljoenen, miljarden mensen waren die hetzelfde weggooiden, was een regelrechte nachtmerrie. We putten de aarde sneller uit dan die zich kan herstellen. De lucht raakt vervuild door onze vliegtuigen en auto's, diersoorten sterven uit door vervuiling of vernietiging van oerwoud, oceanen worden overbevist, gletsjers smelten. We eten steeds meer vlees, afkomstig uit een van de meest milieuonvriendelijke industrieën ter wereld, zonder te willen nadenken over hoe het op ons bord is beland. Vlees van dieren die nooit de buitenlucht hebben geroken, die zijn grootgebracht met kunstmatig versterkt krachtvoer en antibiotica. Vlees dat wordt volgespoten met water en smaakstoffen, omdat het anders niet eens lekker is. En dat vervolgens als een niet tot een dier te herleiden kiloknaller in een plastic bak in een plastic tas op de achterbank van een van die miljoenen auto's belandt. We kopen spullen die zo kapot zijn. Dan gooien we ze weg en kopen we weer nieuwe. Dat is namelijk zo makkelijk dat je wel gek zou zijn die oude te repareren.

Ik dacht terug aan de verhalen van mijn oma en mijn moeder en vroeg me af: wat zullen mijn kinderen zich straks herinneren van hun jeugd? Dat hun moeder een paar keer per jaar in het vliegtuig stapte, ook al wist ze dat het het meest vervuilende vervoermiddel op aarde was? Dat ze zonder schuldgevoel de grootste rotzooi in de afvalbak kieperde, dat ze in een benzineauto reed terwijl ze wist hoe vervuilend het was? En dat ze iedere dag onbekommerd vlees at terwijl ze wist dat ze bijdroeg aan de vervuilende bio-industrie? Kortom, dat ze niets deed toen ze ontdekte dat zij en haar tijdgenoten de aarde aan het vernietigen waren?

Natuurlijk is er ook een andere manier om over dit onderwerp te denken. Je kunt er ook van uitgaan dat de soep niet zo heet gegeten wordt als hij wordt opgediend. Dat het wel meevalt met de opwarming van de aarde en dat het niet eens zeker is dat wij daar de oorzaak van zijn. Of dat we de oplossingen met genoeg onderzoek, kennis en beleid vanzelf vinden. We zijn immers steeds beter in staat de wereld naar onze hand te zetten.

Maar zo kan ik niet langer denken. Ik kan mijn kinderen niet fatsoenlijk opvoeden als ik in mijn achterhoofd weet dat ik meedoe aan een massale aanval op hun toekomst. Ik weet dat ik in mijn eentje die aanval niet kan stoppen, maar ik kan wel het goede voorbeeld geven. En als over veertig jaar blijkt dat we ons nergens druk over hadden hoeven maken, dan heb ik mijn kinderen in elk geval een goede en bewuste opvoeding gegeven. Dat lijkt me sowieso geen overbodige luxe.

Schaamte is een slechte raadgever, net als angst en schuldgevoel. Toch waren dat drie belangrijke emoties die me deden besluiten uit te zoeken hoe je op een goede manier groener kunt leven. Ik schaamde me voor mijn eigen verkwistende gedrag, vreesde voor een ingewikkelde toekomst voor mijn kinderen en voelde me schuldig over het feit dat ik niet alles deed om die toekomst net zo zorgeloos te laten zijn als mijn leven tot nu toe was geweest. Maar er was nog een reden waarom ik besloot dat het roer om moest: liefde. Ik wil het beste voor mijn kinderen, zoals mijn moeder dat voor mij wilde en mijn oma voor mijn moeder. Zoals iedere moeder dat voor haar kind wil. Die liefde is sterker dan het verlangen een halfuur onder de douche te staan om wakker te worden, even snel in de auto te stappen als het weer zoeens regent, wegwerpartikelen te blijven kopen omdat het zoveel tijd bespaart, zomaar ergens een hamburger te bestellen als je trek hebt, of de verwarming op twintig (of hoger) te zetten als het buiten wat frisser wordt.

Maar je leven opnieuw inrichten en afrekenen met gewoonten en misverstanden die tientallen jaren hebben kunnen inslijten is makkelijker gezegd dan gedaan, zelfs als je daar met een oneindige voorraad liefde aan begint. Mijn nieuwe bewustzijn is wat dat betreft nog maar een klein kind dat veel moet leren. Je 'gewoon' voornemen klimaatbewust te gaan leven werkt in ieder geval niet. Voor je het weet stap je weer in de auto als het even regent, mogen de kinderen toch een kipnuggets-kindermenu en boek je weer die vlucht naar dat tropische eiland.

Milieuvriendelijk leven is net zo moeilijk als proberen structureel vijf kilo af te vallen. Je mag best af en toe iets doen wat niet in je dieet past, daar kom je niet meteen vijf kilo van aan, maar als je het echt goed wilt doen, vereist het een ijzeren discipline en een lange adem. En dan is afvallen zelfs nog makkelijker dan milieubewust leven. Wanneer je lijnt, merk je op een bepaald moment verbetering: je past opeens weer in je lievelingsbroek en mensen geven complimentjes over je uiterlijk. Maar als je milieuvriendelijker gaat leven, word je niet meteen beloond met een graadje minder opwarming van de aarde. Sterker: je gaat er soms zelfs op achteruit. Een voorbeeld daarvan is mijn eerste lunch met 'biologische vegetarische knakworstjes'. Ik had de industriële Unox-knakworstjes definitief vaarwel gezegd waarop mijn dochter begon te klagen over het feit dat wij geen knakworstjes op brood aten en haar vriendinnetjes wel. Ze raakte me recht in mijn onzekere moederhart en dus ging ik meteen op zoek naar een vegetarische variant. Die vond ik bij de biologische supermarkt. Ik nodigde snel haar vriendinnetjes uit en zette trots een schaal brood met vegaknakworstjes op tafel, om vervolgens te zien hoe die door drie meisjes tegelijk walgend werden uitgespuugd. Dit waren geen knakworstjes, riepen ze in koor, dit was vies! En als ik eerlijk ben hadden ze gelijk.

Maar met of zonder knakworst: als je niets doet, verandert er sowieso niets en dat vind ik veel erger. Ik wil niet meer onverschillig meedoen aan de roofbouw op ons kostbaarste bezit. Ik wil niet meer meegaan in de gedachte dat de oplossing bij de politiek ligt of van de grote milieuvervuilende multinationals moet komen. Daarmee schuif ik het probleem uiteindelijk alleen maar bij een ander op zijn bord. En dus bleef er maar één ding over: me volledig onderdompelen in de wereld van de ecofreaks, geitenwollensokken, klimaatalarmisten, politici, onderzoekers, biologische boeren, natuurliefhebbers, energiedeskundigen, milieuactivisten en psychologen, om erachter te komen hoe ik écht milieubewust kan leven, mijn kinderen het goede voorbeeld kan geven en het zelf ook nog naar mijn zin kan hebben.

Ik ben op zoek gegaan naar verhalen die me konden inspireren groener te leven en naar 'houdbare' antwoorden op vragen en dilemma's waar ik tegenaan liep. Ik weet dat het verstandig is een elektrische auto te kopen, maar niet iedereen heeft daar het geld voor. Hoe kan ik het zo goed mogelijk doen zonder een Lotus onder mijn kont? Hetzelfde geldt voor mijn boodschappen. We worden om de oren geslagen met tips om biologisch te kopen, maar betekent zo'n groene sticker automatisch dat het beter is voor het klimaat? En hoe onthoud ik welk keurmerk waarvoor staat?

Nog een grote vraag: heeft het compenseren van CO_2 (door bomen te laten planten als ik in het vliegtuig stap) wel zin? En is duurzame vis wel zo duurzaam als we denken? Waarom worden sommige spullen nog steeds zo overdreven verpakt, terwijl we zo'n groot afvalprobleem hebben? Wat is het nut van het scheiden van plastic afval? Hoe kun je jezelf trainen in het volhouden van groen gedrag? Heeft het zin om actie te voeren of je aan te melden bij milieuorganisaties? Ik kwam soms met meer vragen terug dan ik had toen ik vertrok, maar uiteindelijk ben ik er wijzer en gelukkiger door geworden.

Dit boek is daar het verslag van. Het is het resultaat van een ingewikkelde, soms teleurstellende, maar gelukkig ook opbeurende zoektocht naar de kennis en motivatie om milieubewust te leven en een zo goed en groen mogelijk mens en ouder te zijn.

Tussen het leven van mijn oma en dat van mij zit maar één generatie. Als we in zo'n korte tijd van zestig jaar zo'n grote negatieve invloed op het milieu hebben gehad, dan kunnen we die verandering hopelijk ook in één generatie stoppen. Mijn moeder is van de hippiegeneratie en werd groot met het *Make love not war*-credo. Nu wordt het tijd om lief te zijn voor de aarde.

1

HET WATERDICHTE ARGUMENT OM NÚ WAT TE DOEN

Winter 2010. Het is ijzig koud en er ligt al weken sneeuw. Op het kinderdagverblijf van mijn dochter worden uitjes geannuleerd vanwege ernstige sneeuwoverlast. Het strooizout raakt op en sommige sneeuwbuien zijn zo heftig dat er een weeralarm wordt afgekondigd. Overal zijn de skipakken en moonboots uitverkocht en in onze achtertuin staat inmiddels een hele familie sneeuwpoppen.

Op de zoveelste koude winterdag raak ik met een paar moeders op de crèche aan de praat over het weer. Een van hen flapt er vol overtuiging uit: 'Nou, één ding weten we in elk geval zeker: met die opwarming van de aarde valt het wel mee!'

Je kunt geen krant openslaan of er staat wel een nieuw verontrustend bericht in over het klimaat. Maar wijzer worden we er niet van. Integendeel: hoe meer je over het onderwerp leest, hoe lastiger het wordt er vat op te krijgen. De berichten lijken elkaar ronduit tegen te spreken. De ene keer smelten de ijskappen sneller dan ooit tevoren, de andere keer hoor je weer dat het zee-ijs op het zuidelijk halfrond alleen maar is toegenomen. '2010 een van de warmste jaren ooit,' kopten de kranten. Zie je wel, zeggen de klimaatalarmisten, de aarde warmt op. Nee hoor, er komt juist weer een nieuwe ijstijd aan, roepen de klimaatsceptici dan, schermend met wetenschappelijke onderzoeken die in hun voordeel spreken.

In de klimaatfilm *An Inconvenient Truth* uit 2006 schetste de Amerikaanse oud-vicepresident Al Gore een droevig toekomstbeeld van de Kilimanjaro in Afrika zonder sneeuwtoppen. De sneeuw smolt, en dat kwam door onze CO_2-uitstoot. Niet veel later bleek dat het een nogal ongelukkig gekozen voorbeeld was. De sneeuw op de Kilimanjaro smelt inderdaad, maar dat bleek vooral een natuurlijk proces.

De ene dag is het glas halfvol: de Nederlandse CO_2-besparingen kunnen makkelijk gehaald worden; de lat mag zelfs wel wat hoger. De andere dag lees je weer een verontrustende kop boven een artikel waarin staat dat de CO_2-concentratie in de lucht nog nooit zo hoog is geweest als nu. De mens is de veroorzaker van het klimaatprobleem, concluderen de wetenschappers van de VN-klimaatcommissie. Niet waar, het zijn gewoon natuurlijke schommelingen.

De klap op de vuurpijl was misschien wel *climategate*, eind 2009. Toen kwamen duizenden mails van het Britse klimaatinstituut CRU op straat te liggen. Uit die mails bleek volgens klimaatsceptici dat klimaatwetenschappers allerlei informatie over de opwarming van de aarde hadden achtergehouden en veranderd. Er barstte een hevige discussie los over de vraag of de wetenschappers de opwarming van de aarde erger hadden gemaakt dan die zou zijn en of ze hadden gefraudeerd met onderzoeksgegevens. Ik heb in die tijd vaak mensen horen zeggen: 'Zie je wel, er klopt niets van die opwarming. Die hele klimaatcrisis is onzin. Kijk maar naar climategate, ze hebben de waarheid gewoon naar hun hand gezet.' Ja, en als het het jaar daarna dan ook nog wekenlang gaat sneeuwen en vriezen, is het misschien wel logisch dat er steeds meer mensen zijn die denken dat het allemaal wel meevalt.

Zodra je je gaat verdiepen in het klimaat, merk je dat het een bijna onmogelijke opgave is om te achterhalen waar de waarheid ligt. Ja, er is sprake van klimaatverandering. Daar zijn we het met zijn allen wel over eens. En volgens de meeste klimaatwetenschappers zal die klimaatverandering gevolgen hebben voor de manier waarop we leven. Maar hoe groot die gevolgen dan precies zijn en wanneer ze zich precies aandienen, weet niemand. En hoeveel graden erbovenop komen ook niet. Stopt het bij twee graden? Of wordt het twee tot vier, misschien wel zes graden warmer? En wat zijn daar dan de gevolgen van? Wetenschappers kunnen schattingen maken over wat ons te wachten staat op basis van het verleden en met behulp van nieuwe rekenmethoden, maar het zijn altijd schattingen. Hoe meer verschillende verhalen ik over de klimaatcrisis lees, hoe meer overeenkomsten ik zie met beleggen: je kunt de beurzen analyseren tot je een ons weegt en je kunt een hoop voorspellen als je de economie en het nieuws goed in de gaten houdt, maar uiteindelijk weet je nooit precies wat je aandelen gaan doen.

De discussie over de opwarming van de aarde en de vraag of het zin heeft om milieuvriendelijk te leven, roept ook herinneringen op aan de keren dat ik zwanger was. Twee keer negen maanden lang verslond ik ieder nieuwtje, ieder onderzoek over zwangerschap, borstvoeding en opvoeding. En beide keren raakte ik behoorlijk in de war. In eerste instantie omdat die onderzoeken en deskundigen iedere keer weer wat anders zeggen: één glaasje wijn mag wel, één glaasje wijn is al uit den boze. Borstvoeding tot zes maanden is perfect, borstvoeding tot negen maanden is perfect. Inbakeren is wel goed, inbakeren is niet goed. De lijst tegenstrijdigheden leek oneindig. Maar het waren niet alleen de onderzoeken die me hoofdpijn bezorgden. Ook de goedbedoelde adviezen van werkelijk iedereen die ik sprak, van ervaren moeders tot aan de taxichauffeur, zorgden voor avonden gepieker over waar ik nou goed aan deed.

Of het nu de beurs is, een zwangerschap of een klimaatcrisis, in alle gevallen komt het erop neer dat we uiteindelijk pas zeker weten wat ons te wachten staat als het eenmaal gebeurt. En zelfs dan hebben we nog niet de wijsheid in pacht. Zodra de voorspellingen uitkomen, welke dat ook zijn, doemen er weer nieuwe vragen en onzekerheden op.

Een te warme deken

Maar er moet toch iets met zekerheid te zeggen zijn over de opwarming van de aarde? Al die regeringen, al die klimaatconferenties, die zijn toch niet gebaseerd op een paar indianenverhalen? Gelukkig niet. Zoals we er zeker van zijn dat roken schadelijk is, zo is er over het klimaat veel informatie waar wetenschappers over de hele wereld het over eens zijn.

En dat wat we wel weten, is vrij gemakkelijk in één simpele zin samen te vatten: het wordt absoluut warmer, er smelt een heleboel ijs en de zeespiegel stijgt. Die drie veranderingen zullen hoe dan ook gevolgen hebben voor het leven op aarde. Daarbij is de hoeveelheid broeikasgassen zoals CO_2 in de atmosfeer de afgelopen honderd jaar met meer dan veertig procent toegenomen door de verbranding van fossiele brandstoffen zoals olie en kolen.

Op zich is CO_2 helemaal niet schadelijk. Het zit gewoon in onze frisdrank en we ademen zelf ook CO_2 uit, meer dan driehonderd kilo per jaar zelfs. Maar als er te veel van in de atmosfeer terechtkomt – en dat gebeurt nu – kan de aarde haar warmte niet meer kwijt en gaat de temperatuur omhoog. Vandaar ook het woord 'broeikaseffect'. Die broeikasgassen zijn als een soort deken die over onze planeet ligt. In normale concentraties is CO_2 helemaal niet schadelijk. Dan is het een deken die altijd comfortabel is. Maar omdat de concentraties toenemen, wordt de deken steeds dikker. Straks ligt de aarde misschien wel onder een dik winterdekbed terwijl het overal tropisch warm is. Het is dus niet de vraag óf de aarde opwarmt, maar eerder hoeveel de aarde opwarmt, hoe snel die opwarming zal gaan en wat ons dan te wachten staat.

Ik heb te vaak te lang onder een te warme deken gelegen en daar word je niet blij van. Ik wil graag voorkomen dat dat straks overal zo is. Maar tegelijkertijd weet ik dat ik er in mijn eentje vrij weinig aan kan veranderen. Als ik vandaag mijn auto de deur uit doe, merkt niemand dat de concentratie CO_2 in de atmosfeer daalt. Hoe krijg je het voor elkaar om af te rekenen met het lastige dilemma of je wel of niet wat moet doen voor een betere wereld? Of het wel of geen zin heeft klimaatbewust te leven?

Doen we het of doen we het niet?

Tijdens mijn zoektocht naar het antwoord op die vraag stuitte ik op de website van Greg Craven, docent op een Amerikaanse middelbare school. Hij worstelde met hetzelfde vraagstuk en besloot op zoek te gaan naar het perfecte argument om voor eens en altijd af te rekenen met de vraag of we wel of niet serieus actie moeten ondernemen tegen de opwarming van de aarde, ongeacht of de aannamen hierover kloppen. Hij maakte er in zijn vrije tijd een filmpje over en zette het op YouTube. Dat filmpje is, sinds hij het in 2007 online zette, miljoenen keren bekeken. Cravens filmpje kreeg tientallen vervolgafleveringen en hij werkte zijn idee uit in het boek *What's the Worst that Could Happen?*

In zijn boek en het filmpje presenteert Craven zijn 'waterdichte' argument om actie te ondernemen tegen de opwarming van de aarde. Dat doet hij aan de hand van een schema met twee variabelen: is de opwarming van de aarde waar, ja of nee, en ondernemen we actie, ja of nee. Zo ontstaan vier mogelijke toekomstscenario's.

Het eerste toekomstscenario dat Craven bespreekt is dat er geen opwarmingsprobleem blijkt te zijn, maar dat we wel actie hebben ondernomen. Stel dat de opwarming van de aarde niet waar is en wij die dus ook niet veroorzaken, wat zijn dan de consequenties als we er wél serieus actie tegen hebben ondernomen? Voor de aarde zijn die er niet. Er is immers geen opwarming, dus de gevreesde stijging van de zeespiegel, overstromingen, droogte, hongersnoden en economische crises zijn uitgebleven. Maar omdat we er actie tegen hebben ondernomen, hebben we mogelijk wereldwijd wél grote economische schade geleden. We hebben dus gewed op het verkeerde paard en zijn daardoor veel geld

opwarming van de aarde	actie A **Onmiddelijke, serieuze actie**	 B **Weinig tot geen serieuze actie**
Onwaar	Wereldwijde dip	Alles oké
Waar	Grote economische gevolgen, uitgebreide maatregelen, maar de moeite waard	Wereldwijde ramp (economisch, sociaal, politiek, voor volksgezondheid en milieu)

kwijtgeraakt dat we in andere belangrijke dingen hadden kunnen steken. De schade is dus vooral financieel.

Dan komt het tweede toekomstscenario: wat nou als er geen sprake is van door ons veroorzaakte opwarming én we besluiten er geen serieuze actie tegen te ondernemen? Dan is er helemaal niets aan de hand. We krijgen niet te maken met de dramatische veranderingen waar milieualarmisten al jaren voor waarschuwen en we hebben óók ons geld in onze zak gehouden. Het is het win-winscenario; die toekomst willen we allemaal wel.

Dan resten nog de toekomstscenario's waarin de opwarming wel een feit blijkt. Ten eerste het scenario waarin we actie ondernemen. Hoe ziet de wereld er dan uit? Een stuk beter dan nu. Wereldwijd zullen we niet meer afhankelijk zijn van fossiele brandstoffen, maar maken we gebruik van honderd procent groene energie. We hebben een oplossing gevonden voor de vervuilende bio-industrie, hergebruiken ons afval, er zijn geen zoetwatertekorten meer en in arme landen dreigt geen hongersnood. De problemen zullen de wereld niet uit zijn, maar we hebben er wel een betere en leefbaardere plek van gemaakt. We zijn veel geld kwijt (net als in het eerste scenario), maar het was in ieder geval niet voor niets.

De vierde en laatste combinatie uit Cravens argumentatie is het ergste doemscenario: de aarde warmt op, dat komt door ons, maar we doen er niet of nauwelijks iets tegen. Wat zijn dan de consequenties? Het is een understatement om te zeggen dat de toekomst er dan niet bepaald rooskleurig uitziet. Hongersnood, economische crises, miljoenen klimaatvluchtelingen en -doden, diersoorten die uitsterven, torenhoge energieprijzen, extreme droogte, dijken die doorbreken, rivieren die overstromen, orkanen die hele steden verwoesten en ga zo maar door. Dit scenario is het tegenovergestelde van scenario twee, waarin we er prima van afkomen.

Als ik mezelf afvraag voor welk scenario ik zou kiezen, is het antwoord snel gevonden: zonder twijfel nummer twee, 'geen actie, geen opwarming'. Dan is er namelijk letterlijk en figuurlijk geen vuiltje aan de lucht. Maar er kleeft een nadeel aan dit scenario: we weten namelijk helemaal niet zeker of het wel meevalt met die opwarming. We kunnen pas écht zeggen welke kant het op gaat als de opwarming daadwerkelijk heeft plaatsgevonden, met alle gevolgen van dien. Maar dan zijn we te laat. Kiezen voor scenario twee is dus behoorlijk risicovol. Scenario vier, waarbij de opwarming blijkt te kloppen en wij niets hebben gedaan, is helemaal het ergst denkbare.

En dus blijven er nog twee scenario's over, de twee in de linkerkolom, waarin Craven ervan uitgaat dat we wel actie ondernemen. In het ene geval (de opwarming is geen feit) krijgen we vooral te maken met economische schade en tegenslagen. En in het laatste geval, waarbij de opwarming waar blijkt te zijn, levert het uiteindelijk een betere wereld op. We hebben geknokt en de grootste ellende buiten de deur weten te houden.

Volgens Craven is zijn argumentatie een vorm van risicomanagement: je berekent de risico's en kiest dan voor de beste optie. Daarbij legt hij uit dat je de tekening op twee manieren kunt lezen: je kunt hem vanuit de ene variabele bekijken, de opwarming is wel/niet waar, of vanuit de andere: we gaan er wel/niet serieus actie tegen ondernemen. En dan valt iets op: de uitkomst van de eerste variabele is altijd onzeker. We kunnen nooit met honderd procent zekerheid zeggen hoe ernstig de opwarming van de aarde wordt. Maar de tweede variabele hebben we wel zelf in de hand. Wij kunnen kiezen of we actie ondernemen of onze schouders ophalen.

Toen ik een paar keer naar Cravens nerderige filmpje had gekeken, werd het me duidelijk. Het liefst leid ik een zorgeloos luxebestaan, wetende dat er helemaal niets misgaat met onze planeet. Maar als ik de voor- en nadelen uit Cravens grafiek tegen elkaar afzet, kan ik maar tot één conclusie komen: of de aarde nu opwarmt of niet, we moeten iets doen! En mocht er over een jaar of veertig niets aan de hand blijken te zijn, dan heb ik in elk geval bewust geleefd. Ik heb dan misschien onnodig geld en energie gestoken in het sparen van het klimaat en het milieubewust opvoeden van mijn kinderen, maar dat heeft geen slechte gevolgen, eerder alleen maar goede. Als blijkt dat de opwarming wél klopt, heb ik mijn kinderen milieubewust leren leven en kunnen ze anderen (en hún kinderen) inspireren dat ook te doen. Bovendien, en die overweging speelt ook een rol bij het kiezen voor dat scenario, kan ik dan met een gerust hart tegen ze zeggen dat ik mijn best heb gedaan als ouder. Ik wil niet dat mijn kinderen later aan me vragen: 'Jullie wisten dat het misging, waarom deden jullie niets?'

Mocht je twijfelen aan Cravens theorie, dan kun je zijn gedachtegang ook met een compleet ander onderwerp uitproberen om te kijken wat dat met je doet. De Mexicaanse griep bijvoorbeeld, waar we in 2009 zo van in de ban waren. Vervang de opwarming van de aarde door de stelling dat de Mexicaanse griep een levensgevaarlijke ziekte is en er een pandemie op komst is en de vraag of je je kinderen er wel of niet tegen moet laten vaccineren. Je kunt ervoor kiezen om niet in te enten. Als dan achteraf blijkt dat het gevaar wel meeviel, ben je de lachende derde. Dan heb je je geen zorgen gemaakt, heb je niet op een onmogelijk tijdstip in de rij hoeven staan in een stinkende gymzaal vol jengelende kinderen en heb je je kind een vervelende prik bespaard. Maar als blijkt dat het wél een levensgevaarlijke ziekte is en er een pandemie uitbreekt, dan breng je je kinderen een stuk minder gerust naar de crèche of school.

Kies je voor wel inenten, dan zijn er nog twee opties over. De eerste is dat je kiest voor het vaccin terwijl er uiteindelijk niets aan de hand blijkt te zijn. De dreiging is onterecht, maar je hebt wel op een onmogelijk tijdstip in die volle gymzaal met een huilend kind op schoot gezeten. Je hebt dus op het verkeerde paard gewed. De tweede mogelijkheid is dat je voor vaccinatie gaat en er inderdaad een gigantische griepgolf uitbreekt. Dat gedoe in die gymzaal was dan misschien niet leuk, maar je kind heeft in ieder geval antistoffen tegen de Mexicaanse griep.

In het geval van de Mexicaanse griep weten we inmiddels hoe het afliep. De dreiging bleek uiteindelijk mee te vallen. De overheid kocht massaal vaccinaties in, maar maakte ze niet op en de gevreesde pandemie bleef gelukkig uit. Maar wat nou als het niet was meegevallen en de overheid had die vaccins niet ingeslagen? Wat was er dan gebeurd?

De belangrijkste vraag die Craven bij zijn theorie stelt, is: ga je voor het risico of voor de zekerheid? Ik kies voor de zekerheid. Met een paar honderd euro in het casino kun je voor de gok gaan, het enige wat je kwijt kunt zijn aan het einde van de avond is wat geld. Maar onze planeet is zoveel waardevoller dan een paar honderd euro. We hebben er maar één en als we er straks niet zuinig genoeg op blijken te zijn geweest, kunnen we haar niet inruilen of sparen voor een nieuwe. Moeten we er dan mee gokken?

Er valt wel wat aan te merken op de manier waarop Craven de kwestie benadert. De discussie over het klimaat en ons milieu zit veel genuanceerder in elkaar dan de manier waarop hij het schetst. Daarbij vraagt Craven zich nog af of de aarde opwarmt, terwijl daar inmiddels voldoende bewijs voor is. En tussen niet of nauwelijks iets doen en serieus actie ondernemen liggen nog een hele hoop andere mogelijkheden. Maar als je er goed over nadenkt, veranderen die nuanceringen niet zoveel aan de uitkomst van de risicoberekening.

Uiteindelijk komt zijn boodschap neer op één simpele aanbeveling: laten we het zekere voor het onzekere nemen.

Geitenwollensokken 2.0

Er is, los van de ernst van de klimaatverandering en de vraag in hoeverre wij die veroorzaken, nog een andere reden om je leven langs de groene meetlat te leggen: onze voorraden slinken. De olie, de belangrijkste fossiele brandstof ter wereld, raakt op – volgens sommige voorspellingen al binnen tien tot twintig jaar. De vruchtbare grond raakt uitgeput omdat we er zo intensief op verbouwen, onze zoetwatervoorraden slinken, we vissen de oceanen leeg en kappen bossen in een veel hoger tempo dan ze weer kunnen aangroeien.

Vergelijk de aarde eens met iets kleiners, onze huizen bijvoorbeeld. Zodra je een huis koopt, zorg je dat je verzekeringen afsluit tegen brand en diefstal. Je houdt het schilderwerk bij, haalt het onkruid uit je tuin, veegt het pad schoon, maakt het gezellig en zorgt ervoor dat dingen die kapotgaan gerepareerd of vervangen worden. Dat is logisch; als je dat niet doet, daalt je huis in waarde en woon je minder prettig. Met een tijdelijke huurwoning is dat een ander verhaal. Daar ga je niet serieus in investeren, je weet immers dat je er toch weer uit gaat. En als er iets stuk is, dan moet de huisbaas het maar oplossen.

Op dit moment gaan we met de aarde om alsof ze een huurwoning is. Als je wat langer bij die gedachte stilstaat is het onbegrijpelijk dat we de verantwoordelijkheid die we dragen voor ons eigen huis en onze eigen auto, niet voor de planeet dragen. Of liever gezegd niet júíst voor de planeet dragen. Het is zelfs op het onbeschofte af dat we die verantwoordelijkheid tot ons eigen straatje beperken, terwijl die straat slechts een onderdeel is van het échte huis waar we op wonen: de aarde.

Gelukkig is er een steeds grotere groep mensen die de verantwoordelijkheid wel wil dragen en zijn er goede ontwikkelingen en initiatieven die je kunnen inspireren zelf óók iets te veranderen. Wereldwijd wordt ongelooflijk hard gewerkt aan originele oplossingen voor de problemen en schaarste die ons boven het hoofd hangen. Door kleine bedrijven, grote multinationals, (milieu)organisaties en overheden. En niet te vergeten:

door particulieren. Mensen die op een dag besluiten dat ze mee willen doen aan iets moois en niet langer het risico willen nemen dat er straks weinig of niets meer over is op deze planeet om van (en voor) te leven. Enkelen van hen staan in dit boek.

En als je vermoedt dat die mensen zuinige zeurkousen zijn, van die biologisch-dynamische natuurfreaks die de hele dag op een stronk bleekselderij knabbelen en alles laten om 'de wereld van de ondergang te redden', dan zit je ernaast. Het zijn vooral uitbundige, vrijgevochten, jonge, hippe, creatieve en (juist) ook zakelijk slimme mensen die Facebook en Twitter inzetten voor een betere wereld in plaats van de straat op te gaan met spandoeken vol boze leuzen. Als het aan hen ligt, rijden we straks in hippe auto's die CO_2 uit de lucht halen in plaats van het uit te stoten, wonen we in prachtige passiefhuizen of nulwoningen die volledig zelfvoorzienend zijn en eten we het lekkerste vlees waaraan geen dier te pas is gekomen. Dankzij hen wordt het ook nog leuk om milieubewuster te zijn. Zij zijn de geitenwollensokken van deze tijd, de 2.0-versie van de wereldverbeteraar.

2

LEVEN OP (TE) GROTE VOET

Twee maanden voor de koude winter van 2009-'10 vindt in Kopenhagen de grote internationale Klimaattop van de Verenigde Naties plaats. Het startsein voor de conferentie komt steeds dichterbij en de hele wereld lijkt bezig met de toekomst van het internationale milieubeleid. Duizenden actievoerders staan al weken in de startblokken om hun spandoeken tevoorschijn te halen en ik zit op de bank te kijken naar de beelden van gesmolten gletsjers en door overstroming, verdroging en vervuiling bedreigde landen. Een Afrikaanse vrouw laat zien hoe ze haar net gevangen vis wast met Omo omdat ze anders vergiftigd raakt door de olieresten die aan het dier kleven. Olie die bewerkt wordt door Shell, voor de brandstof in onder andere mijn auto. Het zijn beelden uit *The Age of Stupid*, de alarmistische klimaatfilm die zich afspeelt in 2055 en de grote vraag stelt: waarom deden we niet genoeg toen we wisten dat het misging?

Ik ben die vraag wel vaker tegengekomen, maar nu dringt pas echt tot me door dat we er een potje van maken met z'n allen. Ik zit ontspannen op de bank met een glas wijn en een schaal nootjes, de verwarming staat lekker hoog en overal in huis brandt licht. Ook in de kamers waar niemand is. Ik heb een auto voor de deur en stap zonder na te denken in het vliegtuig. Als ik geen zin heb om te koken, rijd ik naar een afhaaltent. Wat overblijft gaat de vuilnisbak in. Als ik iets wil hebben, koop ik het. Als ik er genoeg van heb, gooi ik het weg. En met mij doen miljoenen andere mensen hetzelfde. Ik vraag me geregeld af of ik mijn gewoonten niet moet veranderen, maar die vraag gaat altijd gepaard met de vervolgvraag wat dat dan uitmaakt. Wat kan ik in mijn eentje nou bijdragen aan die enorme strijd tegen de klimaatverandering als mijn buren en hún buren het niet doen? Het antwoord was steeds: niets. Maar als we allemaal blijven denken dat we alleen het verschil niet kunnen maken en dat iemand anders de gevolgen van ons verkwistende en vervuilende gedrag wel oplost, verandert er nooit wat. Een parcours dominostenen gaat ook pas om als iemand de eerste steen een tikje geeft. Opeens heb ik er schoon genoeg van te wachten tot iemand anders dat tikje geeft. We hebben geen excuus meer om met oogkleppen op door te leven zoals we nu doen. We moeten wat doen. Niet straks, maar nu.

Klaar met de symboolpolitiek

Een paar dagen later zit ik met mijn vriend aan de keukentafel. Tussen ons in ligt een vel papier waarop ik plechtig krabbel: 'De klimaattop van mijn gezin'. Ik mag me best ergeren aan overheden die hun klimaatbeleid laten verslonzen, maar zelf kan ik ook weleens wat serieuze klimaatdoelen stellen. Die paar spaarlampen die ik heb ingedraaid zijn uiteindelijk ook maar een beetje symboolpolitiek, ik zou veel consequenter kunnen zijn.

Een beetje lacherig openen we ons eerste klimaatdebat. Waar gaan we beginnen? Wat vinden we belangrijk? Wat is haalbaar in ons gezin? We besluiten in ieder geval definitief álle gloeilampen de deur uit te doen, langer warme truien te dragen in plaats van gelijk de verwarming hoger te zetten bij de eerste kou en bewuster op ons afval te letten. De droger kan eruit, noteren we vol goede moed. En de vrieskist, daar kunnen we makkelijk zonder. Die staat toch alleen maar aan voor een paar broden, een zak doperwten en een twee jaar oude pizza.

De lijst goede voornemens groeit, maar op sommige fronten lopen de onderhandelingen vast. Mijn vriend is verslaafd aan lang en heet douchen, ik kan slecht zonder de elektrische voetenwarmer in mijn koude kantoortje in de achtertuin. Moeten we die kleine genoegens opgeven om de wereld te redden? Zet dat zoden aan de dijk? De twijfel slaat toe.

Uiteindelijk sluiten we onze top af met een paar harde afspraken en wat vage doelstellingen over 'bewuster elektrisch voeten verwarmen' en 'minder lang en heet douchen'. We drukken elkaar de hand en zetten opgelucht en optimistisch een handtekening onder ons eerste klimaatakkoord.

Inmiddels zijn we hard toe aan een vervolg op onze conferentie, want we hebben lang niet alle afspraken even goed nageleefd. Dankzij een paar dikke wollen sokken (daar zijn ze, de geitenwollensokken!) kan ik de voetenwarmer gelukkig goed links laten liggen, maar een paar maanden nadat ik mijn handtekening zette, heb ik toch de vriezer weer aangezet. Er kwamen mensen eten en ik had een ijstaart gekocht. En op regenachtige dagen droogt de was wel erg slecht in het trapgat, dus dan gaat de droger ook weer aan.

Zo gaat het in de internationale politiek ongetwijfeld ook: politici uit de hele wereld dwingen elkaar – onder andere onder druk van de internationale media – tot het maken van mooie besparingsbeloften en proberen elkaar tijdens urenlange vergaderingen over te halen tot ambitieuze CO_2-doelstellingen. Maar uiteindelijk blijken veel van die voornemens in de praktijk een stuk minder haalbaar dan op papier. Want zoals ik slecht afscheid kan nemen van de vriezer en de droger en mijn vriend zo graag lang onder een hete regendouche staat, zo hebben alle landen die aan de klimaatonderhandelingen meedoen hun kolencentrales, wagenparken en groeiende welvaart, die ze niet zomaar op het spel willen zetten.

Duizend achtertuinen

In mijn eigen klimaatakkoord stond ook het cijfer 8. Dat was geen rapportcijfer dat we wilden halen voor onze groene voornemens, het was onze mondiale, of ook wel ecologische voetafdruk van dat moment.

Het begrip ecologische voetafdruk bestaat sinds begin jaren negentig en is een rekenmethode waarmee we ons consumptiepatroon kunnen vertalen naar landgebruik. De methode laat zien hoeveel land er nodig is om in ons levensonderhoud te voorzien. Want het leuke jurkje in mijn kast heeft een lange geschiedenis waar ik niets van merk als ik het aantrek. Het was eerst een katoenplant, die verbouwd en geplukt moest worden voordat er een stof van gemaakt werd die in een sweatshop onder een naaimachine belandde en vervolgens naar Nederland werd gevlogen, naar een winkel werd gereden om daar door mij gekocht te worden. Dat ene jurkje is al goed voor twaalf vierkante meter van mijn voetafdruk.

Dankzij de ecologische voetafdruk weten we dat er voor de productie van een kilo rundvlees honderd vierkante meter land nodig is en voor de vleesvervanger soja vijftien vierkante meter. En dat de airconditioning in je auto ongeveer 510 vierkante meter van de te verdelen ruimte gebruikt. Het zijn maar een paar honderd vierkante meters, maar al die lapjes grond bij elkaar tikken behoorlijk aan. Ik heb een achtertuin van ongeveer vijftig vierkante meter, maar dat is een speldenknop vergeleken bij de ruimte die ik nodig heb om mijn leven te kunnen leiden. Zonder dat ik er erg in heb, maak ik gebruik van een stuk grond van minimaal duizend keer de grootte van mijn achtertuin om mijn spullen te kunnen kopen, mijn afval te kunnen verwerken, te kunnen douchen, eten, drinken, kleren kopen, autorijden en op vakantie gaan.

Zo klein als ons land is, zo groot zijn onze voeten. De gemiddelde voetafdruk van een Nederlander is 6,2 hectare en daarmee staan we op de elfde plaats van landen met de grootste voetafdruk. Voor wie moeite heeft daar een concreet beeld bij te vormen; 6,2 hectare staat gelijk aan ongeveer twaalf voetbalvelden. Een aardig tuintje dus. Maar het kan groter: een Amerikaan doet beroep op acht hectare aarde. En dat is een wereld van verschil vergeleken bij landen als Afghanistan, Bangladesh en Oost-Timor, die onder aan de lijst staan met amper één hectare per persoon.

De ideale voetafdruk of 'duurzame voetafdruk' is 1,8 hectare per persoon. Maar de gemiddelde voetafdruk van alle bewoners van de wereld ligt nu al op 2,7 hectare en wordt alleen maar groter. Omgerekend hebben we daardoor inmiddels anderhalve aardbol nodig om in onze levensbehoefte te voorzien. En als ons consumptiegedrag in dezelfde lijn door blijft groeien als nu, hebben we over twintig jaar twee hele aardbollen nodig en in 2050, als mijn kinderen ongeveer zo oud zijn als ik nu ben, zelfs drie. En laten we die nou niet op voorraad hebben.

Het Wereld Natuur Fonds bedacht een tot de verbeelding sprekende vergelijking om aan te geven wat onze huidige consumptie van de aarde betekent: stel dat de aarde een jaarsalaris is, dan hebben we in september al ons loon voor het hele jaar opgemaakt.

Daar kan ik me wat bij voorstellen. Ik maak het in het klein ook mee: na een middag winkelen kom ik thuis met een tas vol nieuwe kleren. Die kleren had ik niet nodig, maar het stond allemaal zo mooi. Ik heb betaald met mijn creditcard, dus mijn uitgave wordt de komende weken niet afgeschreven. Maar vanbinnen knaagt het al: over een maand moet ik op een houtje bijten. Op zich kan ik me zulke onverwachte uitgaven zo nu en dan best veroorloven, maar als ik elke maand te veel uitgeef, zit ik binnen de kortste keren tot over mijn oren in de schulden, met alle gevolgen van dien.

Volgens het Global Footprint Network, dat de ecologische voetafdruk bedacht en uitwerkte, zouden we al sinds halverwege de jaren zeventig op te grote voet leven. Sindsdien overvragen we de aarde en teren we alleen maar meer in op onze natuurlijke hulpbronnen. De makers van de ecologische voetafdruk houden inmiddels ieder jaar bij op welke dag van het jaar we meer van de beschikbare bronnen op aarde hebben verbruikt dan de aarde voor dat jaar kan produceren. Was die dag in 1976 nog 31 december, in 2011 viel *Earth Overshoot Day* al op 27 september. We plunderen onze bankrekening dus in een veel hoger tempo dan we haar kunnen bijvullen.

Het zijn zorgwekkende cijfers die zijn gebaseerd op statistieken uit alle landen van de wereld, maar in de praktijk hebben we van dat omslagpunt niets gevoeld. En nog steeds merken we er weinig van dat we de aarde uitputten. We kunnen immers gewoon in onze auto stappen of een goedkope lastminute naar een zonnig eiland boeken. De supermarktschappen puilen uit van goedkoop voedsel en als we thuiskomen doen we gedachteloos het licht, de verwarming en de tv aan.

Maar wanneer je wat beter kijkt, zijn de gevolgen van de *overshoot* allang merkbaar. De olieproductie raakt straks over zijn hoogtepunt, als de piek niet al heeft plaatsgevonden, zoals sommige energiedeskundigen beweren. En zodra dat gebeurt, moeten we op de reserves gaan interen. Wat dat betekent merken we nu al, bijvoorbeeld toen begin 2011 de olieprijzen omhooggingen door de onrust in Libië en de prijs van benzine en diesel dus ook meteen steeg.

Maar er vallen ook letterlijk steeds meer gaten omdat we vruchtbare grond uitputten door er altijd maar, met behulp van vervuilende kunstmest, hetzelfde gewas op te verbouwen. Op steeds meer plekken ontstaan watertekorten en we kappen de regenwouden, die zo belangrijk zijn omdat ze CO_2 uit de lucht opnemen, sneller dan ze kunnen aangroeien. En ondertussen groeit het aantal klimaatvluchtelingen en -doden naar zorgwekkende hoogten. Hoeveel meer bewijs hebben we nodig voordat we echt beseffen dat we met die grote voeten van ons de aarde kapot trappen?

Toch is er ook kritiek op de ecologische voetafdruk. Van de Nederlandse milieueconoom Jeroen van den Bergh bijvoorbeeld, die vindt dat de methode valse concreetheid biedt. Een van zijn bezwaren is dat het niet zou moeten gaan over hoe groot onze voetafdruk is, maar juist over de kwaliteit van het ruimtegebruik. En dat meet de test niet. Als ik een volle hectare nodig heb voor mijn voedsel en die hectare wordt op duurzame wijze bebouwd, dan is dat veel minder schadelijk dan een stuk land van dezelfde grootte nodig hebben waarop altijd hetzelfde gewas wordt verbouwd en dat wordt uitgeput met kunstmest. De verzuring van de aarde en de hoeveelheid gif zijn ook niet in de test opgenomen, net zomin als het watergebruik.

Toch zijn ook critici als Jeroen van den Bergh ervan overtuigd dat we te veel van de aarde vragen. Ze vinden alleen dat we niet volledig moeten afgaan op de uitkomsten van de ecologische voetafdruk, maar onze conclusies vooral moeten baseren op afzonderlijke onderzoeken.

Maar ga je als consument maar eens verdiepen in die afzonderlijke onderzoeken. Als zelfs de mensen die er verstand van hebben botsen over de interpretatie van al die wetenschappelijke rapporten, dan kan een leek er al helemaal geen wijs uit worden. De voetafdruk is een toegankelijke manier om je milieubelasting inzichtelijker te maken wanneer je niet de kennis of de tijd hebt om ellenlange wetenschappelijke verhandelingen door te ploegen. De uitkomst ervan is niet absoluut, maar indicatief. Het is een schatting van wat je eigen energielabel of dat van een heel land is.

Op internet wemelt het van de tests waarmee je je eigen voetafdruk, of onderdelen daarvan, kunt berekenen. Met de Klimaatscan kijk je hoeveel kilo CO_2 je per jaar uitstoot, er is een voedselvoetafdruk waarmee je erachter komt hoeveel hectare nodig is voor je eetgedrag en een vakantievoetafdruk voor de reizen die je maakt. Er is inmiddels zelfs een watervoetafdruk die voorrekent hoeveel liter water er nodig is om ons eten en drinken te produceren. Met het maken van een kop thee bijvoorbeeld verbruik je niet alleen het beetje water in je waterkoker, maar meer dan dertig liter. En voor iedere kop koffie die je drinkt is honderdveertig liter water nodig. Allemaal water dat wordt gebruikt gedurende het productieproces en het vervoer naar onze supermarkt.

Sinds kort is er zelfs een stikstofvoetafdruk. Stikstof komt vrij bij de verbranding van fossiele brandstoffen, maar het zit ook in kunstmest. Voor stikstof geldt in grote lijnen hetzelfde als voor CO_2: het zit al in de lucht en niemand merkt daar wat van, maar we stoten nu te veel uit en als we die groei niet stoppen, dan worden de concentraties schadelijk voor het milieu en voor de gezondheid.

Al die online tests hebben ook iets van de psychologische zelftests in tijdschriften. Het is fijn om ze in een verloren uurtje in te vullen, maar ze helpen je niet van je probleem af. Als je gewend bent aan een luxeleven waarin je nooit echt hebt nagedacht over de milieu-impact van je gedrag en een voetafdruk van acht hectare hebt, wat moet je dan wel niet veranderen om die voetafdruk te halveren? Dat werkt alleen maar demotiverend.

En toch is het allesbehalve nutteloos je voetafdruk uit te rekenen. Net als bij de psychologische tests in tijdschriften zet de test je namelijk wél aan het denken. Je bereikt er misschien niet mee wat je het liefst zou willen, maar dit soort tests maken je wel bewust van je beperkingen en mogelijkheden.

De man van 1,8 hectare

De man die de ecologische voetafdruk in Nederland introduceerde, is Jan Juffermans. Hij schreef het boek *Nut & Noodzaak van de Mondiale Voetafdruk*, waarin hij uiteenzet hoeveel we mogen gebruiken als we de aarde niet willen overbelasten. Juffermans was jarenlang het boegbeeld van het centrum voor een duurzame leefstijl De Kleine Aarde, dat al in de jaren zeventig probeerde mensen bewust te maken van de milieuproblematiek.

Milieuactivist en oud-journalist Sietz Leeflang richtte De Kleine Aarde op in 1972, toen milieubewust leven voorzichtig in opkomst was. In eerste instantie bestond de stichting uit een kleine groep pioniers die experimenteerden met allerlei 'groene' ideeën. Het bouwen van energieopwekkende windmolentjes bijvoorbeeld en panelen waarmee je zelf stroom kon opwekken. Ze tuinierden er ook lustig op los in hun biologische moestuin en brachten een tijdschrift uit waarin ze allerlei milieuvriendelijke doe-het-zelftips publiceerden, zoals recepten voor het maken van je eigen zuurdesembrood. Halverwege de jaren zeventig bouwde De Kleine Aarde 'het bolhuis', een duurzame woning in de vorm van een iglo die onder andere zijn eigen energie opwekte met zelfgebouwde zonnecollectoren en waar je kon koken op biogas uit organisch afval.

Alles waar wij nu mee bezig zijn – groene stroom, duurzaam isoleren, ecologisch verven, biologisch eten, minder vlees eten, zuiniger omspringen met energie – was voor de milieufreaks van De Kleine Aarde toen al de normaalste zaak van de wereld. De medewerkers van De Kleine Aarde liepen ver voor de troepen uit. Misschien wel té ver. Het waren vreemde vogels. Macrobiotische, veganistische en biologisch-dynamische geitenwollensokken. Het was hartstikke goed wat ze deden, maar zelf moesten we er niets van hebben.

Begin 2011 gingen de deuren van De Kleine Aarde dicht. Er waren niet genoeg inkomsten om de stichting draaiende te houden. Het centrum was overbodig geworden: de boodschap die de medewerkers al die jaren hebben geprobeerd te verkondigen, is inmiddels aangekomen. Toch blijft Jan Juffermans zich actief inzetten voor een groene samenleving. Hij is het levende voorbeeld dat het mogelijk is om een voetafdruk van 1,8 hectare te hebben, maar wel met een levensstijl die ik onmogelijk zou kunnen volhouden. Zijn leven is het tegenovergestelde van dat van de gemiddelde Nederlander. Hij heeft geen auto, vliegt niet, koopt vrijwel nooit nieuwe kleren of spullen, eet geen vlees, heeft een dak vol zonnepanelen en doet zijn afwas handmatig met warm water uit zijn zonneboiler. Hij scheidt al zijn afval, tot en met de kurken en het metaal, spoelt zijn wc door met restwater uit de wastafel en eet groenten en fruit uit de biologische winkel en zijn eigen tuin. In de winter gaat zijn koelkast uit en houdt hij zijn eten koud in een speciaal daarvoor aangebouwde serre. Een vriezer heeft hij niet eens. Hij drinkt liever thee dan koffie omdat koffie het milieu zwaarder belast en als hij thee drinkt, gebruikt hij het theezakje opnieuw voor het volgende kopje. En hij heeft een ouderwetse trekbel bij zijn voordeur. Want als alle Nederlanders hun elektrische deurbel voor een trekbel zouden verruilen, kunnen we één hele kolencentrale sluiten.

Bij alles wat Juffermans doet of koopt, vraagt hij zich af wat de milieubelasting is en of hij het wel echt nodig heeft. Hij gaat zelfs zo ver dat hij zich bij een zoekopdracht op internet afvraagt of het ook zonder zoekmachine kan. Eén zoekopdracht in Google kost de servers van de zoekmachine namelijk veel meer elektriciteit dan wanneer je direct naar een website surft.

Voor Juffermans is het een gewoonte geworden, hij beleeft er plezier aan om voor het behoud van een eerlijke voetafdruk zo zuinig mogelijk te leven, maar voor mij zou het een zware beproeving worden. De omslag zou veel te groot zijn. Je kunt tegen iemand die in zijn hele leven nog nooit heeft hardgelopen wel zeggen dat hij de marathon binnen drie uur moet gaan lopen, maar de kans dat dat lukt, is vrijwel nihil. Bovendien is het leven helemaal niet leuk als je je gewoonten zo serieus moet bijstellen dat je je zelfs bij het openen van Google moet afvragen of het het energieverbruik wel waard is. En hoe graag ik ook milieuvriendelijker wil leven, ik wil me niet schuldig gaan voelen bij iedere kop koffie die ik drink.

Toch zijn pioniers als Juffermans hard nodig om iets in beweging te brengen. Hun verhalen, juist omdat ze zo extreem zijn, beklijven. En stiekem heb ik me toch een beetje door hem laten inspireren. Na mijn bezoek aan Juffermans heb ik besloten de lelijke koperen trekbel bij mijn eigen deur lekker te laten hangen. Ik had er geen idee van dat zo'n klein knopje op je voordeur constant stroom verbruikt voor een paar belletjes per jaar. Je kunt zeggen dat het een druppel op een gloeiende plaat is en dat je er niets mee bereikt, maar het is in elk geval een druppel, en dus net één druppel meer dan niets. En als er maar genoeg druppels bij komen, koelt die gloeiende plaat uiteindelijk tóch af.

CO_2-handel voor particulieren

De eerdergenoemde Amerikaanse schrijver Colin Beavan, beter bekend als de No Impact Man, is ook een voorbeeld van iemand die extreem groen leeft. Beavan leefde een jaar lang CO_2-neutraal, zonder stroom te gebruiken of afval te produceren. Iedereen, zijn eigen vrouw incluis, verklaarde hem voor gek, maar hij liet zich niet van zijn idee afbrengen. Het was een moedig experiment en als we allemaal zouden leven zoals hij toen deed, waren we waarschijnlijk een stuk sneller van de problemen verlost. Maar toen ik een week probeerde wat hij een jaar deed kwam ik tot de teleurstellende conclusie dat het schier onmogelijk is om volledig klimaatneutraal te leven. Ik kan niet leven zonder afval en al helemaal niet zonder wc-papier en wasmachine. Toch heeft zowel Juffermans als Beavan veel teweeggebracht. Dankzij Juffermans rekenen steeds meer mensen hun eigen voetafdruk uit en dankzij Beavan worden er in Amerika, en sinds 2010 ook in Nederland, No Impact Weeks georganiseerd waarin mensen een week lang zo CO_2-neutraal mogelijk proberen te leven. Als een soort ontslakkingskuur voor het klimaat, om zich bewust te worden van hun milieubelasting.

Kleine initiatieven kunnen grote gevolgen hebben en zo bezien is het strenge voetafdruk-dieet van Juffermans alleen maar inspirerend. Hoewel hij zelf het liefst ziet dat iedereen zo zou leven als hij, weet Juffermans ook wel dat dat een onmogelijke wens is. In zijn ogen is er maar één manier om het probleem écht aan te pakken: quotering. Iedereen zijn eigen voetafdrukquotum; ons energieverbruik en de daarbijbehorende milieubelasting op de bon. En dat quotum mogen we op onze eigen manier opmaken. Wie graag vlees eet kan zijn bonnen gebruiken voor biefstuk, karbonade en kipfilet, maar wel met de wetenschap dat er dan dus geen bonnen meer overblijven voor een vlucht naar een warm land. Tenzij je genoeg geld hebt, dan kun je bonnen bijkopen om meer te verbruiken of vervuilen.

In Engeland is al een systeem ontwikkeld dat hierop lijkt: personal carbon trading (PCT), oftewel persoonlijke CO_2-handel. Dat is zoiets als de particuliere variant van de handel in CO_2-uitstootrechten die nu al bestaat voor bedrijven. Maar het Britse plan is niet voor niets nog steeds niet ingevoerd: het is een veel te grote verandering voor de bevolking. En terecht, want er valt nogal wat op aan te merken. In eerste instantie klinkt het misschien logisch, maar dit soort systemen werkt ongelijkheid in de hand: wie veel geld heeft, kan veel uitstootrechten kopen. De grootvervuilers gaan er dus niet minder door vervuilen.

Daarom denkt Juffermans nog een stap verder. Eens in de zoveel tijd bespreekt hij met een aantal juristen de mogelijkheden om overmatige belasting van de aarde strafbaar te maken. Vervuilende bedrijven die zich niet aan de milieueisen houden worden nu al beboet, dus waarom niet ook de burger? Juffermans vindt het niet meer dan logisch die gedachtegang te verkennen. Mocht het er ooit echt van komen, dan zou je dus een boete kunnen krijgen voor overmatig energieverbruik en overtreden we straks misschien wel de wet als we de thermostaat constant op 23 graden zetten terwijl de ramen openstaan. Een boete voor verkwistend stroomverbruik zou op ontzettend veel weerstand stuiten, maar ondenkbaar is het niet. Er staat inmiddels ook een boete op het weggooien van afval op straat en in Duitsland zijn steeds meer steden waar je een boete riskeert als je geen milieuvignet op je auto hebt.

Misschien zijn dit soort maatregelen nog het beste te begrijpen als je kijkt naar de manier waarop roken in openbare ruimten verboden is. Vroeger was het helemaal niet vreemd dat je overal kon roken. Er werd reclame gemaakt voor tabak, waarin het effect op de gezondheid niet eens ter sprake kwam.

In Amerika zijn zelfs reclames gemaakt met baby's die hun moeder smeekten te roken omdat ze zo lekker rustig werd van een sigaretje. Toen algemeen bekend werd hoe slecht het is voor de gezondheid, werden er langzaam maar zeker steeds meer rookverboden ingevoerd. Dat leidde tot discussie, maar uiteindelijk is de maatschappij zo gewend geraakt aan rookverboden dat we het te gek voor woorden zouden vinden als de arts een sigaret opsteekt in zijn spreekkamer, en we moeten er niet meer aan denken in de spits in een overvolle trein te zitten met tientallen rokers om ons heen.

Het spoor verleggen

Zijn quota en wettelijke maatregelen de enige manieren om onze voetafdruk in bedwang te houden? Uiteindelijk misschien wel, maar tot het moment waarop zulke drastische maatregelen worden ingevoerd kunnen we zelf gelukkig nog heel veel doen. Als je een voetafdruk van acht hectare hebt, word je waarschijnlijk nooit een Jan Juffermans, maar je kunt je milieubelasting met gemak een paar hectare terugbrengen en misschien zelfs halveren. Vergelijk het met diëten: als je al jaren honderd kilo weegt, is de kans klein dat je ooit in maatje zesendertig zult passen. Maar dat betekent niet dat je je de rest van je leven onbezorgd vol kunt vreten. Je kunt nog steeds een heleboel bereiken, want bij iedere kilo die je afvalt, voel je je beter en verleng je je leven. Zo bezien is het berekenen van je ecologische voetafdruk een soort weegschaal. Als je er een keer op hebt gestaan, weet je wat je gewicht is. Pas als je gaat afvallen, wordt het een feest.

In België zit het instituut Ecolife, dat veel van de berekeningen voor de voetafdruk uitvoert, bijvoorbeeld voor de ecologische voetafdruk-test van het WNF. Dankzij hun berekeningen weet ik nu dat ik 42 vierkante meter bespaar als ik mijn elektrische voetenwarmer verruil voor een paar dikke sokken en dat mijn vriend 1650 vierkante meter minder nodig heeft als hij zijn lange douchesessies halveert. Als we de airco in de auto tijdens al onze ritten niet meer gebruiken, besparen we ongeveer 500 vierkante meter. Overstappen op groene stroom scheelt 3500 vierkante meter, een keer in de twee jaar mijn vliegvakantie omruilen voor een vakantie met de trein 2100 vierkante meter. Als ik twee keer in de week geen vlees eet maar vleesvervangers, bespaar ik 1400 vierkante meter, en als ik de zuinige rijstijl van het nieuwe rijden ga hanteren 1300 vierkante meter. Bij elkaar opgeteld is dat al een hele hectare.

Ik heb altijd een hekel gehad aan mensen die de calorieën tellen van ieder koekje dat ze krijgen en ik voel er ook niets voor om, als mijn vriend pasta kookt zonder deksel op de pan, steeds te roepen: 'Doe die deksel er nou op, dan bespaar je 400 vierkante meter!' Maar dankzij de test van de ecologische voetafdruk kom ik er wel achter hoe ik in grote lijnen bewuster kan omgaan met het klimaat. En dat is al een mooi begin.

Een wijze wiskundeleraar zei ooit tegen me: 'Je kunt een rijdende trein niet van koers laten veranderen door de rails in één keer om te buigen. Dan ontspoort hij zeker. Maar als je de rails iedere keer een beetje verlegt, kun je zijn richting wel degelijk veranderen.' De ecologische voetafdruk en de klimaatscans op internet zijn daarbij een steuntje in de rug, tests die je zo nu en dan invult om te kijken hoe groen je ongeveer doet en waar je het eventueel groener zou kunnen doen. Ga je in één keer voor de ideale afdruk, dan is de kans groot dat je ontspoort, maar doe je het stap voor stap, dan is het helemaal niet zo ingewikkeld. Sterker, dan kan het juist heel leuk zijn.

Dus: begin bij het begin. Bereken je voetafdruk, beleg je eigen klimaattop en verleg je eerste stuk rails.

3

KEURMERKEN EN CLAIMS: VEEL GRIJS IN EEN GROEN GEBIED

Een van de voornemens uit mijn privéklimaatverdrag was 'bewuster inkopen'. Toen ik het opschreef klonk het simpel, in de praktijk valt het vaak vies tegen.

Het slechtste moment om boodschappen te doen is vrijdagmiddag, vijf uur. Dat weet ik al jaren en toch doe ik het iedere keer weer. Ongeduldig hijs ik de kinderen in de fietszitjes. Er is nog geen eten in huis, we moeten dus 'even snel' naar de supermarkt. De kinderen zijn zeurderig van de honger, ik ben zeurderig van een zware werkdag en in de Albert Heijn is het spitsuur.

Op hoop van zegen worstel ik me door de drukte van schap naar schap en haal wat ik denk nodig te hebben. Ik probeer de ongeduldige stemmetjes in mijn boodschappenkar te negeren en me te concentreren op de groene en biologische producten. Waar staan ze? Hoe vind ik ze het snelst? Het kan de kinderen weinig schelen. Zij willen het liefst zo veel mogelijk pakjes en potjes met knalroze etiketten of vrolijke Dora- en Bob de Bouwer-plaatjes.

Bij het broodbeleg beginnen ze als twee hongerige vogeltjes hevig te piepen: 'Cho-co-pas-ta! Cho-co-pas-ta!' Vier kinderhandjes rijken over de rand van het karretje naar tientallen potten en tubes met verleidelijk bedrukte etiketten. De ene verpakking is nog feller en kleuriger dan de andere. Maar ik wil niet fel en kleurig, ik wil groen en duurzaam. En dus blijft er maar één pot over: de saaiste, met een bescheiden groen randje, de biologische chocoladepasta van huismerk puur&eerlijk.

Maar dan slaat de verwarring toe. Op het moment dat ik de pot wil pakken, valt mijn oog op de Fairtrade chocoladepasta die ernaast staat. Wat nu? Met welke van deze twee potten maak ik de beste keuze? Van de biologische pasta weet ik dat hij zonder slechte bestrijdingsmiddelen is gemaakt. Dat is beter voor het milieu en voor de kinderen. Maar bij de Fairtrade-pot is voornamelijk gelet op eerlijke arbeidsomstandigheden, en dat vind ik ook belangrijk. Het idee dat mijn kinderen genieten van chocolade waar de cacaoboer geen eerlijke prijs voor heeft gekregen waardoor zijn kinderen wellicht honger lijden, of erger, die met behulp van kinderarbeid is geproduceerd, vind ik namelijk onverdraaglijk. Terwijl ik mijn best doe zo snel mogelijk de verschillen op de etiketten te vinden, valt de jongste bijna uit het karretje omdat hij probeert een pot Nutella uit het rek te trekken. En dus kieper ik uiteindelijk gehaast de biologische pasta in de kar en zet de Fairtrade-pot terug in het schap.

Sinds ik heb besloten milieubewuster te gaan leven, ontdek ik overal 'handige' labels. Het zijn de keurmerken die het me makkelijker moeten maken voor iets goeds te kiezen. Die keurmerken zeggen iets over hoe ons eten en onze spullen zijn gemaakt, of er rekening is gehouden met het milieu, de arbeidsomstandigheden, waar ze vandaan komen enzovoort. Zulke keurmerken krijg je niet zomaar als fabrikant, daarvoor moet je aan allerlei verschillende kwaliteitseisen voldoen. Of je daadwerkelijk daaraan voldoet, wordt gecontroleerd door een onafhankelijke partij. Dus de bakkers van mijn Eko-brood worden gecontroleerd door de onafhankelijke instantie Skal. Houden de bakkers zich niet aan de eisen die aan de productie van hun brood zijn gesteld, dan kunnen ze het keurmerk kwijtraken. En bij ernstige overtredingen lopen ze zelfs het risico op strafvervolging. Zo werd in 2009 een Gelderse champignonkweker veroordeeld omdat hij honderdduizenden champignons had geleverd met het biologische Eko-keurmerk terwijl ze helemaal niet biologisch waren.

Lang leve de keurmerken dus, want dankzij die logo's kan ik met een schoon geweten duurzame spullen kopen. Maar zo handig als ze op papier misschien zijn, zo lastig maken de keurmerken het me in de praktijk. Het chocoladepasta-dilemma is daar een voorbeeld van. Waarom is er niet gewoon één pot chocoladepasta die zowel Fairtrade als biologisch is? En waarom is Fairtrade niet automatisch ook biologisch, en andersom? Als je om eerlijke handel geeft, geef je toch ook om het milieu? En als je rekening houdt met het milieu, dan wil je dat toch ook doen met de mens?

Eko of Demeter?

Hoe belangrijk het ook is dat ze er zijn, er kleven dus nadelen aan keurmerken. Ten eerste de hoeveelheid. In Nederland gebruiken we zeker vijftig keurmerken op het gebied van milieu, dierenwelzijn en eerlijke handel. Niet alleen voor voedsel, ook voor kleding, apparaten, auto's, huizen en vakanties bestaan allerlei keurmerken. Vijftig keurmerken; ik schud ze niet uit mijn mouw als ik in de supermarkt sta, nieuwe kleren koop of een energiezuinig apparaat aanschaf. Ik heb een keer geprobeerd uit mijn hoofd zo veel mogelijk verschillende keurmerken en waar ze voor staan op te noemen, maar haalde er niet eens vijf. Fairtrade houdt in dat er op de arbeidsomstandigheden wordt gelet, wat ook geldt voor de eerlijke koffie van Max Havelaar en het UTZ-certificaat. Het Eko-keurmerk staat voor biologisch. Het blauwe sterretje van Energy Star op mijn apparaten betekent dat het apparaat zuiniger is in standby dan andere apparaten. En dan heb je nog eh, ja, hoe heet dat, eh...

Om het nog wat ingewikkelder te maken, overlappen sommige van die keurmerken elkaar ook nog. Zo garanderen het Eko-keurmerk en het Demeter-keurmerk allebei dat je voedsel biologisch is, alleen zijn de eisen aan het Demeter-keurmerk nét iets strenger dan die van het Eko-keurmerk. En dan zijn er nog de biologische keurmerken uit andere landen die ook in Nederland worden gebruikt. Die keurmerken staan in grote lijnen voor dezelfde kwaliteit als de Nederlandse, maar hebben wel een andere naam en een ander plaatje. Het kan dus zomaar zijn dat op één product het Nederlandse Eko-keurmerk én het Duitse Bio-Siegel staan. Maar er zijn ook producten met alleen het Bio-Siegel-logo. Wat kies je dan?

Bij kleding is het ook verwarrend. Je kunt kleding met een Demeter-keurmerk hebben (biologisch-dynamisch, vaak bij wollen babykleertjes) of met het GOTS-keurmerk (de Global Organic Textile Standard). Een label van Organic Exchange in je jas betekent ook dat er biokatoen in zit. Niet zoveel trouwens, vijf procent is al voldoende om het keurmerk te mogen dragen, maar dat staat niet op het etiket. Grote ketens als H&M, die in januari 2010 nog op de vingers werd getikt omdat hun Bio Cotton-lijn helemaal niet van biologisch katoen bleek te zijn, zijn aangesloten bij de Sustainable Apparel Coalition, een samenwerkingsverband dat is opgericht door de kledingindustrie zelf.

En bij apparaten is het niet veel anders. Apparaten zoals wasmachines, drogers en vaatwassers hebben een energielabel waaraan je kunt zien hoeveel stroom ze verbruiken. Dat label, het is meer een informatiesticker, is verplicht door de Europese Unie. Maar er is nóg een Europees label dat je in Nederland op vaatwassers kunt vinden: het Europese Ecolabel. Dat label zegt net als het energielabel iets over het stroomverbruik, maar ook over de hoeveelheden vaatwasmiddel die je ervoor nodig hebt en de mogelijkheid het apparaat te recyclen. En het wordt nog ingewikkelder. Zo lees ik op de website van Milieu Centraal dat de energie-eisen van het Europese Ecolabel anders zijn dan die van het Europese Energielabel. De eisen van het Ecolabel voor het energieverbruik van grote vaatwassers zijn strenger dan het A-label van het Energielabel. Maar voor kleine vaatwassers zijn de eisen van het Ecolabel juist minder streng dan het A-label van het Energielabel. Waarom moet het zo moeilijk zijn?

Die labels zijn er toch juist om het ons makkelijker te maken? Nu doet het me meer denken aan een oud gezegde: als je één horloge hebt weet je altijd hoe laat het is, heb je er twee, dan ben je nooit meer zeker. Twee labels zijn als twee horloges: je wordt er bloednerveus van.

Het blauwe sterretje van Energy Star, een Amerikaans keurmerk dat iets zegt over het stroomverbruik en stand-by-verbruik van apparaten, heb ik inmiddels in mijn geheugen zitten. Maar er zijn ook apparaten die naast het Energy Star-keurmerk nog wat extra stickertjes hebben. De nieuwe printer die ik heel bewust kocht omdat hij zuinig print en het Energy Star-label heeft, valt bijvoorbeeld in het niet bij de lijn laserprinters en all-in-one-printers van het merk Brother. Die hebben naast het Energy Star-keurmerk ook nog het Duitse Der Blaue Engel-plaatje én het Scandinavische Nordic Ecolabel. Hoe meer stickers hoe beter, lijkt me. Maar wat als een printer alleen het Nordic Ecolabel heeft, of juist alleen het Energy Star-keurmerk? Welke van de twee moet je dan kiezen?

Gelukkig zijn veel antwoorden op dit soort vragen op internet te vinden. Voorlichtingsorganisatie Milieu Centraal legt van bijna alle keurmerken uitgebreid uit waar ze voor staan. Als je besluit een apparaat te kopen, kun je voordat je naar de winkel gaat checken op welke logo's je moet letten bij de aankoop. Dan leer je bijvoorbeeld dat het Duitse Der Blaue Engel en het Zweedse Nordic Ecolabel ongeveer hetzelfde zijn als het Nederlandse Milieukeur, dat staat voor een product dat op zo veel mogelijk onderdelen op duurzaamheid is getest. Ook handig: het Voedingscentrum heeft een app voor de iPhone en een mobiele site die ook te gebruiken is op andere smartphones waarop je in de supermarkt gemakkelijk kunt nakijken waar bepaalde labels en keurmerken voor staan. Maar zelfs met die hulpjes is het nog een hele puzzel om erachter te komen welk product de groenste keuze is. Er is gewoon zoveel dat je bijna gaat verlangen naar een keurmerk voor keurmerken.

Zo bleek de simpele aankoop van afwasmiddel, iets waar ik normaal amper drie seconden voor nodig heb, opeens een enorme opgave te zijn. Schoonmaakmiddelen belasten het milieu. Al die hygiënische pompjes, doekjes, sprays en flessen met naar bloemetjes, dennenbomen en limoen ruikende was- en poetsmiddelen verstoren de biodiversiteit en vervuilen ons water. En ik was er een grootverbruiker van. Ik draai elke week zeker vier wassen, heb een vaatwasmachine en een huis dat om de haverklap vies wordt vanwege kleverige vlekkerige en stinkende kinderhanden, -voeten en -billen. En omdat ik weinig tijd heb, ging ik iedere keer als smetvrees-koningin Mevrouw Helderder uit *Pluk van de Petteflet* door het huis met mijn agressieve vuilverdelgers. Dat kon natuurlijk stukken beter.

Van steeds meer schoonmaakmiddelen is tegenwoordig een eco-versie verkrijgbaar. Het afwasmiddel van Klok bijvoorbeeld: Klok Eco. Zonder parfum en kleurstoffen en met een mooi Ecolabel van de Europese Unie als bewijs dat het minder milieuvervuilend is. Makkelijke keuze dus. Maar in biologische supermarkten kun je ook kiezen voor het afwasmiddel van Ecover, zónder Ecolabel. Op allebei de flessen staat de term 'eco', waarom heeft de ene fles dan wel een keurmerk en de andere niet? Is Klok Eco ecologischer dan Ecover, ook al doen de namen vermoeden dat ze vergelijkbaar zijn?

Op internet zijn de antwoorden op dit soort vragen moeilijk te vinden, dus ik bel zelf met de fabrikant. De uitkomst is opmerkelijk: Ecover wil het Ecolabel niet! De milieueisen die Ecover aan zijn schoonmaakmiddelen stelt, zijn namelijk strenger dan die van het Ecolabel. Pas als Europa die eisen aanscherpt, wil Ecover het Ecolabel dragen. Tot die tijd weigeren ze het keurmerk aan te vragen, om zo de boodschap af te geven dat het nog beter kan. Maar dat staat nergens op de verpakking.

Het vaatwasmiddel van Ecover is misschien wel ecologischer dan Klok Eco, maar het is de fles van Klok die ik in eerste instantie kies, omdat daar het keurmerk op staat. Het is een verwarrende ontdekking: het kan dus zomaar zijn dat producten zonder keurmerk groener zijn dan producten met. En dan houd ik er nog niet eens rekening mee dat de dosering van het middel net zo belangrijk is: als je een halve mok Klok Eco gebruikt, terwijl een dopje al genoeg is, doe je dat hele keurmerk sowieso teniet.

Niet goed, ook niet helemaal slecht

Volgens oud-hoogleraar milieukunde Lucas Reijnders komt veel van de verwarring over het duurzame gehalte van onze producten voort uit het feit dat we nog steeds worstelen met de vraag wat duurzaam werkelijk betekent. Reijnders was een van de eersten die begin jaren tachtig in Nederland het woord 'duurzaamheid' gebruikten: 'Ik vertaalde het Engelse woord *sustainability* in "duurzaamheid". Maar ik heb daar nu een beetje spijt van. Het is een leeg begrip geworden. In de jaren tachtig was er maar één definitie van: "De economie moet in evenwicht zijn met de omgeving." Maar inmiddels zijn er meer dan honderdvijftig definities. Tegenwoordig kan de term "duurzaam" alles betekenen en kan alles "duurzaam" zijn. En bedrijven gebruiken verschillende definities naargelang het ze uitkomt.'

Reijnders legt uit: 'Hoe belangrijk het ook is dat ze er zijn, ook keurmerken verschillen in helderheid. Het Eko-keurmerk is verhoudingsgewijs betrouwbaar en duidelijk. Dat zit op zich goed in elkaar, onder andere omdat het wettelijk geregeld is en je het dus aan de wet kunt toetsen. Maar zelfs dan weet je het nog niet precies. Een vooruitstrevende biologische kippenhouder die extra goed is voor zijn kippen krijgt het Eko-keurmerk, maar een eenvoudige boer die biologische eieren aan de Aldi levert en tegen de ondergrens van de milieueisen van het Eko-keurmerk aan zit, krijgt dat keurmerk ook. Die biologische kippen zonder extra zorg hebben een heel ander leven gehad dan de biologische kippen met extra zorg en toch hebben ze allebei hetzelfde keurmerk.'

Het is net als met schoolcijfers: als je een 6 hebt, heb je een voldoende en als je een 9 hebt ook. Twee keer voldoende maar toch een groot verschil. Toch vindt Reijnders wel dat we op de keurmerken kunnen vertrouwen: 'Producten met een milieukeurmerk zijn inderdaad verbeterd en dus minder schadelijk voor het milieu. Bijvoorbeeld omdat er minder vervuilende stoffen in zitten. Wat dat betreft zijn ze beter dan de producten die geen keurmerk hebben. Maar ze zijn niet opeens helemaal duurzaam. Eigenlijk moet je zeggen: het is minder slecht geworden. Maar dat werkt niet voor marketingmensen, die moeten een positieve boodschap brengen.'

Volgens Reijnders is meer overheidsregulatie de beste manier om de verwarring aan te pakken: 'We zouden de milieueisen waar onze producten aan moeten voldoen en de terminologie veel beter vast moeten leggen, zodat voor iedereen duidelijk is aan welke eisen duurzame producten moeten voldoen. Net als bij aardbeienjam bijvoorbeeld. Je mag van de warenwet een pot jam pas echt jam noemen als er minimaal 350 gram vruchtenpulp per kilo in zit. Dat maakt het opeens een stuk duidelijker. In theorie kan dit ook op het gebied van duurzaamheid, maar in de praktijk is het tot nu toe te moeilijk gebleken.'

Als consument moet ik dus hopen dat de overheid beter milieubeleid maakt en concretere eisen en termen opstelt om producten makkelijker te kunnen beoordelen op hun duurzaamheidsgehalte. Maar als er iets is wat deze overheid niet wil, dan is het wel meer reguleren. De politici in Den Haag willen juist van al die regels af, en als er dan toch meer regels moeten komen, dan staan milieu en klimaat zeker niet boven aan hun prioriteitenlijstje.

Eén groot grijs gebied

Gelukkig zijn er veranderingen op komst die het straks wel degelijk wat duidelijker gaan maken. En sommige van die veranderingen zijn al erg dichtbij. Sinds juli 2010 is het Europese logo voor biologische landbouw, het EU Biologisch-logo, verplicht op alle voorverpakte biologische producten. Dat betekent dat de afzonderlijke biologische keurmerken steeds meer overbodig worden. Nu kun je nog twee biologische logo's op één product tegenkomen, maar de kans is groot dat de afzonderlijke logo's langzamerhand zullen verdwijnen. Straks hoeven we dus alleen nog maar het EU Biologisch-logo te herkennen.

En wie weet krijgen we ook nog wel een speciaal label waaraan je kunt zien hoeveel CO_2 er is uitgestoten ten behoeve van het product dat je wilt kopen. Dan zie je in één oogopslag wat de milieuschade is. Frankrijk overweegt serieus een dergelijk CO_2-label in te voeren en in Zwitserland bestaat het al.

'Zo'n label maakt het makkelijker voor de consument om zijn gedrag te veranderen. Als je ziet hoeveel CO_2 er is uitgestoten bij het produceren en vervoeren van je spullen, begrijp je meteen wat het milieu het minst belast,' vertelt An De Schryver. Zij is milieukundige en een expert op het gebied van duurzaamheid. Ze komt uit België, werkte als milieukundige in Nederland en woont inmiddels in Zwitserland. De Schryver denkt na over de milieueffecten van onze grondstoffen, onze spullen en ons voedsel op een niveau dat me nog het meest doet denken aan het ontrafelen van de genetische structuur van de mens. Ze is gespecialiseerd in LCA, ofwel de levenscyclusanalyse van producten. Die levenscyclusanalyse is een manier om uit te rekenen wat de milieu-impact of het effect op de gezondheid is van een product, vanaf de productie tot en met het moment dat het afval wordt. Ze onderzoekt dus hoe we de duurzaamheid van spullen van begin tot eind kunnen berekenen. Zodra dat bekend is, kunnen we met behulp van een computerprogramma de volledige milieu-, klimaat- en gezondheidsbelasting van alle producten uitrekenen.

Het klinkt te mooi om waar te zijn, en helaas is dat het voorlopig ook. Begin 2011 promoveerde De Schryver op de vraag hoe we producten nu op duurzaamheid testen en ze kwam tot de conclusie dat de manier waarop we milieueffecten berekenen, vaak afhankelijk is van de bril van de onderzoeker. De

Schryver: 'Als bedrijven onderzoeken hoe duurzaam iets is, kijken ze vaak alleen naar het productieproces, het begin dus. Maar wat gebeurt er met dat product ná de productie? Wat is de impact van de gebruiksfase of de afvalfase? Je kunt ook kijken wat de schade is op een termijn van twintig jaar, op een termijn van honderd jaar of over 10.000 jaar. Je kunt een product beoordelen op de vraag wat de schade is voor het milieu, wat de schade is voor onze gezondheid of juist voor de biodiversiteit. Er is nog niet één formule die de verschillende variabelen tot één uitkomst kan omrekenen, en dus beslissen we zelf wat we het belangrijkst vinden.'

Ter verduidelijking rekende De Schryver uit wat schadelijker is voor het milieu, stoken op hout of stoken op gas. 'Op korte termijn is gas beter dan hout. Bij het verstoken van hout komt namelijk veel fijnstof vrij, en dat is slecht voor de gezondheid en voor het milieu. Maar op de lange termijn is gas juist slechter omdat er in dat verbrandingsproces veel meer CO_2 vrijkomt dan bij de verbranding van hout. Je kunt dus goed beargumenteerd zeggen dat gas minder schadelijk is voor het milieu, maar dat kun je van hout ook zeggen. Het is maar net op welke termijn je die schadelijkheid bekijkt. Als blijkt dat een product zowel op de korte termijn als op de lange termijn even vervuilend of schadelijk is, is er niet zoveel kans op verwarring. Maar wanneer een bepaalde stof op de korte termijn duurzaam lijkt en dat op de lange termijn niet is, of andersom, zou je dat toch wel moeten melden.'

In het dagelijks leven merkt De Schryver zelf ook hoe lastig het is om met dit soort dilemma's om te gaan: 'Drink ik mijn bier uit een flesje of uit een blikje? Als ik honderd procent zeker zou weten dat ze allebei gerecycled worden en dat het glas bij het recyclen niet wordt gebroken, kan ik beter voor het glas kiezen. Maar dan moet ik dus zeker weten dat het glas ongebroken en dus in zijn huidige vorm wordt hergebruikt. Als het glas wel gebroken wordt, is het blikje waarschijnlijk minder schadelijk.'

Duurzaamheid is dus niet altijd wat het lijkt. Maar ook De Schryver vindt niet dat we de keurmerken links moeten laten liggen: 'Het kan zijn dat bepaalde keurmerken nu gebaseerd zijn op een onvolledige analyse. Toch is het goed dat ze er zijn. Het is misschien niet de exacte milieuschade die is uitgerekend voordat een stof of product een keurmerk heeft gekregen, maar het is wel een goede schatting. Er zijn namelijk een heleboel dingen die we wel weten en kunnen meten. Die kennis zit nu al in de keurmerken. Dat kan alleen maar beter worden. Bovendien: het is deze keurmerken of niets. En dat laatste is veel erger.'

An De Schryver wilde met haar onderzoek vooral aantonen dat bedrijven en fabrikanten bewuster kunnen en moeten nadenken over hoe we spullen beoordelen op duurzaamheid. En niet alleen de bedrijven en fabrikanten, ook consumenten kunnen daar meer over nadenken: 'We hebben nog lang niet alle antwoorden en dat zal voorlopig wel zo blijven. Maar als consument kun je een bijdrage leveren aan het vinden van die antwoorden. Koop zo veel mogelijk biologische of lokale producten en zo veel mogelijk producten die al een keurmerk hebben. Die zijn misschien niet allemaal perfect, maar als er meer vraag naar is, is er ook meer reden ze goed te analyseren. Bovendien geef je een signaal af als je ze koopt: je draagt de boodschap uit dat we bewuster moeten leven.'

Greenwashing

Dankzij mensen als An De Schryver kunnen we straks misschien tot in de kleinste details uitrekenen hoe milieuvervuilend spullen zijn. Dan kunnen hopelijk ook bedrijven zonder keurmerk daar makkelijker op worden afgerekend. Want als er iets is wat roet in het eten gooit, dan zijn het wel de bedrijven die doen alsof ze duurzaam zijn, maar dat in werkelijkheid helemaal niet zijn. Het fenomeen staat inmiddels al jaren bekend als 'greenwashing': je duurzamer voordoen dan je bent.

Naast de officiële keurmerken zijn er honderden logo's, labels en claims die op keurmerken lijken, maar dat niet zijn. Mooie, tot de verbeelding sprekende plaatjes, bedacht door gewiekste reclamemakers die graag meeliften op het succes van de groene hype. Want als je groen doet, maak je nu eenmaal goede sier. En meer omzet. Alleen al in de supermarkt vliegen de groene en duurzame slogans en reclames je om de oren. Overal vind je producten die zijn beplakt en bedrukt met glanzende groene blaadjes, bloeiende boompjes, prachtige weilanden, hemelsblauwe luchten en gelukkige koetjes, varkentjes en kippetjes. Die afbeeldingen gaan vaak samen met mooie teksten die de associatie oproepen met een verantwoord of milieuvriendelijk leven: 'Puur natuur', 'Beter voor het klimaat', 'Beter voor het milieu', 'Green power' en ga zo maar door.

Het zegt allemaal weinig tot niets, maar bedrijven mogen het gewoon doen. Er zijn wel regels, een fabrikant mag bijvoorbeeld niets claimen wat hij niet kan waarmaken, maar slimme marketingmensen weten daar altijd wel wat op te vinden. Ze maken milieuvriendelijke claims en logo's zo dat ze nét niet over de grens gaan. Wasmiddel met milieuvriendelijke wastips op de verpakking die afleiden van het feit dat er nog steeds milieuvervuilende stoffen in zitten, bijvoorbeeld. Of een auto die beter is voor het klimaat omdat hij zo zuinig rijdt, maar die uiteindelijk nog steeds liters benzine slurpt.

Hoe makkelijk het is de consument met dit soort claims en slogans te bedotten, maakten de acteurs uit het Belgische televisieprogramma *Basta* begin 2011 duidelijk. Het humoristisch-kritische programma ging met een kraampje in een bouwmarkt staan om twee producten met een nieuw, groen label aan te prijzen. Alles zag er tot in de puntjes verzorgd en betrouwbaar uit, maar de ecolabels waarmee ze adverteerden, waren volledig verzonnen. Allereerst was er de ecologische verf Pintura, die geheel zeehondenpuppyvrij was en daarom het prachtige 'no seal'-zegel mocht dragen. De acteurs uit het filmpje verzekerden de geïnteresseerde klanten dat geen enkele andere verf dit logo droeg – het was immers hun eigen logo. Oké, de zogenaamde verkopers moesten wel eerlijk toegeven dat de verf nog wel sporen van panda kon bevatten, maar daar werkte de fabrikant nog aan.

Het andere product dat ze aanprezen was Verminator, een nieuw ecologisch rattengif in een doos van negentig procent gerecycled karton dat milieuvriendelijke stoffen bevatte als aloë vera, zonnebloemolie, lindebloesem, jasmijn en kamperfoelie. Ja, het zat nog wel vol gif en dat leidde tot een zeer pijnlijke dood van die arme ratjes, maar daarom hadden ze het heel bewust niet op dieren getest, wat dus een ecologisch pluspunt was.

En wat denk je? Mensen kochten het! De logo's zagen er professioneel uit en de verkopers klonken zo overtuigend dat klanten het geloofden. Toen achteraf werd gevraagd waarom ze dat product hadden gekocht of zouden kopen, gaven ze antwoorden als: 'Zo draag je toch je steentje bij' en 'Er zijn veel mensen met ecologie bezig, dus dit zal ze zeker aanzetten dit product te kopen.'

Nu lag het er in de uitzending van *Basta* erg dik bovenop dat er iets niet in de haak was met die labels, maar het toonde wel aan hoe je met een mooi verhaal en een knap logo mensen iets kunt laten geloven.

Hoe herken je greenwashing?

In Amerika bleek in 2009 uit onderzoek dat achtennegentig procent van de 'duurzame' claims in supermarkten niet waargemaakt kon worden. Nou zijn de Verenigde Staten ver weg en als er één plek is waar ze goed zijn in het verkopen van gebakken lucht dan is het wel in Amerika, maar in Nederland gebeurt het net zo goed. En hoe vervelend het ook is, er is geen ontkomen aan. Er zit dus maar één ding op: ik moet leren zelf het kaf van het koren te scheiden.

Op internet wordt veel geschreven over greenwashing. Kritische milieuorganisaties houden bedrijven nauwlettend in de gaten en zetten hun bevindingen online. Zo heeft stichting Wakker Dier ieder jaar de Liegebeest Verkiezing voor misleidende voedselreclames en -campagnes. In 2010 werd de Liegebeest Trofee bijvoorbeeld gewonnen door de overheid omdat deze het scharrelei promootte als een ei van een kip die buiten rondscharrelt, terwijl dat in werkelijkheid helemaal niet zo is.

Ook Milieudefensie zet zich in tegen greenwashing. Begin 2011 diende de stichting nog een klacht in tegen IOI, de grootste palmolieproducent ter wereld die palmolie levert aan bijvoorbeeld Unilever. Volgens Milieudefensie probeert het bedrijf goede sier te maken met een paar duurzame plantages terwijl het op andere plekken gewoon doorgaat met het schenden van milieuregels en mensenrechten.

De Amerikaanse organisatie TerraChoice is een ware specialist in het herkennen van groene marketingtrucs. Ieder jaar brengen ze een nieuw greenwash-rapport uit en op hun site leggen ze consumenten uit hoe je met behulp van 'de zeven zonden van greenwashing' misleidende groene marketing kunt herkennen. Als je die zeven zonden kent, zul je steeds beter in staat zijn greenwashing te herkennen, aldus TerraChoice.

Zonde 1: De verborgen trade-off

Een bedrijf beweert dat een product groener is op basis van een klein onderdeel of ingrediënt van dat product, zonder het over de rest van het product te hebben. Bijvoorbeeld: een merk dat honderd procent gerecycled wc-papier verkoopt en dit gegeven op de verpakking aanprijst, zonder aandacht te besteden aan het feit dat er bij het bleken van dat wc-papier geen rekening is gehouden met het milieu.

Zonde 2: De claim die niet bewezen kan worden

Een bedrijf dat beweert groen bezig te zijn, maar die bewering niet kan staven met feiten. Een wasmiddel bijvoorbeeld waarop staat dat het 'milieuvriendelijk' is, terwijl de fabrikant hier geen onderzoek naar heeft laten doen, noch enige andere onderbouwing heeft voor de bewering. De Activia-producten van Danone zijn hier ook een voorbeeld van. Danone beweerde dat

Activia de stoelgang en je weerstand kon verbeteren terwijl daar geen enkel bewijs voor was.

Zonde 3: Vaagheid

Dit zijn de uitingen op verpakkingen die niets zeggen. Denk aan kreten als: 'Met natuurlijke ingrediënten'. Het klinkt mooi, maar betekent niet automatisch dat het product groener is. De cashewnoten van Duyvis zijn daar een prima voorbeeld van, zo toonde de organisatie foodwatch aan. Ze zitten verpakt in een zakje dat lijkt op gerecycled papier (maar het niet is). De naam van de noten is Pure&Natural, maar als er iets is wat de nootjes niet zijn dan is het dat wel. Er zit namelijk ook een plakmiddel in (anders blijft het toegevoegde zeezout dat er ook in zit niet aan de nootjes plakken) en er zijn smaakversterkers gebruikt.

Zonde 4: Neplabels

Een logo dat lijkt op een keurmerk, maar dat bij nader onderzoek niet blijkt te zijn. De groenten van Bonduelle waren daar een tijdje een voorbeeld van. Ik koop ze geregeld en was al helemaal overtuigd toen ik een paar jaar geleden een mooi logo zag met de tekst 'gecontroleerde natuurvriendelijke teelt'. Als je zo'n logo ziet en je legt het naast het officiële Eko-keurmerk, dan is er op het blote oog bijna geen verschil. Het moment in de winkel waarop je zo'n pot in je handen hebt is kort, je ziet de woorden 'gecontroleerd' en 'natuurvriendelijk' en krijgt het gevoel dat je een bewuste keuze maakt. In dit geval bleek het tegendeel waar te zijn. Het logo was zelfbedacht door Bonduelle en het was ook Bonduelle zelf die zijn eigen 'natuurvriendelijke teelt' controleerde. Dat is dus zoiets als een slager die zijn eigen vlees keurt. Het was ordinaire marketing, maar als consument kun je dat alleen ontdekken als je er een studie van maakt. Gelukkig tikte Stichting Milieukeur Bonduelle op de vingers en werd het logo van de verpakkingen gehaald, met het excuus dat het inderdaad iets te verwarrend was geweest. Mede dankzij die actie van Milieukeur hebben de biologische groenten van Bonduelle nu wel een echt Eko-keurmerk.

Persoonlijk vind ik ook het Gezonde Keuze Klavertje van Albert Heijn en het Ik Kies Bewust-logo onder deze zonde vallen. Dat laatste logo vind je op bijvoorbeeld Chrystal Clear Shine (water met kunstmatige zoetstoffen) terwijl gewoon bronwater, waar het logo niet op staat, toch echt een bewustere keuze is.

Zonde 5: Niet relevante claims

Dit zijn claims die wel kloppen, maar niet relevant zijn. De term 'fosfaatvrij' op een wasmiddel bijvoorbeeld. Wasmiddelen moeten namelijk allemaal fosfaatvrij zijn. Om het nog wat verwarrender te maken: als er op een afwasmiddel staat dat er geen fosfaten in zitten, is het weer geen greenwashing. In afwasmiddelen zijn fosfaten namelijk (nog) niet verboden.

Zonde 6: De minste van twee kwaden

Dit is een claim over een product die wel waar is, maar die extra wordt aangezet om de consument af te leiden van het feit dat de milieueffecten van het product heel ernstig zijn. Shell won in 2010 nog De Groene Zeepbel, een prijs voor deze vorm van greenwashing. Het bedrijf maakte uitgebreid reclame voor zijn duurzame inspanningen, maar ondertussen blijft het een vervuilende oliemaatschappij die meer geld steekt in olie dan in duurzaamheid.

Zonde 7: De leugen

Dit is een van de lastigste vormen van greenwashing om als consument te doorzien: producten die het logo van een officieel keurmerk gebruiken, terwijl ze dat keurmerk helemaal niet hebben.

Sommige van deze zeven zonden zijn nog steeds moeilijk te herkennen, maar toen ik willekeurig wat recente aankopen onder de loep nam, schrok ik ervan hoe makkelijk je bepaalde groene marketingtrucs kunt doorzien.

Luiers

Laatst had ik de keuze tussen twee pakken luiers: de gangbare van het huismerk en een vriendelijk vormgegeven pak van Huggies waarop stond: 'Met biologisch katoen'. Wat doe je dan, als je een milieubewuste keuze wilt maken en ook nog een goede moeder wilt zijn? Dan kies je toch voor het biologische katoen? Dat is beter voor het klimaat én voor de billetjes van je kind. Maar wat betekent dat eigenlijk, 'met biologisch katoen'? Niet veel. Eén laagje katoen was biologisch, de rest van de luier was net zo synthetisch als de synthetische luiers van het huismerk.

Puur en niet zo eerlijk

In 2009 lanceerde Albert Heijn, waar ik vaak mijn boodschappen deed, het huismerk puur&eerlijk. Een lijn producten, van schoonmaakmiddelen tot vis en vlees, die met extra zorg voor mens, dier, natuur en milieu worden geproduceerd. Het ontwerp van de logo's zag er – precies zoals je bij biologische en milieuvriendelijke producten verwacht – bescheiden uit. Geen schreeuwerige commerciële sterren die van de potjes af lijken te springen, maar rustige groene lijntjes op gerecycled papier en een beschaafd lettertype met een duidelijke boodschap: deze producten zijn puur én eerlijk.

Het nieuwe huismerk was door Albert Heijn bedacht om de klant meer duidelijkheid te bieden. Want 'het woud aan keurmerken zit de consument in de weg', zei de voorlichter van de supermarkt in *Trouw*. Maar werd de situatie er beter op met de komst van puur&eerlijk? Voor mij niet. Voor de duidelijkheid: puur&eerlijk is geen keurmerk, maar een merknaam van Albert Heijn. De supermarkt zegt zélf dat de puur&eerlijk-producten puur en eerlijk zijn. Gelukkig klopt dat voor een groot deel ook wel. De koffie uit de puur&eerlijk-lijn is Fairtrade en de puur&eerlijk-melk heeft het Eko-keurmerk. Maar bij de puur&eerlijk-eieren wordt het lastiger: die zijn er zowel biologisch als van vrije-uitloopkippen. Dat zijn dus eieren van verschillende kwaliteit. Welke is dan het eerlijkst of het puurst? Het puur&eerlijk-vlees is scharrelvlees. Scharrelvlees is misschien wel een eerlijker keuze dan een kiloknaller, maar biologisch is het eerlijkst. Waar het op neerkomt is dat het ene puur&eerlijk-product minder puur en eerlijk is dan het andere. Maar op allebei staat wél datzelfde 'puur&eerlijk'.

Als Albert Heijn echt puur en eerlijk was geweest, hadden ze alleen de allerpuurste en -eerlijkste producten in een apart schap in de supermarkt samengevoegd. Of beter nog: gewoon goede voorlichting gegeven over welke producten puur en eerlijk zijn, zonder er een nieuw logo voor te bedenken.

Het extra huismerk is vooral mooie groene marketing van een supermarkt, maar geen echte oplossing voor de keurmerkverwarring. Het maakt het 'woud aan keurmerken' eerder nog ingewikkelder.

Groene wasjes?

Nog een voorbeeld. Wasmiddelen worden steeds minder schadelijk van samenstelling. Dat moet ook, want ze vervuilen ons water en verstoren de natuur. Daarom heeft Persil het wasmiddel Eco Power gelanceerd. 'Honderd procent biologisch afbreekbaar', staat er op het pak, op een label dat in de kleur van gerecycled papier is afgedrukt.

Boven de tekst op dat verantwoorde label staan wel wat kleine lettertjes, maar die zijn zo slecht leesbaar dat je er een loep voor nodig hebt. Met de zeven zonden van greenwashing in mijn achterhoofd heb ik het pak Eco Power bestudeerd, en als er nog eens een prijs voor greenwashing uitgereikt moet worden, mag Persil van mij genomineerd worden. Boven de grote letters '100 % biologisch afbreekbaar' staat piepklein geschreven dat dat geldt voor de oppervlakteactieve stoffen. Dat zijn de stoffen die je was daadwerkelijk schoonmaken. De rest van het wasmiddel bestaat uit water en bijvoorbeeld bleekmiddelen. Maar wat blijkt: volgens de wet (detergentenverordening) moeten álle oppervlakteactieve stoffen van álle wasmiddelen honderd procent biologisch afbreekbaar zijn. En over de rest van de bestanddelen wordt op de verpakking van Eco Power vrijwel niet gerept. Kortom: mooie woorden die over het duurzame gehalte van het wasmiddel niets zeggen.

In het geval van Persil Eco Power was er een oplettende consument die een klacht wegens misleiding indiende bij de reclamecodecommissie. De reclamecodecommissie bestudeerde de claim en concludeerde dat die te verwarrend was voor de gemiddelde consument. Persil werd op de vingers getikt en dringend geadviseerd de claims op de verpakkingen te wijzigen. Toen dit boek naar de drukker ging was dat in elk geval nog niet gebeurd.

Kritische consument

Het is moeilijk je niet uit het veld te laten slaan als je dit soort marketingmisleiding leert herkennen. Toch moeten we ons er vooral niet door laten demotiveren, zegt Gert Spaargaren, bijzonder hoogleraar milieubeleid, duurzame leefstijlen en consumptiepatronen. Hij erkent de problemen die we hebben met keurmerken en greenwashing, maar vindt dat we te weinig naar de positieve ontwikkelingen kijken. In 2005 begon Spaargaren met een langlopend onderzoeksproject naar groen consumentengedrag. Hij koos vijf domeinen waarop consumenten kunnen vergroenen en begeleidde verschillende onderzoeken naar wonen, mobiliteit, voedsel, kleding en toerisme.

'We staan nog maar aan het begin van de grote omslag richting duurzame ontwikkeling,' vertelt Spaargaren. 'Het hele concept duurzaamheid begint nu pas goed in te dalen. Maar als je kijkt wat we de afgelopen tien jaar allemaal hebben veranderd, dan is er al zoveel goeds gebeurd. In de beginfase van het milieubeleid zijn campagnes uitgezet die allemaal redelijk goed zijn gelukt. Zo brengen we vrijwel allemaal ons glas naar de glasbak. Daar staan we niet eens meer bij stil, het is de gewoonste zaak van de wereld geworden. Datzelfde geldt voor de waterbesparende douchekop, het besparingstoilet, de HR-ketel en dubbel glas. Wat we nu meemaken is een tweede nieuwe fase in het milieubeleid. Zonnecellen en windmolens in de wijk, autoluwe steden, rekening rijden, het gaat allemaal een stap verder dan de eerste golf maatregelen. Ook op het terrein van voeding. Het steeds grotere aanbod biologisch vlees in de supermarkt is ook iets van de afgelopen jaren. Die trend begint nu heel duidelijk door te zetten.

De milieulabels voor auto's zijn ook een goed voorbeeld van hoe het kan uitpakken. Deze CO_2-labels zijn een succes, maar dat was niet meteen het geval. Toen ze werden ingevoerd, moesten we er enorm aan wennen. Niemand lette erop en dealers wisten zich geen raad met die bordjes met gegevens over de CO_2-uitstoot. Inmiddels is het heel normaal dat je naar het energielabel kijkt als je een nieuwe auto koopt.

Je kunt die wildgroei van keurmerken, labels en claims zorgwekkend noemen, maar je kunt het ook van de positieve kant bekijken: de Europese milieuregels zijn al veel duidelijker en scherper dan buiten Europa, bijvoorbeeld in een land als Thailand, waar duurzaamheid nog geen grote rol speelt. En de bedrijven die 'eigen' groene logo's lanceren doen misschien wel aan greenwashing, maar ze steken ook hun nek uit. In feite zeggen ze dat ze duurzamer willen zijn. Ze weten dondersgoed dat ze in de gaten worden gehouden door kritische milieubewegingen die hun claims onder de loep nemen.

Uiteindelijk zou het het mooiste zijn als we al die milieubelastende producten gewoon konden vervangen door duurzame alternatieven. Dat is echter moeilijk omdat bedrijven altijd zullen schermen met het verhaal dat de consument dat niet wil. Maar ook in de huidige situatie gebeurt er al veel. Kijk maar naar de vis. Supermarkten spannen zich in om in 2012 alleen nog maar duurzame vis te verkopen en het ziet ernaar uit dat dat gaat lukken. Het kan dus wel degelijk.

En in België is supermarktketen Colruyt echt bezig met het "opvoeden" van consumenten. Stap voor stap vervangt die keten steeds meer niet-biologische en milieubelastende producten voor de biologische en verantwoorde alternatieven. Inclusief de uitleg aan consumenten waarom die duurzame alternatieven een verstandiger keus zijn. Dat doen ze bewust niet in één keer maar geleidelijk, want ze hebben gemerkt dat klanten anders afhaken.'

Spaargaren vindt dat we als consumenten best wat minder kunnen zeuren en zelfkritischer mogen worden: 'Er is inderdaad een wirwar aan labels, maar dat komt omdat er een wirwar aan producten is en een wirwar aan wensen. We zijn verwend: we willen altijd kunnen kiezen en alles moet ook nog eens het beste van het beste zijn. Dan is het logisch dat er keurmerken komen en het is ook logisch dat je je er zo nu en dan in verdiept. Als je groener wilt leven, ontkom je er niet aan om voor jezelf een aantal dingen uit te zoeken en er ook wat mee te doen. Heb je vragen? Stel ze dan! Aan je supermarkt bijvoorbeeld. Die moeten we wel achter de broek blijven zitten. Wees een actieve consument, durf kritisch te zijn. Ik ga zelf weleens op onderzoek en merk dat dat werkt. Dan ga ik naar een kledingzaak en vraag daar: hebt u een broek met milieulabel? Meestal kijken ze je aan of ze water zien branden, maar je zet mensen wel aan het denken.

Logo's en labels zijn wel ingewikkeld, maar dan vraag ik op mijn beurt: wat is het alternatief? Ze zijn misschien nog niet perfect, maar ze helpen al zoveel. Het zijn hulpmiddelen om snel te kunnen beslissen. Ik merk het in mijn eigen leven: als ik haast heb, maak ik toch een net iets betere keuze dankzij een keurmerk of een logo. Dat is al een hele verbetering ten opzichte van tien jaar geleden. Het kan niet allemaal in een keer goed zijn, daar hebben we tijd voor nodig. We moeten dit stap voor stap doen. Als je te ver voor de muziek uit loopt en de boodschap té scherp neerzet, gaan mensen zich afzetten. En dan ben je alleen maar verder van huis.'

Stap voor stap

Stap voor stap dus. Het verhaal van Gert Spaargaren doet me denken aan de kinderprogramma's waar mijn dochter naar kijkt en waarvan ze allerlei wijze levenslessen leert die ze na afloop met me wil delen: 'Mama, mama! Weet je, als iets niet lukt, probeer het dan beetje – bij beetje – bij beetje!'

Een paar dagen na mijn gesprek met Gert Spaargaren koop ik de biologische en de Fairtrade-pot chocoladepasta van Albert Heijn, maak er een foto van en schrijf een brief naar de klantenservice:

> Beste Albert Heijn,
>
> Allereerst wil ik jullie graag laten weten hoe prettig ik het vind dat jullie steeds meer producten verkopen met een biologisch keurmerk. Sinds ik moeder ben, let ik veel bewuster op de dingen die ik koop. Dat geeft me een beter gevoel, maar ik wil er ook een goed voorbeeld mee geven aan mijn kinderen, om ze te laten zien dat we zo veel mogelijk moeten letten op producten die, zoals jullie dat zelf zo mooi zeggen, met respect voor mens en natuur worden gemaakt.
> Soms is het alleen best lastig een goede keuze te maken, zoals laatst toen ik chocoladepasta wilde kopen en me afvroeg of ik nou moest kiezen voor Fairtrade of biologisch. Allebei de keurmerken spraken me aan, maar er was geen pot die ze allebei had.
> Kunnen jullie daar niet wat aan doen? En nu ik jullie toch schrijf, kunnen jullie mij ook vertellen waarom het ene puur&eerlijk-product van Albert Heijn puurder en eerlijker is dan het andere?

Waarom is de melk bijvoorbeeld wel biologisch en het vlees biologisch en scharrel? Kunnen jullie het puur&eerlijk vlees niet helemaal biologisch maken? Dat lijkt me puurder en eerlijker en vooral ook duidelijker dan nu.

Ik ben benieuwd naar jullie antwoord.

Hartelijke groet,
Marie-Claire van den Berg

4

EIGEN (GROENE) STROOM EERST

Januari 2010. Hoe dichter ik mijn bestemming nader, hoe verder ik me van de bewoonde wereld verwijderd voel. Ik zit in de auto naar het Limburgse dorpje Buggenum voor een reportage over een van de elektriciteitscentrales van energiemaatschappij Nuon. De laatste kilometers voeren door een soort niemandsland langs eindeloze weilanden, snelwegen en af en toe een woning. Dan verschijnen de grijze schoorstenen van de Willem-Alexander Centrale aan de horizon. Op steenworp afstand van de ingang van de centrale staat een oud huis dat is beschilderd met grommende pitbulls. Het blijkt de welkomstboodschap van de Hells Angels te zijn. Die vinden het wel best, zo'n locatie waar vrijwel niemand komt.

Zo ver mijn blik reikt, zie ik hoge hekken die de energiecentrale van de verlaten buitenwereld scheiden. Bij de ingang zet de portier me in een hok waar ik verplicht naar een veiligheidsfilm moet kijken. In de film wordt duidelijk uitgelegd wat de huisregels zijn, welke gevaarlijke stoffen vrij kunnen komen en wat ik moet doen in geval van brand- of gasalarm. Ook zijn er kledingvoorschriften: brandwerend pak, een gasmasker (alleen voor noodgevallen), veiligheidsschoenen, -bril en –helm, en een apparaat dat de waarde van gevaarlijke stoffen in de lucht meet. Als de film is afgelopen, moet ik een formulier ondertekenen, waarmee ik verklaar dat ik alles gezien en begrepen heb. Het lijkt wel of ik een oorlogsgebied betreed.

Ik doe dagelijks tientallen keren het licht aan en gebruik stroom zonder er echt bij stil te staan, maar waar het vandaan komt weet ik niet. Bij wind- en zonne-energie kan ik me inmiddels wel een voorstelling maken, maar bij kolencentrales wordt het lastiger. Het enige wat ik daarvan weet, is dat ze er beter niet zouden kunnen zijn omdat het zulke milieuvervuilers zijn. Een kolencentrale is per jaar goed voor evenveel CO_2-uitstoot als een kwart van de Nederlandse auto's. Smerig dus. Maar energiebedrijf Nuon heeft daar andere ideeën over. Hun Willem-Alexander Centrale in Zuid-Limburg werkt namelijk met 'schone kolentechnologie'.

Op de site van Nuon staat dat de Willem-Alexander Centrale een energiecentrale is met een groen hart. Dat hart zit dan goed verstopt, want aan de buitenkant zie ik er niets van. Voor me staat een indrukwekkend donkergrijs gebouw gemaakt van enorme buizen, slangen, pijpen, schoorstenen en turbines. Alles piept, kraakt, sist, ronkt en trilt. Het voelt alsof ik oog in oog sta met een groot, grommend monster. Een onverzadigbaar monster trouwens, want elke dag krijgt deze fabriek 2000 ton kolen gevoerd. Die kolen worden met binnenvaartschepen via de Maas aangeleverd en daarna op een lopende band zo zijn buik in gekieperd. Als dit monster zijn kolen niet krijgt, zitten er in Nederland 400.000 mensen in het donker.

Marco Kanaar van Nuon legt me uit waarom het hier zo bijzonder is. Voor hem is deze centrale een soort kindje. Hij werkte mee aan het ontwerp, was betrokken bij de bouw en werkt met volle overtuiging aan de verfijning van de technieken van energieopwekking. Kanaar: 'Conventionele kolencentrales zijn inderdaad milieuvervuilend, maar hier doen we het anders. We verwerken niet alleen kolen, maar ook aardgas en biomassa. En dat kan in de conventionele kolencentrales niet. Het voordeel van aardgas is dat het veel minder milieuvervuilend is dan kolen. En biomassa is helemaal CO_2-neutraal. Biomassa is bijvoorbeeld hout. Wij stoken hier resthout bij en hebben daardoor minder kolen nodig.' Dankzij dat 'bijstoken' heeft Nuon de uitstoot van milieuvervuilende broeikasgassen met tweeëntwintig procent weten terug te dringen, meldt de publiciteitsbrochure van het bedrijf. Dat is 300.000 ton CO_2 per jaar, vergelijkbaar met de uitstoot van 200.000 personenauto's.

Alle besparing is mooi meegenomen, maar het maakt de kolentechnologie nog niet schoon, was mijn conclusie aan het einde van de rondleiding. Hooguit iets minder vies. Maar zo zag Nuon het niet. De energiemaatschappij had destijds zelfs grootste plannen met de techniek uit Buggenum. Er zouden proeven komen om te kijken of ze de uitgestoten CO_2 konden afvangen en onder de grond opslaan. Ze waren druk bezig met de voorbereiding van een grote nieuwe centrale in Groningen, de Nuon Magnum, waar ze de afgevangen CO_2 in oude, lege aardgasvelden konden gaan opslaan. Marco Kanaar van Nuon was er zelfs van overtuigd dat ze de lucht zouden gaan zuiveren met hun nieuwe technologie. Daarover zei hij: 'Als we bij onze nieuwe Magnum-centrale straks vijfentachtig procent van de CO_2-uitstoot kunnen afvangen en onder de grond kunnen opslaan, gaat er dus nog maar vijftien procent CO_2 de lucht in. Bomen en planten groeien van CO_2. Om goed te kunnen groeien, hebben ze meer CO_2 nodig dan de vijftien procent die wij dan uitstoten. En dus zullen ze CO_2 aan de lucht gaan onttrekken, waardoor de concentratie broeikasgassen zal dalen.'

Dat klinkt inderdaad behoorlijk innovatief. Maar als deze nieuwe kolencentrale het klimaatprobleem zou kunnen oplossen, waarom hadden milieuorganisaties als Greenpeace en Natuur & Milieu dan een rechtszaak tegen de bouw ervan aangespannen? De vraag stellen is hem beantwoorden: schone kolentechnologie bestaat niet. Nuon deed zich groener voor dan het was. Die nieuwe kolencentrale deed me denken aan een schoonmaakbedrijf dat een nieuw type bezem uitvindt waarmee je voor een bepaalde periode je rotzooi onder het tapijt kunt vegen. Met de nadruk op bepaalde periode, want CO_2 onder de grond stoppen kun je niet eeuwig blijven doen. Als de gasvelden vol zijn, moet het weer ergens anders heen.

De belangrijkste reden waarom Nuon CO_2 wilde afvangen en onder de grond stoppen, is dat ze op die manier kolen kunnen blijven verstoken zonder meer CO_2 uit te stoten. Zelf noemen ze dat met een mooi woord 'de transitiefase': in de overgang naar de productie van groene stroom proberen zo schoon mogelijk te produceren. Maar ik vind dit gewoon een technisch foefje om zo lang mogelijk geld te kunnen blijven verdienen aan 'makkelijke' kolen.

Achterhaald en dom

Gelukkig was er begin 2011 goed nieuws. Het haalde alle kranten: 'Kolencentrale Nuon op de lange baan.' Nuon had zijn plannen voor de kolencentrale in de ijskast gezet. Onder andere door kritiek uit de maatschappij en druk van milieugroeperingen sloot het bedrijf een deal met de milieuorganisaties: geen nieuwe kolencentrale tot 2020. In de ogen van Greenpeace zou dit uitstel uiteindelijk tot afstel leiden. In 2020 zullen de kolen namelijk alleen maar duurder zijn en op nóg meer maatschappelijke weerstand stuiten.

Maar was het wel écht zulk goed nieuws? Dat die kolencentrale voorlopig van de baan is, klopt. Maar wat is voorlopig? Toen ik Nuon belde voor toelichting, bleek dat de energiemaatschappij allerminst van plan was de kolencentrale te laten schieten. Een van de woordvoerders legde me uit dat ze de centrale nog steeds in 2020 in bedrijf wilden hebben en dat ze over een paar jaar toch echt moesten gaan bouwen. De bouw mag dus even uitgesteld zijn, de voorbereidingen gaan gewoon door. In februari 2011 startte Nuon in de Willem-Alexander Centrale waar ik op reportage was gewoon met het experiment om de uitgestoten CO_2 uit de lucht te halen. Die CO_2 laten ze na het afvangen nu weer 'los' in de atmosfeer, het mag immers nergens opgeslagen worden, maar toch investeert Nuon in de techniek. Een techniek die precies past bij de kolencentrale die op de lange baan is geschoven.

Maar zelfs als de kolencentrale van Nuon er niet komt, zijn er nog steeds vier andere energiebedrijven die kolencentrales aan het bouwen zijn in Nederland. Zo gaat Essent onverstoord door met de bouw van een nieuwe kolencentrale in Eemshaven, ondanks het feit dat de milieuvergunningen voor die centrale zomer 2011 werden vernietigd. Het provinciebestuur stemde later namelijk alsnog voor een gedoogvergunning en dus kon de bouw weer hervat worden. Ook EON, Electrabel en het Belgische C-Gen zijn bezig met nieuwe kolencentrales. Als die er allemaal komen, zijn ze bij elkaar goed voor net zoveel CO_2-uitstoot als alle auto's in Nederland. Dat is zoveel dat het de klimaatplannen van Nederland om twintig procent minder uit te stoten voor 2020 volledig onhaalbaar maakt.

De Rotterdamse hoogleraar transitiemanagement Jan Rotmans deed een mooie uitspraak over de investeringen in kolentechnologie op RTV Rijnmond: 'Dat zou hetzelfde zijn als dat we nu gaan investeren in vaste telefonie, terwijl de hele wereld mobiel belt. Dat is zo dom dat ik niet begrijp dat er geen opstanden uitbreken. Eigenlijk blokkeren we op die manier bijna bewust de vooruitgang van Nederland.'

Rotmans startte in december 2010 een petitie tegen de bouw van de nieuwe kolencentrales. Hij schreef een open brief aan de energiebedrijven en de overheid waarin hij uitlegde dat we juist nú moeten investeren in duurzame energie en niet in ouderwetse kolen. Rotmans is ervan overtuigd dat, als we echt investeren in duurzame energie, Nederland in 2050 helemaal op groene stroom kan draaien. Meer dan 75 Nederlandse hoogleraren op het gebied van duurzaamheid en milieu waren het met hem eens en ondertekenden zijn betoog.

Ik ben geen deskundige als het gaat om transitiemanagement, ik had tot voor kort zelfs nog nooit van het woord gehoord, maar ik ben het roerend met ze eens. Waarom inzetten op een vieze oude knol (de kolencentrale) als er allemaal frisse nieuwe paarden (duurzame energie) staan te trappelen? Als Nuon nou vol zou inzetten op duurzame energie, zou ik ze misschien nog wel het voordeel van de twijfel willen geven. Maar de investeringen van het bedrijf in duurzame energie daalden volgens onderzoek van netwerkorganisatie Somo juist van zevenentwintig procent in 2009 naar elf procent in 2010.

Het is sowieso droevig gesteld met duurzame energie in Nederland: de totale productie elektriciteit is amper negen procent, meldde het CBS. Tot 2010 wilde Nederland nog twintig procent van de stroom duurzaam opwekken, maar in het regeerakkoord van 2010 werd dat bijgesteld naar veertien procent. In juni 2011 bleek uit onderzoek van Ecofys ook dat de overheid nog altijd meer geld steekt in fossiele brandstoffen dan in hernieuwbare energie. Daar word je niet vrolijk van.

Maar er is ook goed nieuws: het Wereld Natuur Fonds bracht begin 2011 een wetenschappelijk rapport uit waaruit bleek dat de wereld in 2050 helemaal op hernieuwbare energie kan draaien. En tijdens het schrijven van dit hoofdstuk besloot minister Verhagen dat elke energieleverancier verplicht minimaal vijfendertig procent duurzame energie op moet wekken omdat we anders het doel van veertien procent groene stroom in 2020 nooit gaan halen.

Reden genoeg dus om over te stappen op groene stroom, waar je je energie ook afneemt. Ik heb voor de allergroenste versie gekozen. En die komt niet van Nuon. Hoe belangrijk het ook is dat ook de grijze stroomleveranciers in duurzame energie investeren: ik wil mijn stroom afnemen bij een bedrijf dat alleen in duurzame energie handelt en niet afhankelijk is van de ingewikkelde koleneconomie. Stel jezelf de volgende vraag eens: als ik fel tegen de bio-industrie ben, en Kentucky Fried Chicken zet één bakje biologische kippenpootjes tussen alle gangbare kipgerechten op de kaart, zou ik er dan opeens met een fijn gevoel gaan eten? Of ga ik dan toch liever naar een duurzaam eettentje waar al het vlees (en de vis en de groente) biologisch is?

Het zou niet verkeerd zijn als KFC biologische kip op de kaart zette. En als je er bent en je hebt de keuze, kies dan in ieder geval de meest verantwoorde. Maar als het overgrote deel nog steeds plofkippenvlees is, voel ik me daar niet lekker bij. Dat geeft me meer het gevoel dat ze het vooral doen om mee te liften op het succes van een 'groen' imago.

Voor de zekerheid heb ik het nog even nagevraagd: KFC heeft geen gram biologisch vlees op de kaart en het bedrijf is voorlopig ook niet van plan daar iets aan te veranderen.

Het voordeel van kiezen voor een groene stroomleverancier is dat het helemaal niet ingewikkeld is. Er zijn al twee betrouwbare energiemaatschappijen in Nederland die alleen maar inzetten op groene stroom: Greenchoice en Windunie. Ook Eneco is een goeie. Eneco heeft nog wel aardgascentrales, maar heeft de kolen inmiddels helemaal afgezworen en zet nu serieus in op windenergie. Denk maar aan 'Zeekracht', Eneco's windmolenpark in de Noordzee dat vol vuur wordt aangeprezen door Beau van Erven Dorens.

Als je het lastig vindt om zelf over te stappen, kun je het ook voor je laten regelen. Greenpeace heeft er een speciale site voor in het leven geroepen: ikswitch.nu. Als je boetevrij wilt overstappen, zorgen de nieuwe leveranciers ervoor dat ze je bestaande contract overzetten zodra het is verlopen. En in sommige gevallen vergoeden Eneco en Greenchoice zelfs de boete die je zou moeten betalen. Ook Urgenda, de stichting die Nederland sneller duurzamer wil maken, heeft er een site voor gelanceerd: ikspringover.nl.

In hoofdstuk 2 schreef ik dat overstappen op groene stroom 3500 vierkante meter van je ecologische voetafdruk scheelt. Eén telefoontje en je bent gelijk stukken groener bezig. Ik heb inmiddels groene stroom en groen gas van Greenchoice. Helaas komt er uit mijn stopcontact nog steeds een mix van grijs en groen omdat alle stroom uiteindelijk in hetzelfde net terechtkomt, maar ik weet in elk geval zeker dat mijn geld niet wordt geïnvesteerd in het opwekken van kolenstroom of het onder de grond (of onder water) stoppen van ons afval. Met die wetenschap zet je je pannen opeens met een heel ander gevoel op het vuur.

Zelf opwekken

Als ik lintjes zou mogen uitdelen, zou stichting Urgenda er een krijgen. De stichting hield misschien wel een van de stoerste acties die in heel 2011 zijn gehouden. Uit ergernis over het feit dat er zoveel vraag was naar subsidie voor zonnepanelen en zo weinig aanmoediging vanuit de regering, besloot Urgenda het heft in eigen handen te nemen. Ze openden de site wijwillenzon.nl, waarop burgers zonnepanelen konden bestellen. Hoe meer zonnepanelen er besteld zouden worden, hoe hoger de korting. Urgenda had namelijk zelf contact gezocht met een fabrikant in China waar de panelen wel met subsidie werden gemaakt om via een grote collectieve aankoop extra korting te bedingen. Die korting liep uiteindelijk op tot ongeveer vijfendertig procent, waardoor de panelen opeens ook een aantrekkelijke koop werden zónder Nederlandse subsidie. In totaal werden er meer dan 50.000 zonnepanelen besteld die zijn bezorgd bij betrokken burgers.

Ook bij mij. Ik wilde al jaren niets liever dan mijn eigen stroom opwekken, maar in de praktijk bleek het minder makkelijk te regelen dan op papier. Het is een tijdrovende klus. Je schaft ze niet aan zoals je bij het tuincentrum even een buitenlamp op zonne-energie koopt. Mijn zonnepanelenzoektocht begon op Google, een paar jaar geleden. Uren zat ik op misschien wel honderden sites die vol stonden met plaatjes van stralende zonnen en stralende mensen bij hun energieopwekkende daken. De boodschap was duidelijk: panelen op je dak leggen is zo gepiept. Maar na die zoektocht via Google wist ik nog steeds niet wat ik moest.

Ik bezocht een informatieavond over subsidie op zonnepanelen, waar honderden mensen in een Utrechts zaaltje gretig rekensommetjes noteerden over de mogelijke opbrengst van hun toekomstige panelen. De watts, megawatts, joules en andere termen waar ik niets van snapte vlogen me om de oren. Op hoop van zegen vulde ik de formulieren in voor de subsidie. Er werd nog benadrukt dat we snel moesten zijn, dus op de dag dat de pot openging, haastte ik me naar de site om mijn formulier in te sturen. Maar toen ik de aanvraag wilde indienen, was de pot al leeg. Sterker: er waren zelfs zeven keer meer aanvragen ingediend dan er geld beschikbaar was.

Dankzij wijwillenzon.nl heb ik nu de verwarrende en tijdrovende bureaucratie omzeild. Voor het eerst in mijn leven kan ik mijn eigen energie produceren en ik had niet verwacht dat het me zo'n goed gevoel zou geven. Ik heb maar drie zonnepanelen en de elektriciteit die ik daarmee opwek is een fractie van mijn totale verbruik (als alles meezit bespaar ik ongeveer honderdtien euro per jaar), maar het feit dat het kan, motiveert me ontzettend. Dankzij de kracht van de zon, de grootste energiebron die er is en die ons niets kost, kan ik mijn laptop opladen, mijn computer gebruiken en het licht laten branden in mijn kantoortje in de tuin zonder dat ik een beroep hoef te doen op stroom uit kolencentrales. De financiële terugverdientijd is dan misschien wat langer, gevoelsmatig had ik ze al terugverdiend toen ik de stekker in het stopcontact stak en voor het eerst mijn eigen groene stroom gebruikte.

Ook Greenchoice begon in 2011 met een nieuw project om zonne-energie op te wekken. In de pilot 'ZonVast' konden vijfhonderd klanten gratis zonnepanelen op hun dak laten plaatsen in ruil voor een vaste energieprijs. Dat is een interessante deal omdat de energieprijzen de komende jaren alleen maar meer zullen stijgen. In ruil voor een vast maandbedrag lever je je eigen groene stroom aan het net. En als de panelen na twintig jaar zijn 'afbetaald' heb je gratis groene stroom.

Zelfs als je géén ruimte op je dak hebt kun je zelf zonnestroom opwekken. Via een 'energietuintje'. Het nieuwe initiatief Zoneco is in 2011 begonnen met het aanleggen van misschien wel het grootste energieproject van Nederland: een gebied bebouwd met zonnepanelen waar iedereen zijn eigen stukje grond kan kopen. Het principe lijkt veel op dat van de volkstuintjes: het is niet je eigen tuin, maar je verbouwt er wel je eigen groenten op.

Dit zijn maar een paar voorbeelden van wat er met zelfopgewekte groene stroom mogelijk is. Ook met zonneboilers en zelfs met windenergie kun je als consument wat doen. In Den Haag heeft een groep bewoners uit de Vogelwijk in 2010 een afgeschreven windmolen van Eneco in gebruik genomen. In ruil voor korting op hun energierekening investeerden meer dan honderd buurtbewoners in de opknapbeurt van de turbine en inmiddels levert de windmolen groene stroom aan 450 woningen in de wijk.

In navolging van de succesvolle actie van wijwillenzon.nl werd ook een vervolgactie gestart voor zonneboilers. Dankzij grootschalige inkoop kon de website iedereeneenzonneboiler.nl voor een scherpe prijs zonneboilers aanbieden. De nieuwe sociale netwerksite voor duurzaamheid nudge.nl startte in de zomer van 2011 ook een actie volgens dezelfde aanpak als de wijwillenzon-actie van Urgenda. Via Nudge konden mensen intekenen op een zonneboiler. In ruil voor een fikse korting deden de mensen van Nudge een extra grote bestelling zonneboilers, waardoor een heleboel mensen nu tot zeventig procent kunnen besparen op het verwarmen van hun eigen water.

Dankzij dit soort acties wordt de vraag naar duurzame energie alleen maar groter. En als de vraag groeit, gaat de prijs naar beneden. Aangezien onze energie de komende jaren alleen maar duurder wordt, is het dus steeds interessanter om zelf te investeren in groene stroom. Het blijft aan de prijzige kant, de terugverdientijd van zonnepanelen is meer dan tien jaar, maar over vijftien jaar is het waarschijnlijk net zo gewoon dat we zelf stroom opwekken als dat we nu de mobiele telefoon gebruiken. Dan liggen de zonnepanelen gewoon bij de tuincentra.

Stoken voor de sterren

Mocht je het toch nog lastig vinden zelf uit te zoeken wat je wel en niet moet doen, dan kun je ook hulp inschakelen van bedrijven die het voor je doen. KiesGroenLicht is zo'n bedrijf dat gespecialiseerd is in het aanvragen van subsidies en het installeren van onder andere zonnepanelen en zonneboilers. Ik benader ze via mijn eigen energieleverancier, die met ze samenwerkt. Bij KiesGroenLicht kun je een plan van aanpak laten maken waarin tot in de kleinste details staat omschreven wat je nodig hebt om je huis te vergroenen en wat je aan subsidie kunt krijgen. Die subsidie wordt door KiesGroenLicht voor je geregeld en ook de installatie van de panelen of de zonneboiler regelen ze voor je. Daarbij geven ze je uitgebreid advies over manieren om te bezuinigen op je stroom- en gasverbruik. Dat doen ze niet voor niets. Voor al het werk dat ze voor je uitvoeren vragen ze tien procent van de kosten die jij maakt. Als je dus voor drieduizend euro in isolatie en groene energie investeert, moet je daar driehonderd euro bij optellen voor KiesGroenLicht. Maar als je dat bedrag vergelijkt met de tijd die je erin moet steken als je het zelf doet (of als er geen speciale actie is van sites als wijwillenzon.nl), is dat het dubbel en dwars waard. Bovendien kun je het bedrijf altijd om hulp vragen als er een probleem is met je zonneboiler of zonnepanelen. Zij lossen het dan op en dat is een stuk gemakkelijker dan wanneer je zelf in discussie moet met een zonnepanelenmannetje over de optimalisering van je collectoren.

Voordat KiesGroenLicht mijn persoonlijke plan van aanpak kan maken, moet eerst mijn huis geanalyseerd worden. En dus staat er op een woensdagmorgen een energiedeskundige bij me op de stoep. Hij doorloopt mijn woning, meet alle muren op, schrijft op of ik dubbel glas heb, hoe de ligging is ten opzichte van de zon, of alles goed geïsoleerd is en wat voor verwarmingsketel ik gebruik. Ook moet ik mijn gas- en elektriciteitsverbruik doorgeven.

Een paar weken later ploft er een compleet rapport op de mat met daarin slecht en goed nieuws. Het slechte nieuws: mijn huis heeft een E-label, bijna het slechtste energielabel dat er is. Het is dus nog net niet zo lek als een mandje (waarschijnlijk omdat ik net overal dubbel glas heb laten zetten), maar het scheelt niet veel. Met dit huis, in deze staat, stook ik voor de sterren.

Gelukkig is er ook goed nieuws: met alle mogelijkheden om

mijn huis te vergroenen kan ik met gemak naar een hoger energielabel. Een A-label zal ik nooit krijgen, vooral omdat mijn huis in 1927 is gebouwd. Het is simpelweg te oud om helemaal te verduurzamen. Maar ik kan nog veel doen. De zonnepanelen heb ik inmiddels, maar ik kan nog een zonneboiler aanschaffen, mijn centrale verwarming laten 'optimaliseren' (dat kan tot twintig procent besparing op je gasverbruik opleveren) en de zijgevel en de ondervloer laten isoleren. Het zijn flinke investeringen, maar ik kan zelf kiezen met welke maatregel ik wil beginnen.

Op basis van het plan van aanpak is er één maatregel die eruit springt: spouwmuurisolatie. Bij spouwmuurisolatie wordt de zijgevel van je woning gevuld met een waterafstotend isolerend materiaal dat ervoor zorgt dat in de winter de warmte niet door de muur wegvloeit . En aangezien mijn zijgevel 's winters als een ijsbaan voelt, lijkt me dat geen overbodige luxe. Bovendien levert het tot ongeveer vijfentwintig procent besparing op mijn gasverbruik op. Spouwmuurisolatie heb je vaak al binnen vijf jaar terugverdiend. Voor de ingreep krijg ik subsidie, maar die hoef ik niet zelf aan te vragen.

De vloerisolatie en zonneboiler uit mijn plan van aanpak kan ik pas doorvoeren als ik het geld bij elkaar heb gespaard, maar zodra dat het geval is, hoef ik maar één telefoontje te plegen en wordt het hele proces in gang gezet. Ik hoef niet meer in de gaten te houden of en wanneer er nog subsidies vrijkomen en ik hoef ook geen ellenlange, frustrerende zoektochten op internet te ondernemen om betrouwbare bedrijven en installateurs te vinden.

Ik heb me nog afgevraagd waarom ik KiesGroenLicht dan wél betrouwbaar vind. Een lastige vraag, want ook bij dit bedrijf weet ik het nooit helemaal zeker. De enige geruststellende gedachte die ik heb is dat mijn energieleverancier Greenchoice, die ik wel vertrouw, met ze samenwerkt en verschillende grote energieprojecten met dit bedrijf heeft opgezet.

Tussen kaarslampjes en kaarsen

Hoe mooi het ook is om zelf energie op te wekken, het is lang niet voor iedereen weggelegd. De zonnepanelen mogen dan steeds goedkoper worden, je moet er nog wel minimaal duizend euro voor betalen. En je moet ver vooruit willen (kunnen) kijken, want het geld heb je er niet in een jaartje uit. Maar los van de vraag of we nu zelf moeten opwekken of niet, is er nog iets anders wat we kunnen doen: besparen. We kunnen allemaal beschuldigend naar de grote elektriciteitsbedrijven wijzen of de overheid kwalijk nemen dat ze de subsidies afschaffen en te weinig daadkracht tonen, maar op het gebied van ons eigen verbruik valt er ook heel wat te verbeteren.

Volgens mij begint besparen met nadenken over je eigen gedrag, iets wat we steeds minder doen. Iets wat ík in ieder geval steeds minder deed. De eerste stap is proberen zo eerlijk mogelijk antwoord te geven op de vraag: hoe ga ik met mijn stroom om? Je kunt het desnoods opschrijven, dat helpt soms die eerlijkheid te prikkelen.

Jarenlang verbruikte ik stroom zonder erbij stil te staan. Bij de eerste schemering gingen vrijwel al mijn lichten aan. In de hal, de bijkeuken, de keuken en de huiskamer. Ook boven, ook al kwam ik daar misschien maar één keer op een avond. Het was een gewoonte, maar ik associeerde het ook met gezelligheid. Softone- en kaarslampjes in beige, terracotta en flame. Die namen zeggen het al.

De laatste tijd ben ik daar anders over gaan denken. Dat komt onder andere door het nieuws, maar ook door kleine ontmoetingen in mijn eigen leven. Zoals die met mijn buurman van ruim in de tachtig. Zonder het te weten is hij ontzettend milieubewust. Als ik 's avonds langs zijn huis loop, valt me altijd op dat alleen dáár een lamp brandt waar hij het licht op dat moment nodig heeft. Van buiten ziet dat er altijd wat vreemd uit. Zo'n grote, zwarte vlek met één lamp die straalt op een kalend hoofd achter een krant. Maar ja, waarom zou je meer aandoen dan je nodig hebt?

Tijdens een reis door Laos veranderde er ook iets aan mijn kijk op mijn stroomverbuik. Mijn vriend en ik belandden in een piepklein van stroom verstoken dorpje in de jungle en sliepen in een houten hutje onder een sterrenhemel die ik alleen van foto's kende. Aan het eind van elke dag brachten de vrouwen uit het dorpje ons fruit, rijst en water en bestudeerden ze ons aandachtig terwijl we met onze vingers probeerden te eten. Op de laatste avond van ons verblijf kwam het dorpshoofd bier bij ons drinken. Een gesprek voeren lukte niet, maar hij had een ander gebaar waarmee hij ons wilde laten zien dat we zijn vrienden waren. Speciaal voor de gelegenheid had hij een grommende generator meegenomen zodat hij het peertje, dat ergens aan een tak bungelde, kon laten branden. Daar zaten we dan, tegenover elkaar. Met zijn vieren naast een ronkende generator en een vreemde bal kunstlicht waar de olifanten voor vluchtten en de sterren van verbleekten. Voor ons was het een straf, maar het dorpshoofd straalde van trots.

Toen ik voor mijn No Impact-experiment een week lang zonder stroom door het leven ging, moest ik weer aan hem denken. Koken, eten, de kinderen naar bed brengen, wassen, lezen: het enige licht dat ik daarbij had, was het flakkeren van de kaarsen van bijenwas die ik voor de week had ingeslagen. Die week zonder licht had een enorme impact op mijn leven. Zodra de zon onderging, wilde ik ook naar bed, en soms werd ik plotseling midden in de nacht wakker. Ik werd volkomen inactief en het was een feest toen ik na zeven dagen de eerste lichtknop weer indrukte.

De impact van leven zonder licht was nog groter toen mijn straat op een zondagavond door een stroomstoring werd getroffen. Ik had net een lekkere fles wijn opengetrokken, de sfeerlampen aangedaan en een goeie film gestart toen opeens met een korte, doffe klap de stroom uitviel. Alles was zwart in huis, op straat en in de hele wijk. Alsof we in één keer van de kaart waren geveegd. Ruim twee uur zat ik in het donker. En ik was boos zoals je ook boos kunt zijn als je internetverbinding het niet doet. Een kwartiertje zonder had ik nog aanvaardbaar gevonden, maar ruim twee uur geen licht en televisie was schandalig. Dat konden 'ze' niet maken.

Het zijn dit soort voorvallen waardoor ik steeds meer besef hoe groot de rol van elektriciteit is in mijn leven. Dankzij lantaarnpalen maak ik geen ongelukken als ik na een feest naar huis rijd, dankzij mijn buitenverlichting voel ik me veiliger in huis, dankzij mijn nachtlampje kan ik boeken lezen voor het slapengaan en dankzij de rest van het licht in huis kan ik 's avonds überhaupt nog productief zijn. Want die kleine kunstzonnetjes zorgen ervoor dat ik niet meteen moe word als de zon ondergaat.

Ik vraag me weleens af hoe het nu is in dat kleine dorp in Laos. Waarschijnlijk hebben ze er inmiddels vaste stroom en zijn ze gewend geraakt aan het licht en het gemak waarmee ze dat aanzetten. Aan de ene kant is dat mooi, want waar stroom is, is ontwikkeling. Maar aan de andere kant is het moeilijk zelf te besparen als je weet dat er op andere plekken alleen maar meer wordt verbruikt.

Dat is ook vaak het argument (het komt meestal van cynici) dat ik te horen krijg in discussies: onze kleine besparingen hebben helemaal geen zin als je het op wereldniveau bekijkt. Als ik zelf in een cynische bui ben, snap ik die redenering ook wel. Maar over het algemeen vind ik het een slap argument, een excuus om lekker onbezorgd door te blijven stoken.

Mijn eigen bijdrage

Besparen werkt. Denk nog eens aan wat Jan Juffermans in hoofdstuk 2 vertelde: 'Als iedereen zijn elektrische deurbel uit zou zetten of vervangen door een deurbel die alleen stroom verbruikt als-ie wordt ingedrukt, zouden we zo een hele kolencentrale kunnen sluiten.' Dat zoiets kleins als een deurbel zoveel invloed zou kunnen hebben op ons totale verbruik, zegt mij genoeg. Kun je nagaan wat er zou gebeuren als we allemaal zouden besluiten om de was voortaan aan de buitenlucht of aan een waslijn op zolder te laten drogen!

Het probleem zit 'm in het feit dat we dat nooit, of in elk geval voorlopig niet, allemaal gaan doen. We zijn nu eenmaal gehecht aan de droger en de luxe die dat ding ons biedt om nog snel een paar wasjes te draaien zonder met het natte goed opgescheept te zitten. Het is zelfs nog erger: ons elektriciteitsverbruik neemt alleen maar toe.

Misschien heeft dat wel te maken met het *rebound effect*. Ik had er nog nooit van gehoord, Jan Juffermans vertelde me erover aan de hand van het voorbeeld van de spaarlamp. Mensen die spaarlampen kopen, voelen zich meteen heel verantwoord. En omdat ze zich zo groen voelen en zoveel besparen op hun verbruik, gaan ze opeens veel meer energie verbruiken: de hele oprit of achtertuin verlichten bijvoorbeeld. Met spaarlampen, want die zijn immers verantwoord. Maar daarmee heffen ze hun bezuiniging meteen weer op. Ik heb mezelf er ook al op betrapt: ik liet boven altijd een lamp branden op de gang, tot ik besloot te gaan besparen. Uiteindelijk draaide ik er een megazuinige ledlamp in (die zijn nóg zuiniger dan spaarlampen) die ik vervolgens weer hele avonden liet branden. Aan de ene kant had ik dus bespaard, aan de andere kant juist niet. Het gaat om een verbruik dat bijna te verwaarlozen is (een ledlamp die vergelijkbaar is met een gloeilamp van 40 watt verbruikt maar 6 watt) maar als we al die kleine beetjes bij elkaar optellen, komen we weer uit bij het voorbeeld van de elektrische deurbel en de kolencentrale die dicht zou kunnen.

Besparen stopt niet bij het indraaien van spaar- of ledlampen. De lijst maatregelen die je kunt nemen om bewuster met stroom en gas om te gaan, is oneindig. Zo las ik bijvoorbeeld op nudge.nl dat je je pasta ook gaar kunt laten worden als je het gas uitzet zodra het kookt. Het leek me onmogelijk, ik liet de pasta altijd acht tot tien minuten flink borrelen (volgens de aanwijzing op de verpakking). Maar tot mijn verbazing bleek het te kloppen. Nou ja, bijna te kloppen. Na wat experimenteren bleek dat als ik de pasta twee minuten laat koken en dan het gas uitzet, die ongeveer tien minuten later gaar is. Ik heb dus mijn hele leven als ik pasta at steevast acht minuten onnodig gas verbruikt! Het werkt trouwens ook prima met groenten, probeer maar.

Zo wist ik ook niet dat elektriciteitscentrales veel energie produceren die verloren gaat. Die energie moeten ze produceren omdat je de centrales niet zomaar zachter of uit kunt zetten. Ze zijn dus afgestemd op de piekuren, de uren waarin mensen het meest verbruiken. Daarom zou het beter zijn als we ons verbruik meer zouden verdelen: 's nachts wasjes draaien of de vaatwasser aanzetten in plaats van tijdens piekuren: dan daalt de vraag naar elektriciteit in de piekuren en maken we in de daluren, terwijl we slapen, gebruik van de elektriciteit die anders verloren was gegaan.

Inmiddels heb ik een heel scala aan besparingsmaatregelen doorgevoerd. Sommige veranderingen waren zo gepiept, zoals het plakken van radiatorfolie achter de verwarmingen die tegen de buitengevel staan. Dat is een soort super-aluminiumfolie dat de warmte terug naar binnen kaatst. Ik heb ook op alle koude plekken tochtstrips tegen de ramen en deuren geplakt (ook eentje in de brievenbus) en ik heb alle kranen vervangen voor een waterbesparende variant. Bij de douche was dat wel even slikken, omdat ik een regendouche gewend was. Maar uiteindelijk was ik die na een paar weken al vergeten. In de douche hangt nu ook een zandlopertje zodat ik kan zien hoe lang ik eronder sta. In eerste instantie ergerde ik me kapot aan de aflopende tijd en stond ik zenuwachtig naar het ding te staren om te kijken 'hoe lang' ik nog had, maar inmiddels is dat korte douchen een automatisme geworden. Alleen als ik mijn haren was gun ik mezelf een 'extra zandloper'. Maar dat nadeel weegt niet op tegen de liters besparingen die de zandloper al heeft opgeleverd.

We hebben ook een confronterende gadget in het gezin geadopteerd: eerst was dat de Wattcher. De Wattcher is een kleine energiemeter in de vorm van een wit designbolletje dat realtime aangeeft hoeveel watt je verbruikt. Je laat de Wattcher dus altijd in het stopcontact zitten zodat je constant ziet hoeveel je verbruikt. Zodra je de waterkoker aanzet, gaat het zachte groene lampje op de Wattcher sneller knipperen en schiet het cijfer omhoog naar duizend watt. Zet je daarbij ook nog de wasmachine en de droger aan, dan knippert het lampje zo snel als je hart wanneer je buiten adem bent. Zet je zo veel mogelijk uit en ga je spaarzaam om met je elektriciteit, dan is het een heel lief bolletje dat eens in de paar seconden even oplicht.

De Wattcher is niet de enige slimme energiemeter. Zo is er ook Zjools die eveneens aangeeft hoeveel CO_2 je uitstoot met je energieverbruik. Op Zjools kun je ook invoeren wat je wilt besparen, waarna het apparaatje op het display laat zien hoeveel procent je afwijkt van dat doel.

Gadgets als de Wattcher en Zjools houden me een spiegel voor waar ik anders denk ik nooit in had gekeken. Zo begrijp ik nu pas echt wat een grootverbruiker mijn droger is. Dat wist ik met mijn verstand wel, je leest het in alle bladen en kranten, maar dat is wat anders dan het aan den lijve ondervinden. Iedere keer als ik de droger aanzette, zag ik weer dat overspannen knipperende lichtje op mijn Wattcher. Daar word je niet rustig van. De Wattcher heeft me geholpen bij mijn voornemen de droger zo min mogelijk te gebruiken. Alleen als het buiten te nat of te koud is gaat hij aan. Maar dat is hooguit een keer per maand in plaats van drie keer per week.

Een andere verandering die ik heb doorgevoerd is de verwarming consequent lager zetten. Het is misschien wel een van de meest genoemde bespaartips: zet de thermostaat een graadje lager. Het klinkt zo simpel, maar het consequent doorvoeren is moeilijker dan je denkt. Tijdens het No Impact-experiment kon ik de verwarming helemaal niet gebruiken en ontdekte ik dat een warm huis ook gewenning is. Je interne thermostaat past zich aan aan de warmte waar jij jezelf aan went. Als ik altijd in een hemdje op blote voeten rondloop met de verwarming op 22 graden, krijg ik het sneller koud in een huis waar de verwarming op negentien graden staat. Mijn verwarming staat inmiddels meestal op achttien en hooguit negentien graden als het koud is. Behalve als de oppas komt en demonstratief begint te rillen. Mijn interne thermostaat is er inmiddels aan gewend, ik vind het niet meer koud. En als het toch wat kouder wordt, trekken we een dikkere trui aan en warme sloffen.

Een beetje oppassen is het wel met de Wattcher en andere besparingen. Het heeft iets verslavends om te blijven kijken waar je nog stroom kunt besparen in huis. Als je eenmaal begint, moet je ervoor waken dat je niet uit de bocht vliegt. Zoals ik met de eitjes op zondag. Ik had net het boek *Hoe kook ik een ei* gelezen van energiedeskundige Ad van Wijk, waarin hij zich onder andere afvraagt hoe je zo energiezuinig mogelijk een ei kunt koken. Het kon niet in de magnetron, niet op zonne-energie en niet zonder water. Uiteindelijk besloot hij dat de beste methode de volgende was: zet de eieren direct in koud water op (niet te veel!), breng het aan de kook, laat ze een minuut koken en laat ze dan nog zes tot acht minuten garen zonder vuur eronder. Toen ik mijn vriend laatst twee eitjes in een veel te volle pan zag kwakken (met water dat al minuten stond te koken: energieverlies!), zonder er een deksel op te doen (energieverlies!), kreeg ik welhaast een woede-uitbarsting. Ik zou hem wel even laten zien hoe je die eitjes zo duurzaam mogelijk bereidde en duwde hem weg bij het aanrecht. Mijn ongevraagde commentaar viel volkomen verkeerd, met als gevolg dat we die ochtend met lange tanden ons eitje hebben opgegeten.

Nog één ding: mocht je twijfelen aan het nut van al die kleine besparingen, dan kun je altijd nog naar je portemonnee kijken. Besparen op energie bespaart namelijk behoorlijk wat geld. Volgens de bespaartest van stichting Milieu Centraal kun je als je alle suggesties consequent doorvoert tot wel zeshonderd euro per jaar besparen op je energienota. Je bent dus eigenlijk een dief van je eigen portemonnee als je dat niet doet. En de bespaarde euro's kun je mooi in iets anders steken. Een spaarpot voor zonnepanelen bijvoorbeeld.

5

ECO-RIJDEN EN BRANDSTOF TOT NADENKEN

Daar stond ik dan, in een donkere, naar olie en benzine ruikende garage. Aan de muur hingen kalenders die je in garages verwacht: foto's van blote vrouwen met enorme borsten en strakke, platte buikjes. Ik legde mijn hand op mijn eigen dikke buik waar mijn dochter een paar weken later uit geboren zou worden en keek verlangend naar de grote, blauwe gezinsauto die ik had uitgezocht. Sinds mijn studietijd had ik altijd gereisd met de trein of de oude auto's van vrienden en familie.

Maar nu kreeg ik een kind en als je een kind krijgt, dan wil je daar het beste voor. En dus moest er een goede, comfortabele auto komen. Een gezinswagen met airconditioning (want stel je voor dat zo'n kleintje oververhit raakt) en stuurbekrachtiging (want een beetje luxe mag wel nu je moeder wordt).

Puffend wurmde ik mijn dikke buik achter het stuur van de glimmende Volvo, zette gelijk de airco aan, trapte een paar keer stevig het gaspedaal in en reed vol trots de garage uit, mijn nieuwe leven in.

Mijn eerste grotemensenauto stond nog maar een paar weken voor de deur toen mijn eerste kind werd geboren. Hij reed me terwijl ik vloekend de weeën probeerde op te vangen naar het ziekenhuis en bracht ons weer veilig thuis na de bevalling. Niet veel later stonden er twee kinderzitjes op de achterbank en reed de Volvo ons nog steeds trouw naar alle uithoeken van het land. Met airco en een kofferbak vol handige kinderwagens, luiertassen en speelgoed in alle soorten en maten. De auto hoorde bij de familie, we hadden samen geschiedenis gemaakt. Onze initialen zaten zelfs in zijn nummerbord. Als ik hem had gewassen en hem weer glimmend voor de deur parkeerde, voelde ik zelfs een milde vorm van vertedering opkomen. Ik voelde me vrij als ik erin zat, was trots als hij zonder problemen door de keuring kwam en als het regende dat het goot, was het gewoon gezellig om erin te rijden.

Maar mijn auto is een wolf in schaapskleren. Een smerig monster dat een onverzadigbare honger heeft naar vervuilende olie. Bij iedere kilometer die ik ermee rijd stoot hij 206 gram CO_2 uit. Als ik mijn auto de deur uit zou doen, zou ik in één keer bijna vier ton minder CO_2 uitstoten per jaar. Dat is bijna de helft van wat ik in een heel jaar uitstoot. Als ik nou de enige was die vaak in de auto stapte, zou die uitstoot niet zo ernstig zijn. Maar er zoeven inmiddels meer dan acht miljoen auto's over de Nederlandse wegen. En het ziet er niet naar uit dat dat er minder gaan worden.

Gelukkig worden auto's wel steeds zuiniger en 'schoner'. Beter gezegd, minder vervuilend. Ze stoten minder CO_2 uit per kilometer en minder fijnstof. Diesels hebben steeds betere roetfilters, er zijn half elektrische auto's (hybride) en auto's met een start-stopsysteem. Daarbij slaat de motor automatisch af als je voor een stoplicht of in de file staat. Sinds 2010 is inmiddels ook de langverwachte elektrische auto te koop, die geen druppel benzine verbruikt.

Maar aan die auto's hangt een heel ander prijskaartje dan aan mijn tweedehands Volvo. En ik heb geen 20.000 euro of meer voor een gloednieuwe auto. Toch wil ik iets doen om de CO_2-uitstoot terug te dringen. 'We kunnen de Volvo ook wegdoen,' oppert mijn vriend voorzichtig op een avond. 'We hebben jaren zonder geleefd, dat kunnen we vast weer.'

Verontwaardigd kijk ik hem aan. Afscheid nemen van mijn auto? Dat nooit! Wat nou als een van de kinderen in het holst van de nacht met spoed naar de huisartsenpost moet? Wat als het stortregent en ik een belangrijke afspraak heb waar ik niet als een verzopen kat kan binnenkomen? Wat als het hagelt of sneeuwt en ik de kinderen niet met de fiets naar de opvang kan brengen? En wat als ik een dagje naar mijn zus wil, die in een gehucht woont waar je met het openbaar vervoer nauwelijks kunt komen? Ik zie mezelf al gaan, met een kleuter die op de meest onmogelijke momenten moet plassen, een peuter die nog moet slapen tussen de middag, een kinderwagen en tassen vol met zooi. Twee keer overstappen van trein, wachten op de tram en de bus, de bus missen, met de kinderwagen klem raken tussen de treindeuren, en dat ruim twee uur lang? Ik wil graag veel milieuvriendelijker leven, maar dat leven moet wel leuk blijven. En dus zit er maar één ding op: proberen minder kilometers te maken en opnieuw op rijles gaan om zuiniger te leren rijden.

Het Nieuwe Rijden

Op een drukke maandagmiddag stap ik in mijn Volvo voor een cursus 'Het Nieuwe Rijden'. Het enige wat ik daar tot nu toe van kende, was de oude reclame van de 'Doeks Uut Hasselt', een jolige parodie op de tv-serie *The Dukes of Hazzard* waarin twee nep-Dukes in een knaloranje bak door Overijssel scheurden en tóch het milieu – en hun portemonnee – spaarden. De rijtips uit die reclames heb ik nooit onthouden omdat ik bij het zien van de filmpjes keer op keer werd afgeleid door die zogenaamd grappige mannen. Maar daar gaat, als het goed is, dankzij deze cursus verandering in komen.

Zoals gewoonlijk vertrek ik te laat. Ik geef flink gas om de verloren tijd in te halen, maar zonder succes. Een halfuur te laat arriveer ik op het hoofdkantoor van het Verkeersveiligheid College Rijssen, waar directeur Patrick Hekkert en rijinstructeur Henk Jan Elbert klaarstaan om me de milieuvriendelijke kneepjes van het autorijden bij te brengen.

Hekkert vertelt trots over het ontstaan van Het Nieuwe Rijden. Wat ooit begon met de term 'ecolomisch' rijden (een mix van de woorden ecologisch en economisch) heet inmiddels 'ecodriving'. Dankzij die nieuwe rijstijl rijd je veiliger, gaat je motor langer mee en verbruik je minder benzine, waardoor je dus milieuvriendelijker rijdt. Maar waarom passen ik en veel mensen in mijn directe omgeving die rijstijl dan zo weinig toe? Hekkert: 'Met de campagne zijn de tips wel landelijk uitgezet, maar helaas is het nog steeds niet echt aangeslagen. Onze rijmethode is wel een vast onderdeel van het rijexamen, maar het hangt af van je instructeur of je er veel mee oefent. Bedrijven laten hun personeel de cursus wel volgen omdat ze merken dat het inderdaad veel oplevert, maar particulieren lopen er nog niet warm voor.'

Ik heb wel een idee waarom dat is. Wie het milieu wil sparen, moet inleveren. En dat willen automobilisten niet, die hebben het al zwaar genoeg met de vele kilometers file. Bij termen als 'ecolomisch rijden' en 'ecodriving' denk ik bovendien niet aan die lekkere coureurs uit *The Dukes of Hazzard*, maar aan een naar zweet riekende biologisch-dynamische wereldverbeteraar die het gaspedaal aait met zijn gezondheidssandalen. Ecodriving is geitenwollensokken-driving, dat wil toch niemand? Hekkert lacht zelfverzekerd. 'Wacht maar, na afloop van de rijles denk je daar heel anders over.'

Even later stap ik met Henk Jan in de knaloranje auto uit de televisiereclame voor het eerste lesdeel. In het dashboard zit een speciaal computertje dat de details van mijn rijstijl opslaat. Ik moet een route van een halfuur rijden in mijn eigen rijstijl. Makkie dus, maar zodra Henk Jan naast me komt zitten, word ik zenuwachtig. De laatste keer dat ik met een instructeur in een auto zat, was tijdens mijn rijexamen. Kan ik dit wel? Ik veeg mijn klamme handen droog aan mijn spijkerbroek, recht mijn rug, pak het stuur en rijd zo netjes mogelijk het terrein af. Als we weer terugkomen, leest Henk Jan de gegevens van de computer uit en is het tijd voor het theoriegedeelte.

'Laten we vooropstellen dat niet rijden het beste is voor het milieu,' begint hij streng, 'maar als je toch rijdt, doe het dan goed. Wie zich aan de regels van Het Nieuwe Rijden houdt, kan tot dertig procent minder uitstoot van schadelijke stoffen komen en tot twintig procent brandstof besparen. Wist je dat je met de airco of de climate control aan zeker tien procent meer brandstof verbruikt? Met de achterruitverwarming aan komt daar nog eens vier procent bij. En wist je dat elke tien kilo bagage in je auto goed is voor 0,1 liter brandstof per honderd kilometer? Het ziet er misschien wel stoer uit, zo'n skibox op je dak, maar het kost liters extra brandstof. De bandenspanning is ook belangrijk. Die zou je elke maand moeten controleren. Rijden met de verkeerde bandenspanning kan tot zes procent meer brandstofverbruik kosten.'

IJverig schrijf ik zijn tips op terwijl hij verder vertelt. 'Schakelen moet altijd tussen de 2000 en de 2500 toeren. Hoe sneller je schakelt, hoe minder brandstof je verbruikt. En de eerste versnelling is de duurste versnelling. Zodra de auto rolt, moet je meteen naar z'n twee. Bochten kun je vaak gewoon in de derde versnelling nemen, dat scheelt weer brandstof. Rijd 50 kilometer per uur in de vierde versnelling en 80 in de vijfde. En denk aan dat zelfrollend vermogen! Schakel niet terug, maar laat de auto zo lang mogelijk uitrollen, dan verbruik je namelijk geen benzine. En anticipeer op het verkeer. Hoe verder je vooruitkijkt, hoe beter je weet wat je moet doen.'

Henk Jan raast als een racewagen door zijn tips en voorbeelden heen: 'Wat doet je vriend als je even snel gaat pinnen terwijl hij in de auto blijft zitten? Dan laat hij de motor draaien, hè? Wist je dat daar in Zwitserland een boete op staat? Je moet gewoon de motor even uitzetten. En niet eerst gas geven als je hem start, maar meteen wegrijden. Veel mensen rijden nog op een manier die bij oude auto's past. Vroeger moest je inderdaad gassen, of de handchoke gebruiken om de auto aan te krijgen. Maar dat is vrijwel nooit meer nodig. Ik zie het bij mijn vader, hij heeft een nieuwe dieselauto, maar laat hem altijd voorgloeien, terwijl dat al lang niet meer hoeft en alleen maar extra brandstof kost.'

Na een uur theorieles moet ik precies dezelfde route weer rijden. Ik start de motor en trek rustig op. Voor mijn gevoel rijd ik nog niet eens, maar van Henk Jan moet ik al schakelen. En meteen weer. 'Gas geven en doortastend schakelen,' roept hij dwingend. Voor ik het weet zit ik in de zesde versnelling, terwijl ik nog geen 90 rijd. Bij iedere bocht en rotonde krijg ik dezelfde aanwijzingen: 'Sneller naar die 2000 toeren optrekken, schakelen! Nu!' Het lijkt wel alsof ik opnieuw leer rijden, zo ongemakkelijk voelt het. Maar na een kwartier valt me op dat ik veel strakker rijd dan tijdens de eerste rit. Ik dacht dat ik na zestien jaar wel een goede rijstijl had ontwikkeld, maar vergeleken bij deze rijstijl rijd ik juist heel slordig.

Na de tweede rit leest Henk Jan de gegevens uit de dashboardcomputer opnieuw uit zodat hij mijn nieuwe rijstijl met mijn oude kan vergelijken. Wat blijkt: ik heb korter gedaan over hetzelfde aantal kilometers en 1,4 liter minder benzine verbruikt! De gedachte dat ik met Het Nieuwe Rijden als een suffe sok moest gaan rijden, klopt dus niet. Het tegendeel blijkt waar, ik kan scheurend het milieu redden! Redden is natuurlijk niet het goede woord, ik stoot immers nog steeds CO_2 uit, maar met deze nieuwe rijstijl rijd ik wel stukken zuiniger.

Met een officieel certificaat onder de arm neem ik afscheid van de 'Doeks' uit Rijssen. Braaf rijd ik volgens de nieuwe regels van het terrein af, ik schakel gelijk naar de tweede versnelling en bij tachtig kilometer zit ik al in de vijfde. Ik check mijn airconditioning en achterruitverwarming, die tot mijn schrik allebei onnodig aan blijken te staan. In mijn kofferbak ligt een vouwfiets van dik tien kilo die ik helemaal voor niets honderd kilometer heb meegezeuld. Die gaat er gelijk uit bij thuiskomst. En bij het tankstation controleer ik, voor het eerst in zeker een halfjaar, mijn bandenspanning.

Het is druk op de weg, maar ik merk dat ik minder geprikkeld raak door het verkeer dan op de heenweg. Omdat ik op aanraden van Henk Jan verder vooruitkijk, weet ik eerder wanneer ik moet inhalen en hoef ik veel minder te remmen en gassen. Het Nieuwe Rijden is dus niet alleen goed voor mijn auto en mijn benzineverbruik, het heeft ook een rustgevende werking. Henk Jan had gelijk toen hij zei: 'Of je nu linksom gaat of rechtsom, als er file is, kom je toch wel te laat. En dan kun je maar beter met plezier te laat komen.'

Een uur later parkeer ik tevreden mijn auto voor de deur. Ik heb pittiger gereden, liters minder benzine verbruikt dan op de heenweg en voor het eerst in tijden was de drukte op de weg geen reden voor stress en ergernis. Bij het dichtslaan van het portier voel ik weer een lichte vertedering opkomen. Mijn trouwe wolf in schaapskleren, hij mag nog even blijven.

Bye bye benzineslurper

Maar daar denkt de Volvo anders over. Een paar maanden na mijn eco-rijles komt autolief niet door de nieuwe apk en de kosten zijn zo hoog dat het de moeite niet loont hem te laten repareren. Hoewel ik bloednerveus word van de gedachte me niet meer zelfstandig te kunnen verplaatsen, probeer ik me serieus voor te stellen of ik vanaf nu dan misschien toch zonder auto verder kan. Zo'n gekke gedachte is dat niet. Er zijn genoeg mensen zonder auto. Bovendien kan ik me aanmelden bij een autodeelproject als Greenwheels of het nieuwe MyWheels waarbij buurtbewoners met elkaar een auto kunnen delen.

Maar alleen de gedachte al valt zwaar. Als ik geen of grote kinderen zou hebben, zou het nog wel een idee zijn, maar met twee hummeltjes is het een ander verhaal. Ik denk aan Jan Juffermans, die geen auto heeft en de hele wereld bereist met zijn vouwfiets. Maar daar is mijn leven nu gewoon niet naar. En met mij het leven van een heleboel andere jonge gezinnen.

De twijfel slaat toe: zal ik afscheid nemen van de auto? Aan de ene kant vind ik van wel. Als niemand het goede voorbeeld geeft, zal er niets veranderen. Iemand moet een ruk aan dat rad – of liever gezegd stuur – geven, dus waarom niet ik? Aan de andere kant vraag ik me af hoe realistisch de gedachte is dat we massaal niet meer in de auto stappen: mensen zullen auto's blijven kopen zolang het mogelijk is en zolang ze er de middelen voor hebben. Dus als ik dan tóch een bijdrage wil leveren, laat ik dan op zoek gaan naar een zo groen mogelijke auto. Want de milieuopbrengst van een heel grote groep mensen die zo groen mogelijk gaat rijden, is hoger dan die van een heel klein groepje dat bewust de auto de deur uit doet.

Even voor de duidelijkheid: een groene auto is een contradictio in terminis. Auto's zijn per definitie niet groen. Maar er zijn wel degelijk minder vervuilende auto's. Ik kies dus gewoon voor de auto die het zuinigst rijdt. En de laagste CO_2- en fijnstofuitstoot heeft. Maar was het maar zo eenvoudig. Uitvogelen welke zuinige auto de beste keuze is, is een lastige klus. Al snel krijg ik het gevoel dat ik ook heb als ik vastloop in een te moeilijke kruiswoordpuzzel en uit frustratie aan een makkelijkere variant begin.

Allereerst moet ik het antwoord vinden op de vraag wat beter is: een tweedehands auto of een nieuwe. Als ik een tweedehands auto kies, zorg ik ervoor dat ik de auto-industrie minder stimuleer: ik maak gebruik van wat er al bestaat. En aangezien er genoeg tweedehands auto's zijn, is dat geen onverstandige keuze. Maar hoe nieuwer je auto, hoe zuiniger en efficiënter hij rijdt. En daar valt ook veel voor te zeggen. Om de aankoop van zo'n zuinige auto te stimuleren, heeft de overheid een paar jaar een stimuleringsregeling gehad voor het aanschaffen van energiezuinige auto's. Als een nieuwe benzineauto minder dan 110 gram CO_2 per kilometer uitstootte of een nieuwe dieselauto minder dan 95 gram, hoefde je de aanschaf- en wegenbelasting niet te betalen. Maar dat belastingvoordeel wordt de komende jaren afgebouwd omdat de regeling te populair was. Het kostte de overheid te veel geld. Dat hoeft geen slechte maatregel te zijn: je kunt namelijk nog steeds vrijgesteld worden van wegenbelasting, alleen moet je auto nu nóg minder CO_2 uitstoten. In 2015 krijg je alleen nog vrijstelling als je auto minder dan 83 gram CO_2 uitstoot per kilometer. Het maakt het kopen van een extra zuinige nieuwe auto wel iets aantrekkelijker.

Het energielabel is ook belangrijk: het liefst wil ik een auto met A-label. Of zegt dat A-label niet alles? Helaas, weer een hersenkraker: een auto met A-label is niet per definitie de groenste. Toen mijn keuze viel op een tweedehands Ford Focus met dieselmotor en A-label, dacht ik het perfect gedaan te hebben, maar wat bleek: die tweedehands diesel stootte weer meer vervuilend fijnstof uit. Dat is ook slecht voor het milieu, en voor onze gezondheid. Daarom is de wegenbelasting van dieselauto's ook hoger.

De grote vraag blijft: wat is nou de minst vervuilende brandstof? Benzine en diesel zijn allebei – hoe zuinig je auto ook rijdt – eigenlijk een *no go*: het zijn olieproducten en als er iets is waar we van af moeten, dan is het wel onze afhankelijkheid van olie. Autogas, lpg dus, is een stuk minder vervuilend. Maar om lpg te maken is ook olie nodig. Op lpg rijden is dus wel minder vervuilend, maar je blijft afhankelijk van olie.

Hybride dan? Hybride auto's rijden weliswaar op benzine, maar hebben ook een elektrische dynamo die ervoor zorgt dat je veel minder brandstof verbruikt. Volgens autofabrikant Toyota kun je in een nieuwe Prius wel tot 1 op 27 rijden. Dat scheelt inderdaad een hoop in vergelijking met de 1 op 10 die ik met mijn oude Volvo haalde. Maar in de praktijk pakt dat brandstofverbruik vaak anders uit. Je moet je wel heel braaf aan de ecorijregels houden, wil je dat verbruik halen. En bij koud weer rijden dit soort auto's ook minder zuinig dan in de boekjes wordt beloofd. Een week lang heb ik in een Prius gereden en hoe ik ook mijn best deed het ideale verbruik te halen, ik kwam niet verder dan 1 op 21 in de zuinigste rijstand. Als ik de 'power'-knop indrukte, ging het verbruik nog verder omhoog. Die knop is een extra rijstand voor de sportieve rijder, aldus Toyota. Ik vind het meer een rijstand voor de hypocriete rijder, de 'stiekeme rijstand'. Aan de buitenkant lijk je heel milieubewust, maar als je altijd in de 'power'-stand rijdt omdat je graag snel wilt kunnen optrekken bij het stoplicht, kun je net zo goed in een gewone benzineauto stappen. Goed, ondanks de powerknop is de Prius nog steeds stukken zuiniger dan mijn oude Volvo. Maar hij blijft benzine verbruiken.

Laden met een verlengsnoer

Daar is nu gelukkig ook een oplossing voor: volledig elektrisch rijden. Jarenlang was de elektrische auto de auto van de toekomst. En dat terwijl hij al in 1835 werd uitgevonden, waarschijnlijk zelfs door een Nederlandse uitvinder uit Groningen, Sibrandus Stratingh. Uiteindelijk legde de elektrische auto het af tegen de benzineauto, voornamelijk omdat je daar veel meer kilometers mee kon maken.

In 1996 leek het er even op dat de elektrische auto een doorbraak zou maken toen in Californië steeds meer mensen besloten elektrisch te gaan rijden. Maar om redenen die tot op de dag van vandaag nooit officieel verklaard zijn (lees: lobbyisten uit de olie-industrie hebben de doorbraak ervan tegengehouden), werden al die elektrische auto's uiteindelijk naar het autokerkhof verbannen.

Sinds 2010 is de elektrische auto weer volop in beeld. De volelektrische auto heeft geen druppel benzine nodig. Je voedt hem met stroom aan een speciale laadpaal of thuis in het stopcontact. Goedkoop zijn ze niet; een elektrische auto is bijna twee keer zo duur als een benzineauto. Daar staat tegenover dat je geen aanschafbelasting en wegenbelasting betaalt (het belastingvoordeel voor elektrisch rijden blijft voorlopig wél gehandhaafd) en maar een paar euro hoeft neer te tellen voor een volle accu.

Maar aan elektrisch rijden kleven ook nadelen. Het grootste nadeel is op dit moment dat bijna niemand een elektrische auto durft te kopen. Want: hoeveel kilometer kun je op een volle accu rijden? Is er wel een laadpaal als je zonder stroom komt te zitten? En hoe lang moet je dan laden tot je weer genoeg stroom hebt om thuis te komen?

Om antwoord op die vragen te vinden, stap ik een week lang

in de 'C-Zero', de elektrische auto van Citroën. De eerste keer dat ik de auto start vraag ik me af of hij het überhaupt wel doet. Het enige bewijs dat de motor loopt is een klein piepje op het dashboard. De energiemeter geeft aan dat ik 105 kilometer kan rijden. Dat is minder dan de beloofde actieradius van 130 kilometer, maar dat komt volgens de dealer omdat de vorige bestuurder niet zuinig heeft gereden. Je bereik wordt door de computer aangepast aan je rijstijl: hoe rustiger je rijdt, hoe meer kilometers je kunt maken. Dan trek ik dat bereik wel recht met mijn net opgedane ecorijstijl, denk ik nog.

Geruisloos glijd ik de weg op en ik weet meteen: elektrisch rijden is een feest. Het voelt alsof ik in een vijfsterren uitvoering van een botsautootje zit: ik zweef door het verkeer in mijn eigen stiltecoupé. En de wetenschap dat ik geen druppel brandstof nodig heb, draagt bij aan dat fijne gevoel. Met deze auto rijd ik lachend langs het benzinestation en als ik straks thuiskom, laad ik hem met een schoon geweten op met de groene stroom van mijn eigen energieleverancier.

Maar zo vrolijk als ik aan mijn eerste rit ben begonnen, zo bezorgd eindig ik de reis. In de stad verloopt alles nog voorspoedig met mijn resterende energieniveau (de auto laadt een beetje op als je afremt), maar zodra ik op de snelweg zit, daalt het aantal kilometers dat ik nog kan rijden wel erg snel. Aan het einde van de rit heb ik volgens de Zero 45 kilometer gereden. In werkelijkheid waren het er maar 35.

Voorstanders van de elektrische auto schermen vaak met het argument dat we helemaal geen grote actieradius nodig hebben. Zeventig procent van de Nederlanders rijdt namelijk tussen de dertig en vijftig kilometer per dag. Dan maakt het dus niet uit als je Zero maar honderd kilometer aankan in plaats van de beloofde 130. Ik denk dat ik gemiddeld ook niet boven die vijftig kilometer uitkom. Maar het probleem zit 'm juist in dat woord 'gemiddeld'. Er zijn weken dat ik niet of nauwelijks rijd, maar als ik dan een keer rijd, is het vaak een heel eind. De meeste ritten die ik maak gaan naar mijn familie en dat zijn reizen van bijna 200 kilometer. Dat kun je met een Zero voorlopig dus wel vergeten. Dan moet je tussendoor opladen.

De tweede dag met de Zero stuit ik al op het oplaadprobleem. Ik moet vanuit Hilversum via een afspraak in Amsterdam naar Almere en weer naar huis. Via internet reken ik uit dat ik in totaal honderd kilometer ga rijden en gezien mijn rijprestatie van de vorige dag durf ik dat niet aan met één accu. Die geeft, ondanks mijn ultrarustige rijstijl aan dat ik maar 91 kilometer heb vandaag. Ik zal dus tijdens mijn eerste afspraak moeten opladen. Een laadpunt is daar niet en bovendien heb je als dat er wel zou zijn een speciale pas nodig, dus ik moet met een verlengsnoer vanuit het huis aan de slag. Dat verlengsnoer moet minimaal zestien ampère stroom kunnen verwerken, anders laadt de auto sowieso niet. De hele avond voor mijn afspraak ben ik bezig met het organiseren van een snoer dat goed en lang genoeg is om mijn auto (op kosten van mijn gastheer) te kunnen opladen. Uiteindelijk lukt het en heeft de auto, dankzij het tussentijdse bijladen, net genoeg stroom om de honderd kilometer te halen.

De reden dat die actieradius niet is wat de autofabrikant in de boekjes belooft, is dat rijden in de praktijk heel anders is dan de ritjes die de auto op de rollerbank heeft gereden. Die proefritten zijn gemaakt onder ideale omstandigheden en dan haal je de 130 kilometer wel. Maar als je met vier personen met tegenwind op een regenachtige dag de heuvel op rijdt (met de airco of verwarming aan), zijn de omstandigheden verre van ideaal. Dan voelt elektrisch rijden opeens als gokken in het casino: het ene moment denk je nog ruim voldoende geld te hebben, maar je kunt net zo makkelijk in één keer alles kwijt zijn.

Elektrisch rijden is verreweg de groenste keuze, maar hoe graag ik het ook zou willen, het is voor mij voorlopig geen optie. Niet alleen vanwege het tegenvallende bereik, er komen trouwens wel snellaadpalen aan die dat probleem een beetje kunnen opvangen, maar ook vanwege de prijs. Want zelfs mét het belastingvoordeel en de goedkope 'brandstof' is de auto nog duurder dan een zuinige benzineauto. En voor die prijs krijg je niet meer ruimte; ik moet verschrikkelijk puzzelen om mezelf, mijn vriend en mijn twee kinderen (met kinderzitje) erin te krijgen.

Daarbij is er nog steeds discussie over de vraag hoe milieuvriendelijk de elektrische auto nu werkelijk is. Zo wordt een elektrische auto bijvoorbeeld pas echt groen wanneer je hem met groene stroom oplaadt. En de meningen over de klimaatbelasting en productiemethode van de accu's lopen ook nogal uiteen. Die worden gemaakt met lithium. Dat metaal wordt bijvoorbeeld gewonnen in Bolivia, een van de armste landen in Zuid-Amerika, waar de arbeidsomstandigheden allesbehalve ideaal zijn. De batterijen worden geproduceerd in landen als China, waar ook lang niet iedereen zich op een goede cao kan beroepen.

Rijden op afval

Maar er is nog één brandstof die ik over het hoofd had gezien: biogas.

Het eerste stuk dat ik over biogas lees, is een klein bericht in *De Telegraaf* met de kop: 'Auto rijdt op poep'. Gefascineerd lees ik het bericht over de Bio-Bug, een omgebouwde Kever die rijdt op gas gemaakt van menselijke uitwerpselen. *Powered by your waste*, staat er in koeienletters op de zijkant van de auto. En dat werkt in grote lijnen als volgt: als je ontlasting lang genoeg laat vergisten, ontstaat er uiteindelijk methaangas. Met dat gas kun je stroom opwekken. Je kunt ermee koken, maar je kunt er ook een auto op laten rijden. Volgens Volkswagen, dat het experiment uitvoerde in samenwerking met een waterzuiveringsbedrijf, is de ontlasting van zeventig Britse huishoudens voldoende om de kever 15.000 kilometer te laten rijden. De rommel waar we niets meer mee doen, onze eigen stront, onze eigen afvalberg, is gewoon de basis voor een nieuwe brandstof. Als dit toch eens zou aanslaan, dan kunnen we de oliemaatschappijen pas écht een poepie laten ruiken. Figuurlijk gezien dan, want in tegenstelling tot wat je misschien verwacht, ruikt biogas niet naar riool of vieze wc. En het andere grote voordeel is: biogas stoot veel en veel minder CO_2 en fijnstof uit dan alle andere brandstoffen.

Helaas is rijden op afval nog lang niet aan de orde van de dag. Maar in Nederland zijn wel steeds meer bedrijven die biogas produceren van rioolslib, koeienpoep en gft-afval. Dat gas wordt vervolgens geïnjecteerd in het Nederlandse aardgasnetwerk. Dat betekent dat als je een aardgasauto koopt, je automatisch ook een deel biogas tankt. In de volksmond wordt biogas (voor zover het bekend is) trouwens groen gas genoemd.

Voor de duidelijkheid: aardgas heeft niets met autogas te maken. Voor lpg is veel olie uit het buitenland nodig, aardgas komt uit de Nederlandse voorraad in Slochteren. En als je het tankt heet het CNG, *compressed natural gas*. Het blijft dus gewoon een fossiele brandstof die uiteindelijk opraakt. Maar aardgasauto's stoten wel veel minder CO_2 en fijnstof uit, én ze kunnen dus ook rijden op groen gas. De hoeveelheid groen gas die aan het aardgasnetwerk wordt toegevoegd is nu nog niet groot, maar het is wel een begin.

Het Nederlandse bedrijf OrangeGas heeft een manier bedacht om de productie van groen gas te stimuleren en om rijden op aardgas zelfs bijna klimaatneutraal te maken. Door te tanken bij een tankstation van OrangeGas koop je automatisch certificaten waarmee je bedrijven steunt die groen gas produceren. Het systeem lijkt op dat van energiebedrijf Greenchoice. Wie groen gas van Greenchoice afneemt, krijgt niet per definitie groen gas uit het gasfornuis, maar weet dat Greenchoice ervoor zorgt dat er extra wordt geïnvesteerd in duurzame manieren om gas te produceren. Als je groen gas tankt bij een aardgasstation van OrangeGas, rijd je ook niet op honderd procent groen gas, maar je weet in ieder geval wel dat je de productie van dat groene gas ermee stimuleert.

En rijden op aardgas heeft nóg een voordeel: het is ongeveer de helft goedkoper dan rijden op benzine. Het is me duidelijk, voor mij geen twijfel meer: ik ga op zoek naar een tweedehands aardgasauto.

Maar ook dat is makkelijker gezegd dan gedaan. Want rijden op aardgas is net zo'n noviteit als elektrisch rijden: bijna niemand doet het. Omdat er in Nederland geen landelijk dekkend netwerk van aardgastankstations is, durven veel mensen het nog niet aan. En terecht, want als je een uur moet omrijden om te tanken, ben je je milieu- en geldwinst alsnog kwijt. Het aantal pompen waar je aardgas en groen gas kunt tanken groeit wel, maar het aanbod is vooralsnog mager.

Het is dezelfde kip-eidiscussie als bij de elektrische auto: als er geen oplaadpaal bij je in de buurt is, wil je geen elektrische auto kopen. Moet je omrijden voor een volle gastank, dan koop je geen aardgasauto. Toch wil ik me niet door het kleine aanbod pompstations laten demotiveren en ik besluit op zoek te gaan naar een betaalbare tweedehands aardgasauto waar mijn gezin in past. De meeste van die auto's zijn te koop in Duitsland, waar het heel normaal is om op aardgas te rijden. Via tweedehands autosites in Duitsland en met behulp van websites over het importeren van een auto naar Nederland kun je voor een redelijk bedrag een heel eind komen. Maar dat is wel een tijdrovende klus waar veel papierwerk bij komt kijken. Uiteindelijk blijft de Duitsland-route me bespaard: ik kan een auto kopen uit het wagenpark van een autoverhuurbedrijf dat ook aardgasauto's verhuurt.

Mijn oude, vieze Volvo heeft nu plaatsgemaakt voor een Opel Zafira op aardgas. Vanbuiten verschilt hij niets van de andere wolven in schaapskleren, maar hij is het niet. Op aardgas stoot hij tussen vijftien en vijfendertig procent minder CO_2 uit dan een gemiddelde diesel. Maar, en nu komt het, wanneer ik groen gas tank, stoot ik vijfenzeventig procent minder CO_2 uit dan met een benzineauto, en bijna geen fijnstof!

Vooralsnog is groen gas tanken geen lolletje. De pompen – het zijn er amper honderd in heel Nederland – staan vaak op verlaten industrieterreinen en plekken waar geen hond komt. Die stations hebben geen winkel met warme koffie en broodjes en er is niemand die je kan helpen. Gas tanken gaat ook heel anders dan het tanken van benzine of diesel. Het vulpistool zuigt zich met een klap vacuüm aan je tank, waarna je op een grote rode knop drukt die de pomp doet pruttelen, sissen en zelfs trillen. De eerste keer dat ik die knop indrukte, voelde het alsof ik een bom activeerde. Het was donker, op een leeg industrieterrein en hoe hard ik ook drukte, er gebeurde niets. Tot overmaat van ramp kreeg ik het vulpistool met geen mogelijkheid meer van de tank. Daar stond ik dan, hulpeloos aan die slang te rukken en op die knop te drukken. Ik vervloekte mezelf: waarom moet ik toch zo nodig de wereld redden? Waarom maak ik het mezelf zo moeilijk? Maar als ik vervolgens denk aan het feit dat ik vijfenzeventig procent minder CO_2 uitstoot, verdwijnt dat gevoel als sneeuw voor de zon.

Rijden op groen gas heeft meer nadelen: met een volle tank kan ik maar 330 kilometer rijden. Er zit nog een kleine benzinetank in mijn auto voor als ik zonder gas langs de weg kom te staan. Ik heb er nog geen gebruik van gemaakt, maar hij is er wel. Het kleine aantal pompstations waar ik groen gas kan tanken is, zoals genoemd, ook geen verkoopargument voor een aardgasauto. Maar het zijn nadelen die in het niet vallen vergeleken bij die van de huidige elektrische auto.

Misschien rijden we over twintig jaar wel allemaal elektrisch op onze eigen zonnestroom of op waterstof. Maar de auto die ik nu heb, voelt als het groenste compromis dat ik kon sluiten.

En wie weet lukt het om in de nabije toekomst tankstations te bouwen met honderd procent biologisch geproduceerd gas, zoals bij de Kever uit Engeland. Zo ver zijn we daar niet eens van verwijderd. In Zweden kun je al puur groen gas tanken en ook in Nederland zijn er al een paar pompen waar honderd procent groen gas uit komt. Helaas is die niet voor particulieren, maar het toont wel aan dat het al kan. En als dat ook voor gewone automobilisten mogelijk is en we gewoon in de auto kunnen stappen dankzij onze eigen gft-berg en onze eigen ontlasting, dan kunnen we autorijden misschien wel echt milieuvriendelijk gaan noemen.

6

OP ZOEK NAAR ECHT DUURZAME VIS

Vrijdagochtend, zeven uur. Samen met vissers Jan en Barbara Geertsema loop ik door een ijskoude hal langs de honderden bakken vis op de visafslag in Den Oever. Hier wordt vis geveild die net is gevangen in de Noordzee en de Waddenzee. Voor het eerst besef ik dat ik nooit echt heb geweten hoe verse vis ruikt. De vis van de supermarkt ruikt nergens naar vergeleken bij deze indringende zilte geur. Echt verse vis ruikt niet naar vis, maar naar een duik in een golf zeewater. Het lijkt wel alsof we ín de zee staan.

Volgens Jan is de vis uit de supermarkt nauwelijks nog vis te noemen: 'Onze vis is gisteren gevangen en vanmiddag verkopen we het op de boerenmarkt in Utrecht. De vis in de supermarkt ligt vaak weken ingevroren te wachten tot het in de schappen komt. Daar is niets vers meer aan. Het is soms al half vergaan als je het uit de verpakking haalt.'

Op de visafslag in Den Oever wordt vis geveild die doorgaat naar vishandels, supermarkten en marktkramen in heel Nederland. En naar het buitenland, want zeventig procent van de Nederlandse vis is bestemd voor de export. Achter me in de veilingruimte zit een grote vishandelaar die duizend kilo mul inkoopt voor de export naar Italië. 'En volgende week koop ik weer 1500 kilo mul van Italië,' vertelt hij trots. 'Zo gaat dat, dat is handel.' Hij wijst naar Jan en fluistert met een knipoog: 'Dat is geen echte visser, hoor, wij zijn pas echte vissers.'

Jan is een duurzame visser. Hij en zijn vrouw Barbara waren met hun oude binnenvaartschip TS31 Internos het eerste Nederlandse vissersbedrijf met een duurzaamheidskeurmerk voor wilde vis van Stichting Waddengoud. Maar tot hun teleurstelling bleek dat veel van hun verantwoord gevangen vis gewoon op de grote hoop belandde. Onder andere om die reden rijden ze nu elke week met hun eigen vis en die van hun duurzame collega's naar de boerenmarkten in Utrecht en Amsterdam om het daar direct aan de klant te verkopen.

'Tachtig procent van de vraag naar vis gaat over tien procent van het aanbod,' vertelt Jan. 'Iedereen wil vissen als kabeljauw, zalm en tonijn. Want die staan hoog op de culinaire ladder. Spiering en harder zijn net zo lekker, maar dat willen mensen niet. Dus wordt er zalm gekweekt. Maar voor het vetmesten van één kilo zalm heb je 1,7 kilo andere vis nodig. Ik vind dat onbegrijpelijk.'

Jan ergert zich aan de manier waarop we met onze vis omgaan: 'Er zijn haringvissers die in het maatjesseizoen keurig volgens het MSC-keurmerk vissen, maar de rest van het jaar zonder keurmerk doorgaan in Afrika. Waar ik me ook aan stoor, is dat mensen soms niet doordenken. Laatst werd er voor de schelpdiervisserij in Afrika gevraagd of onderzoekers wilden kijken of er genoeg venusschelpen waren. Die bleken er te zijn. Goed nieuws, denken die schelpdiervissers dan. Maar wat ze vergeten, is dat de octopus afhankelijk is van venusschelpen. Dus als die schelpen verdwijnen, verdwijnt ook de octopus. Dat werd niet meegenomen in het onderzoek.'

Ook windt hij zich op over het Nederlands Visbureau, dat Nederlanders adviseert twee keer per week vis te eten: 'Daar ga je de spagaat in. We moeten meer vis eten, maar ook zorgen dat de oceanen vol blijven. Die twee gaan niet samen. Er is gewoon niet genoeg vis in de zee om iedereen twee keer per week van vis te voorzien. Een keer per week is al meer dan genoeg.'

Jan en Barbara vissen op zeebaars en harder met zorg voor de vissen en de natuur. Dat doen ze onder andere door de mazen in hun net groter te maken. Jan: 'Zo vangen we alleen de volwassen vissen. De ondermaatse vis, de jonge vissen dus, kunnen tussen die mazen doorglippen. En we vissen niet in paai- en kraamtijd. Op die manier vangen we alleen grote vis, die al twee generaties nakomelingen heeft kunnen krijgen en een goed leven heeft gehad. Weet je wat zo mooi is? Als je op die manier je eten uit je eigen omgeving betrekt, krijg je er veel meer respect voor.'

Hoewel Jan en Barbara een keurmerk hebben van de Stichting Waddengoud, is van de harder – de vis die zij vangen – niet bekend hoe het ermee gaat. Dat klinkt tegenstrijdig. Hoe kun je nou duurzaam vissen als je niet eens weet hoeveel er nog te vissen valt? Barbara: 'Wij houden dat zelf erg goed in de gaten, maar hoe het precies zit, weten we ook nog niet. Daarom doen we mee aan een speciaal onderzoek. We merken harders, die we vervolgens teruggooien in zee. Zo krijgen we meer zicht op de harderstand.

Zomaar stoppen met het vangen van een bepaalde soort vis is niet altijd de beste oplossing. Neem paling, dat is op dit moment een bedreigde vissoort. Overal wordt deze vis nu uit de schappen of van het menu gehaald. Maar de paling heeft het ook zwaar vanwege het veranderende landschap en onze waterhuishouding. Zijn trekroutes worden geblokkeerd door gemalen en waterkrachtcentrales, waardoor hij zich niet kan voortplanten. Het is dus vooral heel belangrijk dat we zorgen dat hij dat weer kan gaan doen, anders sterft hij sowieso uit.'

Zodra de veiling erop zit, moet de vis zo snel mogelijk naar de markt. Maar er zijn ook bestellingen voor de horeca, zoals het duurzame restaurant Merkelbach in Amsterdam. Samen met Jan schuift Barbara de bakken in een oude bestelwagen met ingebouwde koelcel.

'Er is geen plek in Nederland waar de vis zo snel op de markt komt,' legt Barbara uit. 'De meeste vis gaat pas na het weekend weg en komt dan vanaf dinsdag in de restaurants en op de markten. Of het wordt ingevroren. Wij hebben niet te maken met tussenpersonen, de lijn tussen ons en de klanten is direct. We vertellen de mensen ook van welke vissers hun vis komt en waarom die zo duurzaam is.'

Vier dagen per week leven op zee. Elke vrijdag om vijf uur op, kisten vis inladen, het halve land door rijden, kisten vis uitladen, en dat iedere week weer, het lijkt me een zwaar leven. Barbara: 'Ja, misschien zijn Jan en ik een beetje gek, maar we vinden het motiverend om op deze manier onze vis bij de klant te bezorgen. Maar we willen niet alleen onze vis aan de man brengen, we hebben inmiddels ook een informatiecafé opgericht in Lauwersoog, zodat we mensen meer kunnen vertellen over de visserij. Want uiteindelijk weten maar heel weinig mensen hoe het écht werkt op zee. En dat terwijl ze wel gewoon vis eten! Dat vind ik jammer. Nu de dalende visstand zoveel in het nieuws is, krijgen vissers daar vaak de schuld van, maar dat is niet altijd terecht.'

En toch, als de visserij in dit tempo doorgaat, zijn de oceanen in 2050 zo goed als leeggevist, blijkt uit verschillende internationale onderzoeken. Barbara probeert het van de positieve kant te bekijken: 'Hoe die enorme trawlers, dat zijn de heel grote vissersschepen, de oceanen massaal leegtrekken, valt niet goed te praten. Wat die schepen doen, kun je beter vergelijken met het delven van grondstoffen. Ze zoeken dagen naar scholen vis en vagen die dan in één keer helemaal weg. Het ergste is: het is vaak niet eens voor ons, maar om visvoer van te maken voor kweekvissen zoals zalm. Dat noem ik geen visserij, dat is mijnbouw. Als wij vissen, staan we letterlijk in het water, dan lopen we bijna tussen de vissen. Dat is iets heel anders dan iemand op een reuzenschip met gps en sonar, die met een joystick van bovenaf de netten laat zakken. Ik geloof veel meer in de kracht van kleine bedrijven. Die hebben een geweten. Bij de grote bedrijven gaat het alleen om het geld en de cijfers.

De visserij is een eeuwenoud beroep. Nooit zijn er problemen geweest met overbevissing zoals we die nu kennen. Dertig jaar geleden lag de vis nog torenhoog op het dek. Maar door de ontwikkeling van steeds slimmere technologieën kunnen we ineens veel meer vangen. Dat is echt iets van de afgelopen decennia. Als je dan ziet hoe snel we ons bewust worden van het feit dat we zo niet door kunnen gaan, denk ik dat we het tij moeten kunnen keren. En dan zal de periode van industriële overbevissing slechts een klein deel van de geschiedenis van de visserij zijn.'

Na anderhalf uur rijden komen we aan op de boerenmarkt in Utrecht. Het loopt al tegen enen. 'Onze vaste klanten weten dat we pas laat met de verse vis komen,' legt Barbara uit. Dat blijkt inderdaad zo te zijn. Ze staan letterlijk te wachten. Terwijl Barbara de vis uitlaadt, verkoopt Jans moeder, die achter de kraam staat, de eerste exemplaren. Een vrouw staart verlekkerd naar de makreel ('Dit hebben ze nergens zo vers als hier'), een ander koopt gelijk een verse harder. En als alle vis op de kraam ligt, neemt Barbara afscheid. Het liefst zou ze hier blijven om haar eigen vis aan de klanten te verkopen. Maar de restaurants wachten op hun bestelling.

Vlak voor haar vertrek koop ook ik een harder die ik dezelfde avond bij de ondergaande zon in mijn tuin opeet. Ondertussen denk ik aan Jan en Barbara, die zich voorbereiden op een nieuwe week op het water, om zeven dagen later weer met een bus vol verse vis naar de boerenmarkt te kunnen. Het is waar wat Jan zei: de harder die ik eet, heeft een goed leven gehad en is met zorg en respect voor de natuur gevangen. Als je dat weet, denk je wel twee keer na voordat je een willekeurig stuk tonijn in je supermarktkarretje gooit.

Viswijzer?

Als je vis koopt, koop dan vis met een keurmerk. Het is dé tip voor mensen die bewust vis willen eten. Het keurmerk van Marine Stewardship Council (MSC) is de internationale standaard voor vis die is opgesteld door het Wereld Natuur Fonds in samenwerking met voedselproducent Unilever. Koop je vis met het MSC-keurmerk, dan weet je zeker dat de vis duurzaam is gevangen. Maar wat betekent dat eigenlijk? In grote lijnen dat de vis niet mag worden overbevist, dat de invloed van de visvangst op het ecosysteem in de zee zo klein mogelijk moet zijn en dat de visserijbedrijven een goed beheersysteem hebben zodat ze ook gecontroleerd kunnen worden.

Het MSC-keurmerk geldt alleen voor wilde vis en niet voor kweekvis, terwijl kweekvis ook schadelijke gevolgen heeft voor het milieu. Zo krijgen kweekvissen antibiotica die in het zeewater terechtkomen en is er veel wilde vis nodig voor hun voeding. Ongeveer de helft van alle vis die we eten, is kweekvis. Het Wereld Natuur Fonds heeft daarom ook een keurmerk voor kweekvis ontwikkeld dat vanaf eind 2011 beschikbaar is. Het Aquaculture Stewardship Council, kortweg ASC, controleert in hoeverre de kweekvis duurzaam is geproduceerd. Straks hebben we dus MSC-vis en ook ASC-vis.

Welke vis je nou wel of niet zou moeten kopen, staat in de Viswijzer van Stichting De Noordzee. In de Viswijzer staan alle vissen met een keurmerk, alle vissen zonder keurmerk die wél een goede keuze zijn en alle vissen die je beter niet kunt eten. Dat maakt het kopen van vis een stuk makkelijker zou je denken. Maar helaas, boodschappen doen (of uit eten gaan) met de Viswijzer is monnikenwerk. Ik heb de Viswijzer-app op mijn mobiele telefoon geïnstalleerd zodat ik beslagen ten ijs zou komen bij mijn visboer, maar iedere keer als ik de app erbij pak, raak ik de weg kwijt in de lange lijst oceanen en delen van oceanen, vissoorten en vangstmethoden. Zoals een ingewikkeld woord soms wel vijf betekenissen heeft, zo heeft één vissoort in de Viswijzer soms wel vier verschillende beoordelingen.

Schol bijvoorbeeld: op de Viswijzer staat schol met een rode beoordeling (liever niet), een oranje beoordeling (tweede keuze), een groene beoordeling (prima keuze) en een MSC-keurmerk. Die verschillende beoordelingen zijn er vast omdat schol in verschillende zeeën wordt gevangen, dacht ik. Maar wat bleek: alle schollen in de Viswijzer komen gewoon uit de Noordzee! Bij nadere bestudering bleek het verschil in de vangstmethode te zitten. Schol die met de boomkor (sleepnetten) is gevangen, krijgt een rode beoordeling, en schol die met de twinrig is gevangen, krijgt een oranje beoordeling. De twinrig is ook een vangsttechniek met netten, maar veroorzaakt veel minder bodemschade dan de boomkor. Maar wacht eens even: de schol met het MSC-keurmerk wordt óók met de twinrig gevangen!

Ik zie mezelf al staan bij de visboer: 'Goedemiddag, ik wil graag een schol uit de Noordzee. Uit het Skagerrakdeel van de Noordzee om precies te zijn, alleen niet de schol uit het Skagerrak die met de boomkor met fijne mazen is gevangen, maar die met de twinrig, of anders met de snurrevaad-vangstmethode, u weet wel, *flyshooten*. O ja, en als het even kan met keurmerk graag.'

Tonijn is ook een moeilijke. Er doen de meest gruwelijke verhalen over tonijn de ronde, maar in de Viswijzer staat tóch tonijn met een MSC-keurmerk. Die komt uit de Stille Oceaan. Maar de tonijnsteak van de Albert Heijn, die ook uit de Stille Oceaan komt, heeft geen keurmerk en is ook niet te vinden in de Viswijzer. Los van de vraag waarom Albert Heijn vis zonder keurmerk verkoopt terwijl de supermarkt overal vermeldt dat ze zich inspant voor duurzame visserij, wordt het zo wel erg lastig om nog tonijn te kopen.

'Die Viswijzer, daar klopt helemaal niets van, joh,' zei mijn visboer laatst. Daarom had hij zijn eigen viswijzer gemaakt, gebaseerd op vis uit het seizoen en niet alleen op de keurmerken. Zijn viswijzer was de goeie, daar zou ik veel meer aan hebben. Zou dat kloppen?

Ik besloot de proef op de som te nemen en de viswijzer van mijn visboer naast die van Stichting De Noordzee te leggen. Maar al bij de derde vis op de lijst was ik het spoor bijster. Volgens mijn visboer is dorade een prima keuze, maar in de Viswijzer krijgt die vis de slechtste beoordeling. Volgens de viswijzer van mijn visboer is paling het hele jaar door prima te doen, maar in de Viswijzer staat hij aangemerkt als bedreigde diersoort! Wat doe je dan als consument met goede bedoelingen?

Martin Scholten, directeur van het landelijke onderzoeksinstituut IMARES (Institute for Marine Resources & Ecosystem

Studies) van de Wageningen Universiteit, begrijpt de verwarring van de consument wel. Scholten uit al jaren kritiek op het MSC-label en op de Viswijzer, en niet zonder verdienste: onder andere dankzij opmerkingen als die van hem wordt het certificeringssysteem van het MSC-keurmerk steeds iets krachtiger. Maar we zijn er nog lang niet, vindt hij: 'In Europa zijn we al best kritisch op onze visproductie, maar zodra de vis van verder weg komt, wordt het een beetje een "uit het oog uit het hart"-situatie. Daar zit nog een groot deel van de pijn van het MSC-keurmerk. Het punt is: het gaat bij het MSC-keurmerk om mondiale belangen. Het systeem moet vooral voor de grote visserijen van ver weg hanteerbaar zijn en daarom zijn de basisregels minder scherp dan ze zouden moeten zijn. Als die regels wel heel specifiek zouden zijn, komen veel minder grote visserijen in aanmerking voor het keurmerk. Je kunt het vergelijken met scherpe foto's met veel pixels en grove foto's met minder pixels. Het MSC-keurmerk is zo'n grove foto, het kan dus nog veel scherper. MSC geeft je wel de zekerheid dat je vis in ieder geval niet van piraterijvisserij komt, de zogenoemde *unreported fisheries*. Maar het betekent niet altijd dat je vis super duurzaam is.

In de basis is het een goed initiatief, maar er zijn nog meer nadelen. Zo zijn er een heleboel kleine vissers die wel duurzaam en zorgvuldig vis vangen, maar geen keurmerk hebben omdat het te duur voor ze is. Dat kan de indruk wekken dat die vissers niet goed zijn, terwijl ze in werkelijkheid misschien juist beter zijn.

Wat ook gebeurt, is dat vissers het ene deel van het jaar een bepaalde vis vangen met het keurmerk en het andere deel van het jaar ergens anders dezelfde vis vangen zonder het keurmerk. Dat is dus geen consequente duurzame bedrijfsvoering.'

Als je écht duurzame vis wilt kopen, is MSC volgens Scholten niet de beste keuze. De industriële visserijen organiseren hun systemen namelijk zodanig dat ze een keurmerk kunnen krijgen zonder dat ze minder hoeven te vangen. De druk op de visstanden blijft dus even groot. De vangstquota waar ze zich van

MSC aan moeten houden, bestaan namelijk al. Daar houden veel vissers zich sowieso aan. De belangrijkste aanpassing die ze voor het keurmerk doen, is het wijzigen van de vangstmethode. MSC is in de ogen van Scholten dus geen grote verbetering, maar een kleine stap vooruit.

Er is nog een nadeel van het keurmerk volgens Scholten, namelijk dat de ecologische voetafdruk van de vis niet goed genoeg wordt meegewogen: 'Dat is eigenlijk raar, want vis uit de Noordzee die de volgende dag op de markt wordt verkocht, heeft veel minder *foodmiles* dan een vis die in de Stille Oceaan bij Alaska is gevangen en wekenlang ingevroren is geweest. Dat laatste kost veel meer energie. Die vis uit de Noordzee zonder keurmerk kan dus groener zijn dan de vis uit Alaska mét keurmerk.'

Het nieuwe ASC-keurmerk voor kweekvis zoals de pangasius uit Vietnam zal de komende tijd ook onder vuur komen te liggen, denkt Scholten: 'Zo'n keurmerk helpt het kaf van het koren te scheiden, maar het is nog lang niet scherp genoeg. In principe is kweekvis duurzamer dan wilde vis, maar we moeten wel kritisch zijn als het gaat om antibioticagebruik, visvoer en vervuiling. Dat is nog lang niet op het niveau waarop het zou moeten zijn.'

Wat volgens Scholten veel beter zou zijn, is een keurmerk en viswijzer voor de vissers in plaats van voor de vissen en de technieken. Dan kun je precies zien welke vissers groen zijn en welke rood: 'Dat is niet eens zo moeilijk te realiseren. Het werkt ongeveer zoals met wijn: achter iedere goede wijn zit een *château*. Zo kan er ook achter iedere goede vis een *bateau* zitten. Maar daar heeft een bedrijf als Unilever natuurlijk problemen mee. Het grootste belang is dat de grote vismerken bepaalde vissoorten kunnen blijven verkopen zonder imagoschade te lijden. Unilever doet niet mee aan het keurmerksysteem vanuit idealisme, maar vanuit commercieel oogpunt. De klanten van Unilever willen nu eenmaal de gemakkelijke Iglo vissticks en dus moet Unilever ervoor zorgen dat de vis in die vissticks gecertificeerd is. Dat is iets heel anders dan werkelijk kijken welke vis duurzaam en met respect voor het milieu is gevangen. De vis van Han Ypma uit Den Oever is bijvoorbeeld zulke vis. Ik koop mijn eigen vis bij hem. Ypma heeft geen MSC-label, maar hij is absoluut een rolmodel van een zorgvuldige visser die ervoor in staat dat hij duurzaam vist.'

De gouden tip is volgens Scholten dus niet de Viswijzer, maar zorgen dat je weet door wie je vis wordt gevangen en waar die vandaan komt: 'Ik heb het geluk dat ik veel van het onderwerp weet en in de buurt woon bij de boot van Han Ypma, maar helaas heeft niet iedere consument het zo makkelijk. Voor de mensen die dat voordeel niet hebben, is MSC-vis of de duurzame vis uit de Viswijzer inderdaad de enige houvast. Je hebt dan niet de allerduurzaamste vis, maar je weet in ieder geval zeker dat je ook niet vis van bedenkelijke visserijen hebt.'

Als ik dus echt van de lastige dilemma's verlost wil zijn, heb ik maar twee opties: op zoek gaan naar de ideale visser in de buurt (wat lastig is omdat ik niet aan zee woon) of me keer op keer verdiepen in de Viswijzer, want die wordt jaarlijks aangepast aan de laatste stand van zaken. Op goedevis.nl kun je gelukkig je persoonlijke viswijzer met groene vissoorten en MSC-vis samenstellen en uitprinten. Zo heb je altijd je eigen voorkeur op zak en hoef je niet door de lange lijst vis- en vangstsoorten als je in de winkel staat.

MSC-vis is ook steeds beter verkrijgbaar. Waren er in 2008 nog maar acht soorten vis met MSC-keurmerk, begin 2011 waren dat er 777. En ook handig: op msc.org kun je de naam van je supermarkt intikken en precies zien welke MSC-vis daar verkocht wordt.

Ik heb inmiddels mijn eigen viswijzer samengesteld. Daar staat in ieder geval de vis van Jan en Barbara op, die ik op de boerenmarkt in Utrecht koop. Maar ook schol en tong uit de Noordzee (dichtbij) met keurmerk. Ook Zeeuwse mosselen met keurmerk (sinds de zomer van 2011 pas) staan erop en af en toe koop ik biologisch gekweekte zalm uit Noorwegen.

Ik denk terug aan het verhaal van Martin Scholten over Han Ypma, de duurzame visser bij wie hij zijn vis koopt. Zou die

Ypma zijn vis misschien ook ergens anders verkopen, vraag ik me af. Ik tik zijn naam in bij Google en na wat rondklikken beland ik op de website van een kleine keten biologische winkeltjes die – volgens de tekst op de site – verse vis van Han Ypma verkopen. Tot mijn verbazing zit een van die winkeltjes nog geen tien minuten van mijn huis. 'Ja hoor, wij hebben de vis van Han,' vertelt de verkoopster vriendelijk als ik naar de winkel bel. 'Twee keer per week doen we een nieuwe bestelling bij hem. Vandaag hebben we scholfilet. Ik heb er nog drie. Zal ik ze voor je wegleggen?'

7

VAN CARNIVOOR NAAR FLEXITARIËR

Jan Overeem is al meer dan dertig jaar varkenshouder. Op zijn vijftiende begon hij met één zeug. Inmiddels heeft hij 750 zeugen en 2000 vleesvarkens. Daar zie je als je zijn erf op rijdt niets van, ze zitten allemaal binnen, in twee grote stallen. 'Dat was vroeger wel anders,' vertelt hij in zijn grote woonkeuken. 'Toen deed ik alles met de hand en kende ik al mijn zeugen. Eens in de zoveel tijd kwam de slager een varken aan huis slachten. Die aten we dan zelf op. Nee, toen waren er nog niet zoveel strenge regels. Inmiddels is het een keiharde wereld van rekensommen en managementprogramma's. Het is nu zakelijker, minder romantisch dan vroeger. De financiële druk is veel groter. Langzaamaan kregen we steeds minder geld voor onze varkens. Als ik niet had uitgebreid, was ik failliet gegaan. Maar varkens zijn mijn leven, ik had geen keuze. Het is net als met de kleine buurtsupers, die zijn ook kapotgegaan door de concurrentie met de grote supermarkten. Toch vind ik mijn vak nog steeds mooi. Mijn aandacht voor de varkens is altijd hetzelfde gebleven. Er is alleen heel veel regelwerk bijgekomen.'

Voordat we naar de stallen gaan, moet ik mijn handen wassen en een overall en laarzen aantrekken. 'Voor de hygiëne,' zegt Jan, 'zodat je geen ziekten overbrengt van de zeugen naar de vleesvarkens.'

Het eerste wat me opvalt binnen, is de lucht. Ondanks de luchtwasser, een systeem dat onder andere ammoniak en methaan uit de lucht haalt, hangt er een penetrante geur waar mijn maag zich bijna van omdraait. Vooral op de warme kraamafdeling. Het is de geur van ontlasting, varkensmelk en het bloed van de placenta's van de biggetjes.

Jans varkens zijn verdeeld over verschillende afdelingen, te beginnen bij de kraamafdelingen. Het zijn warme, van daglicht verstoken ruimten met allemaal zeugen die tussen metalen hekken liggen en hun biggen laten drinken. Bij binnenkomst op een van de afdelingen staat een emmer met dode pasgeboren biggetjes die zijn overleden bij de geboorte of omdat hun moeder op ze is gaan liggen. Het is een pijnlijk en verdrietig beeld, maar het hoort bij Jans werk: 'Ik produceer 20.000 biggen per jaar. Dan is het logisch dat er af en toe een paar sterven. Ons sterftecijfer is trouwens erg laag omdat de zeugen vastzitten tussen die hekken. Ze kunnen zich niet makkelijk omdraaien en gaan dus minder snel op hun kleintjes liggen. Bij biologische varkenshouders sterven meer biggen, want daar zijn de zeugen los.'

Op de volgende afdeling zitten de gespeende biggen, die zijn al van hun moeder gescheiden, en daarnaast staan de zeugen die wachten op de volgende bevruchting. Als ze opnieuw drachtig zijn (Jan insemineert ze zelf), verhuizen ze weer naar een andere afdeling waar ze in groepen van vierentwintig – weer tussen hekken – blijven tot ze geworpen hebben. Het geeft me een ongemakkelijk gevoel, dit hoort toch niet bij hun natuur? Dat valt volgens Overeem mee: 'Deze varkens weten niet beter, ze vinden het prima zo. Daarbij,' hij wijst naar de ruimte met drachtige zeugen, 'kunnen deze zeugen wel degelijk los. Maar daar hebben ze niet zoveel behoefte aan. Kijk maar, ze blijven bijna allemaal lekker liggen.' Ik kijk naar de 'vrije' loopruimte, het pad tussen de honderden stangen, en probeer me voor te stellen hoe het zou zijn als al deze zeugen daadwerkelijk hun hok zouden verlaten. Ze zouden minder ruimte hebben dan tussen hun stangen.

Na het bezoek aan de zeugen gaan we, in een andere overall

en op andere laarzen, naar de vleesvarkens. Die zitten in groepen van twaalf in kale hokken van twaalf vierkante meter waar ze eten, drinken, spelen en slapen tot ze slachtrijp zijn. Ook deze varkens komen nooit buiten, behalve als ze na een half-jaar naar de slachterij gaan.

Overeem is trots op zijn bedrijf. Sinds vorig jaar heeft hij een ster van het Beter Leven-kenmerk van de Dierenbescherming. 'Dat houdt in dat mijn varkens niet gecastreerd worden zoals bij de reguliere varkenshouders, dat ze in plaats van 0,8 meter één meter ruimte per varken hebben en dat ze extra afleidingsmateriaal krijgen.' Hij wijst naar een smalle koker waar wat stro uit bungelt: 'Hier kunnen ze stro uit halen om mee te spelen en dat hebben de reguliere varkens niet.'

Hoe goed deze varkens ook worden gehouden, de aanblik van zoveel dieren die zo fabrieksmatig worden gefokt roept meer weerstand dan begrip op. Jan: 'Je moet dit zien als een economische activiteit. Die varkens zijn er voor het vlees en we moeten ze niet te veel gaan vermenselijken. Deze dieren liggen lekker, krijgen goed te eten en worden streng gecontroleerd op ziekten. Ik denk dat ze het bij mij misschien zelfs beter hebben dan in een eenvoudige stal waar alles minder gestroomlijnd loopt.'

Het vlees van Jan wordt verkocht bij Albert Heijn, waar sinds de zomer 2011 alleen nog maar vlees met minimaal één Beter Leven-ster verkrijgbaar is. Dat is een hele verbetering, maar ik vind het éénsterrenvlees wel erg weinig verschillen met het industriële vlees. Dat zie je alleen niet aan de verpakking, want daarop staat een ster naast het logo van de Dierenbescherming. Toch is de Dierenbescherming blij met de beslissing van Albert Heijn. Je kunt namelijk nooit in één keer de hele vleessector biologisch krijgen, en dit is in hun ogen een mooie eerste stap naar de volgende fase: vlees met twee sterren. Dat vlees is weer net iets diervriendelijker dan het éénsterrenvlees. Driesterrenvlees is biologisch. Het is een mooie richtlijn, maar het doet me toch een beetje denken aan hotels: van een hotel met één ster hoef je niet veel te verwachten, het wordt pas comfortabel vakantievieren vanaf drie sterren.

Het vlees van het varkensbedrijf van Arno Baijens is zulk driesterrenvlees. De spekjes die ik bij mijn biologische slager koop, komen rechtstreeks bij hem vandaan. Bij Arno kunnen de varkens letterlijk alle kanten op. Zo heeft hij een groot stuk land waar ze kunnen rennen (varkens kunnen heel hard rennen) en waar een grote modderpoel is. Ook knipt hij de krulstaart niet, wat in de gangbare industrie wel gebeurt omdat de varkens anders uit verveling elkaars staart afbijten.

Arno is niet altijd een biologische varkensboer geweest. 'In 2004 hebben mijn vrouw en ik daartoe besloten. We moesten steeds meer uitbreiden en dus meer varkens houden om het hoofd boven water te houden. Dat beviel me niet. Het werd veel te industrieel, het ging helemaal niet meer om het varken zelf.'

Baijens is blij met zijn keuze. Hij verbouwt tachtig procent van het varkensvoer op eigen land, dat hij bemest met de mest van zijn eigen varkens. Een mestoverschot, waar boeren als Jan Overeem mee kampen, kent hij niet. Arno: 'Mijn ideaal is een volledig gesloten kringloop waarin ik mijn varkens helemaal zelf kan onderhouden en zo min mogelijk afval heb.'

Arno heeft 130 zeugen en 850 vleesvarkens. De vleesvarkens hebben grote hokken met een binnen- en buitenruimte die dagelijks gevuld worden met verse balen stro. De zeugen kunnen allemaal naar de modderpoel en het weiland. Arno: 'Varkens houden van rennen. De modder gebruiken ze om koel te blijven, ze kunnen namelijk niet zweten. Maar met die modder kunnen ze ook parasieten verwijderen. Zodra de modder is opgedroogd, kunnen ze de parasieten er makkelijker afschuren. Je zou het misschien niet denken, maar varkens zijn erg schoon en slim. Ze vinden het bijvoorbeeld niet fijn om hun behoefte te doen op de plek waar ze eten of slapen. Daar zoeken ze een vaste aparte plek voor. Ze hebben ook echt verschillende karakters. Sommige varkens komen altijd enthousiast op me af als ik de stal in kom, andere zijn juist snel geprikkeld of eigenwijs. Wat dat betreft zijn het net mensen.'

Na de rondleiding door de stallen schuiven we aan de keukentafel aan, waar Arno's vrouw en hun dochter lunchen. Op tafel ligt het vlees van hun eigen varkens. Arno verkoopt het ook in zijn eigen boerderijwinkel. 'Ik maak graag zelf vleesproducten. Op dit moment ben ik bijvoorbeeld bezig met een nieuwe salami.' Hij schuift me een schaal toe: 'Proef maar eens. Het is een recept uit 1960. Lekker hè? Zo maken ze het nergens meer.'

De varkens van Arno Baijens gaan naar een kleine biologische slachter in de omgeving, die van Jan Overeem naar een van de slachterijen van Vion in Groenlo. Als ze daar eenmaal geslacht zijn, worden ze de volgende dag in de naastgelegen slagerij verwerkt tot keurig verpakte varkenslapjes, shoarma, worstjes, gehakt en karbonades. Per dag gaat er zeker 75 ton verpakt vlees de deur uit.

Vion slacht ook biologische varkens voor de biologische Groene Weg-slagers en de supermarkten. Er is geen verschil met de slachtmethode van de gangbare varkens. Het enige verschil is dat de biologische varkens aan het begin van de dag in de gereinigde slachterij worden geslacht, zodat ze niet verwisseld kunnen worden met de andere varkens. Ongeveer twee procent van al het vlees dat Vion verwerkt, is biologisch.

Op de dag dat ik op bezoek ben bij Vion in Groenlo, is de stroom uitgevallen, iets wat volgens communicatieman Marc van der Lee bijna nooit gebeurt. Het is een vreemd gezicht: overal bungelen doormidden gezaagde varkenslijken ('Wij vinden lijken geen goed woord, wij zeggen karkassen,' aldus Marc) en overal liggen grote hompen vlees op de stilgevallen lopende band.

Een paar delen van de slachterij werken nog wel. Marc laat zien hoe de dode varkens verwerkt worden. Eerst gaan ze in een bad van zestig graden om de haren los te weken. Dan gaan ze door een soort autowasstraat waar ze worden schoongeborsteld en met vuurbranders schoongebrand tot ze steriel zijn. Vervolgens worden ze door automatische cirkelzagen doormidden gesneden, gaan de koppen eraf en de ingewanden eruit. Ieder apparaat maakt enorm veel herrie: het scherpe geluid van de cirkelzagen, het zware gesis van de vuurbranders en het gehak van de geautomatiseerde messen zorgen ervoor dat we soms bijna moeten schreeuwen om ons verstaanbaar te maken. Nu begrijp ik waarom veel van de fabrieksmedewerkers oorbeschermers dragen.

Al het vlees van de varkens wordt gebruikt; voor consumentenproducten, maar ook voor dierenvoer en zelfs voor de medische industrie. En overal hangen speciale desinfecteerapparaten die de handen steriel maken. Pas als je je handen in zo'n apparaat hebt gehouden, gaan de poortjes naar de volgende afdeling open. Het is een efficiënt en hygiënisch proces waarbij niets aan het toeval wordt overgelaten. Maar als ik me een weg baan tussen de grommende en sissende slachtapparaten en de bungelende varkens, heb ik meer het gevoel dat ik in een spookhuis ben.

Dan beginnen de stilgevallen banden en haken weer te draaien. Nu er weer stroom is, kan ook het slachten weer beginnen. Tot nu toe heb ik van alles wat ik zag foto's gemaakt, maar van het doden mag dat niet. Gek. In een slachterij sterven nu eenmaal varkens, in Groenlo zelfs 550 per uur. Waarom mag ik dat niet vastleggen? Volgens Marc is dat omdat het beeld te confronterend is: 'Mensen schrikken ervan, zeker als het een momentopname is. Ik laat het wel zien, maar alleen als ik het ter plekke kan toelichten.'

Zonder camera loop ik met Marc naar de plek waar de varkens gedood worden en beland vlak achter een man met een mes in zijn hand. Voor hem, op ooghoogte, zie ik een metalen tunnel die me doet denken aan een stortkoker. Op de achtergrond hoor ik het gekrijs van onrustige varkens. Dan komt er opeens een nieuwsgierige varkenssnuit uit de tunnel tevoorschijn. Hij heeft zijn oren gespitst en probeert om zich heen te kijken, maar voordat hij dat kan doen, zit zijn kop al vastgeklemd tussen twee elektroden. Ik hoor een doffe klap en een seconde later valt het verdoofde varken met een plof op de lopende band. De slager steekt het mes in zijn hals, het bloed gutst in een speciale afvoergeul, de poten spartelen ('Maak je geen zorgen, hij is al dood,' zegt Marc) en dan draait het dier bewegingloos op de lopende band de bocht om.

Voordat ik echt besef wat ik zojuist heb gezien zijn er al vijf andere varkens uit het gat tevoorschijn gekomen, geëlektrocuteerd en op de lopende band gevallen. Iedere minuut minimaal negen varkens. Zo snel als we ze eten – hap, slik, weg, zo snel worden ze hier gedood – pats, boem, weg. En voor het eerst in mijn leven vraag ik me echt af hoe ik ooit onverschillig vlees heb kunnen eten.

Dierenwelzijn

De discussie over vlees is niet eenvoudig. We zijn tegen megastallen, vóór dierenwelzijn, tegen milieuvervuiling. Ondertussen eten we wel bijna 88 kilo vlees per persoon per jaar, waarvan maar twee procent biologisch. Stichtingen als de Dierenbescherming, Varkens in Nood en Wakker Dier zetten zich vooral in voor een beter leven voor de dieren, Milieudefensie richt zich juist op de milieuschade van de intensieve veehouderij. En helaas kunnen die twee elkaar niet altijd versterken. Een dier dat een beter leven heeft, is niet per definitie ook een milieuvriendelijker keuze. Biologische dieren staan namelijk buiten en stoten dus meer ammoniak en methaan uit, stoffen die je kunt afvangen als ze binnen worden gehouden. De keuze tussen diervriendelijk en milieuvriendelijk wordt dan opeens een duivels dilemma.

Ik vind dieren doden op zo'n grote schaal als ik bij de slachterij in Groenlo heb gezien per definitie niets met diervriendelijkheid te maken hebben. Ik heb het met eigen ogen aanschouwd en vond het een gruwelijk beeld hoe de varkens aan de lopende band naar de tunnel werden gedwongen nadat ze uren tussen schotten onrustig hadden moeten wachten. Aan het eind van die tunnel zien ze hun voorganger voor zich op een lopende band ploffen en voor ze het weten, zijn ze zelf geëlektrocuteerd. Van dat moment merken ze in de meeste gevallen helemaal niets. Vanuit de industrie gezien is het een zorgvuldig en ultra efficiënt proces, maar het blijft een onrustig, stressvol en nauwelijks voorstelbaar grootschalig proces, dat nooit diervriendelijk zal zijn.

Ik vind niet dat we dan maar geen dieren moeten slachten, maar wél dat we het kleinschaliger en zorgvuldiger zouden moeten doen. Zeker als je bedenkt dat er sprake is van structurele overproductie van varkensvlees. Ongeveer zeventig procent van het varkensvlees is voor de export en de vraag naar Nederlands varkensvlees wordt kleiner.

Maar er is iets wat ik misschien nog wel belangrijker vind: we moeten het vooral niet mooier maken dan het is. Diep vanbinnen weten we allemaal dat het geen pretje is om op zo'n grote schaal dieren te slachten, ook de varkensboeren, slachterijen en slagers weten dat. Maar de wens en noodzaak om geld te blijven verdienen is groter dan hun geweten en daarom verhullen ze dat feit door roze lachende biggetjes op de vlees- en transportwagens te schilderen en vrije, in de modder rollende zeugen op hun reclamefolders af te drukken. In hun ogen is dat logisch: als er krijsende varkens bij de elektrocuteertunnel op zouden staan, of een varken met een gapend gat in de hals waar liters bloed uit stroomt, raken ze klanten kwijt. Maar in mijn ogen is het – zeker in deze tijd – eerder hypocriet niet transparant te zijn.

Voordat ik zelf naar de slachterij in Groenlo ging, had ik op de website vlees.nl (een initiatief van de Nederlandse vleessector) een publiciteitsfilm bekeken over de productie van ons varkensvlees. In de film, vol beelden van snoezige roze biggetjes en tevreden varkens, werd 'precies' verteld wat er met onze varkens gebeurt voordat ze in de supermarkt belanden. Nou ja, precies: het moment van doden werd zonder uitleg overgeslagen en in de slagerij waren alleen de minst bloederige beelden gefilmd. Nu ik zelf in zo'n slachterij ben geweest, begrijp ik waarom: je krijgt geen hap meer door je keel als je het hebt gezien.

Toen ik de foto's die ik in de slachterij had gemaakt wilde gebruiken voor een reportage, moest ik ze van tevoren voorleggen aan Vion. In de reactie van Vion op mijn beeldmateriaal werd me verzocht een van de foto's, waarop een vloer met bloed te zien was, aan de onderkant (waar het bloed lag) af te snijden. Het was natuurlijk logisch dat er bloed op de grond lag, schreef Vion, maar op de foto oogde het toch anders. Ik keek naar de foto en zag tientallen varkens hangen boven een bloederige grond, precies zoals het was toen ik erlangs liep. Het was inderdaad geen smakelijk plaatje. Maar ja, een varkensslachterij is nu eenmaal geen kinderboerderij.

Ik had ook foto's gemaakt in de hokken waar de varkens zaten voordat ze geslacht werden. Op één foto waren de sprinklers nog niet aan geweest (van dat water worden ze rustig) en waren de varkens nog vies, op de andere foto waren de sprinklers wel aan geweest, waardoor het vuil van hun lijven was gespoeld. In de reactie van Vion stond dat ik beter de foto kon gebruiken van de varkens die al 'gedoucht' waren, want op de niet-gedouchte foto zagen ze er wat groezelig uit. Een andere medewerker vond dat ik het best de gedouchte foto kon kiezen omdat het op zijn scherm leek alsof de niet-gedouchte varkens het benauwd hadden.

Groezelig?

Benauwd?

De varkens in die hokken hadden misschien nog een uur te gaan voordat ze een nauwe tunnel in gejaagd zouden worden om geëlektrocuteerd te worden, en Vion maakte zich er druk om of ze wel schoon gedoucht en niet benauwd op de foto stonden? Het leek wel of ze het over een schoonheidswedstrijd hadden!

Na die reacties wist ik het zeker: hoe graag ik ook vlees eet, ik wil niet meedoen aan het in stand houden van een industrie die op zo'n grote schaal dieren verwerkt en niet echt wil laten zien wat er werkelijk gebeurt achter de schermen uit angst om de consument weg te jagen.

Het klimaat

De vee-industrie is niet goed voor het klimaat. Wereldwijd veroorzaakt de veehouderij achttien procent van alle CO_2-uitstoot en op dit moment gebruiken we ongeveer zeventig procent van alle landbouwgrond voor de productie van vlees en zuivel. Niet alleen voor de dieren om op te leven, maar ook om het voer te verbouwen voor hun eten. Voor de productie van één kilo rundvlees is tien kilo veevoer nodig. Bijna alle soja – negentig procent – wordt gebruikt voor de productie van veevoer.

Die soja wordt verbouwd in landen als Brazilië en Argentinië, waar boeren bossen kappen om de grond te ontginnen en bestrijdingsmiddelen gebruiken om zo veel mogelijk te kunnen oogsten. Bovendien moeten al die tonnen sojabonen ook nog naar Nederland vervoerd worden.

Er is wel een soort keurmerk voor duurzame soja, de Round Table on Responsible Soy (RTRS). Dat zijn afspraken voor duurzame sojateelt die zijn gemaakt door telers, supermarkten, de veevoerindustrie en maatschappelijke organisaties als het Wereld Natuur Fonds en Solidaridad. Maar volgens Milieudefensie zijn de criteria uit dat verdrag nog niet goed genoeg en is er nog een lange weg te gaan voordat we soja echt duurzaam kunnen noemen.

Dan is er nog het mestoverschot waar we op afstevenen. De vee-industrie is, alleen al in Nederland, goed voor miljarden kilo's mest per jaar die we maar voor een klein deel zelf kunnen gebruiken. De rest moet naar het buitenland, of op een andere manier verwerkt worden. Een beetje mest is niet erg, maar in deze hoeveelheden is het schadelijk voor het milieu.

En als we zoveel vlees blijven eten als we nu doen, blijven we het mestoverschot in de hand werken. Het kromme aan het probleem is dat we het zo makkelijk kunnen oplossen. Die dieren geven we voer dat we zelf ook eten (soja, granen). Als we nou minder vlees gaan eten en het veevoer voor ons eigen eten gebruiken, hebben we minder mestproblemen en er is minder vraag naar voedsel, zonder dat we honger zouden hoeven te lijden.

Er zijn ook tot de verbeelding sprekende berekeningen gemaakt wat de milieubesparing is van minder vlees eten. Deze bijvoorbeeld: als we één dag geen vlees zouden eten, besparen we een CO_2-uitstoot die gelijkstaat aan een miljoen auto's per jaar. Drie dagen zonder vlees staat gelijk aan de besparing van de uitstoot van drie miljoen auto's per jaar. En met vijf vleesloze dagen besparen we net zoveel op de CO_2-uitstoot als álle CO_2-uitstoot door het elektriciteitsverbruik van alle huishoudens in Nederland. Mij is het duidelijk: als je iets goeds wilt doen voor het milieu, ga je minder vlees eten.

Niet al het vlees is even milieubelastend. En het verwarrendste is dat, zoals gezegd, biologisch en diervriendelijk vlees niet per definitie milieuvriendelijker is. Om met die verwarring af te rekenen, riepen Varkens in Nood en Milieudefensie samen de Vleeswijzer in het leven, een ranglijst van vlees gebaseerd op zowel milieubelasting als dierenwelzijn. Op het eerste gezicht maakt de Vleeswijzer het er niet gemakkelijker op. Zo blijkt bijvoorbeeld dat lamsvlees hoog op de ladder van dierenwelzijn scoort, maar laag als het gaat om het milieu. Kip belast het milieu minder dan rund- en varkensvlees, maar scoort weer slechter op dierenwelzijn. Regulier rundvlees staat helemaal onderaan, in het rood, maar rundergehakt als bijproduct van de melkveehouderij scoort weer stukken beter op beide fronten en het 'groenste' vlees is biologisch rundergehakt.

Toch kun je op de uitkomsten van de Vleeswijzer niet blindvaren. Gangbaar varkensvlees scoort bijvoorbeeld slecht qua milieubelasting vanwege de hoeveelheid soja in het voer (waarvoor veel landbouwgrond nodig is), maar in varkensvoer zit niet altijd evenveel soja. Als de sojaprijs omhooggaat en varkensboeren minder soja inkopen, scoren varkens dus hoger op de milieulat.

Wil je je aan de Vleeswijzer houden zonder in de war te raken over wat nou de goede keuze is, dan kun je het best de top vier van meest diervriendelijke en minst milieuvervuilende vleessoorten uit je hoofd leren: biologisch rundergehakt, biologisch kalfsvlees, regulier rundergehakt en biologische kip.

Gezondheid

Of het nu dierenleed is of het klimaat, in beide gevallen kan ik maar één conclusie trekken: de bulkproductie van vlees maakt meer kapot dan ons lief is. Boeren klagen over lage marges en ingewikkelde regelgeving, de slachterijen klagen over te lage vleesprijzen, de dieren zijn het machteloze lijdend voorwerp en het milieu heeft helemaal niets te zeggen. (Alleen de supermarkten lijken er trouwens helemaal niet onder te lijden.) Maar er is nog een reden waarom de veestapel zou moeten inkrimpen: onze eigen gezondheid. Te veel vlees vergroot de kans op allerlei ernstige ziekten, zoals hart- en vaatproblemen, diabetes en kanker. Af en toe vlees eten is niet slecht, er zitten eiwitten en vitaminen in die we nodig hebben, maar we eten nu iedere dag ongeveer het dubbele van wat het Voedingscentrum adviseert.

Daarbij is er bij de dieren in de veehouderij altijd kans op besmettelijke ziekten zoals in de ergste gevallen Q-koorts, BSE (gekkekoeienziekte), vogelgriep en varkenspest. Dat is geen fijn rijtje. In de bio-industrie worden de dieren preventief behandeld met antibiotica om dit soort ziekten te voorkomen. Maar uiteindelijk lopen wij daardoor een serieus risico immuun te worden voor antibiotica. Dat is een soort negatieve spiraal: we eten zoveel vlees dat het gevaarlijk wordt voor onze gezondheid en omdat we zoveel vlees willen, moeten we de dieren met antibiotica behandelen, waardoor het vlees nóg meer risico's voor onze gezondheid oplevert. In 2011 is er een nieuwe richtlijn opgesteld om het gebruik van antibiotica bij dieren voor 2013 te halveren en strenger te controleren. Dat zou een hele verbetering zijn, maar ook dan blijven er gezondheidsrisico's vanwege de enorme hoeveelheid dieren.

Vleesvervangers

In 2050 hebben we volgens de voorspellingen wereldwijd twee keer zoveel vlees nodig als nu. Onmogelijk, zeggen deskundigen. Er is simpelweg niet genoeg land en voer om zoveel vlees te produceren. Daarom zijn wetenschappers en bedrijven constant op zoek naar alternatieven. Vleesbedrijf Vion ontwikkelt bijvoorbeeld een gehaktbal met minder vlees. Maar als je het mij vraagt, is dat net zoiets als light-sigaretten. Het blijft uiteindelijk gewoon vlees. Er zijn ook onderzoekers die zich bezighouden met de ontwikkeling van kweekvlees, vlees dat in een laboratorium wordt gemaakt. Daar kleven nu nogal wat ethische bezwaren aan, maar aan de andere kant vermindert dat de milieuschade en lost het de problemen met dierenwelzijn op. Nou loopt mij niet meteen het water in de mond als ik aan een bord kweekvlees denk, maar dat is misschien een kwestie van wennen. We zijn ook een keer van boter op zuivelbasis overgestapt op plantaardige margarine, en dat vindt niemand meer vreemd. Kweekvlees is voorlopig nog toekomstmuziek, maar er bestaat nu ook al vlees dat veel minder CO_2-uitstoot veroorzaakt en veel minder ruimte nodig heeft om te groeien. Vlees dat met stip op de eerste plaats van de Vleeswijzer zou belanden: insecten. Die zijn veel minder milieubelastend dan koeien, kippen en varkens, maar net zo voedzaam. Er is zelfs een naam voor het eten van insecten: entomogafie.

Volgens sommige wetenschappers is het eten van insecten in 2050 de gewoonste zaak van de wereld. Een heel gekke gedachte is dat niet. Tachtig procent van de wereldbevolking eet in minder of meerdere mate insecten. Zo eten ze in Japan graag gekookte wespen, in de tropen smullen ze van meelwormen en in het zuiden van Afrika is de sabelsprinkhaan een delicatesse. Misschien eten wij ze straks niet zoals het in die landen gebeurt, maar het is niet ondenkbaar dat ze dan in onze kroketten zitten, of op onze pizza's. We krijgen nu trouwens ook al insecten binnen, maar daar staan we niet bij stil. De rode kleurstoffen in bijvoorbeeld winegums, Smarties of Campari zijn gemaakt van rode schildluizen.

RECEPT VOOR GEBAKKEN SPRINKHAAN

INGREDIËNTEN

Twee kleine uitjes, een paprika, peper, zout, teentje knoflook, boter, scheutje witte wijn, versgehakte peterselie en bieslook en een bakje gevriesdroogde sprinkhanen (Bugs Locusta, 50 gram, onder andere te koop bij de Sligro).

BEREIDINGSWIJZE

Verwijder de poten en vleugels van de sprinkhanen. Snipper de uitjes en snij de paprika in blokjes. Smelt een klontje boter in de pan en bak het geheel, samen met de sprinkhanen, ongeveer vijf minuten op hoog vuur. Voeg zout, peper en knoflook naar smaak toe en blus het gerecht af met een scheutje witte wijn. Garneren met peterselie en bieslook.

Al trek gekregen?

Nee hè?

Ik ook niet. Maar ik vond wel dat als ik kan smullen van lieve lammetjes en lekkere varkentjes, ik zeker insecten moet kunnen eten. En dus heb ik met liefde en aandacht (en tegenzin) bovenstaande recept uitgeprobeerd. Het was zeker niet vies; sprinkhanen zijn behoorlijk sappig en smaken een beetje naar notenolie. Maar mijn afkeer van de insecten was te groot. Ik vind ze smerig en griezelig. Als ik een vlieg te grazen neem met de vliegenmepper, word ik altijd een beetje misselijk. Sprinkhanen zijn mooi om naar te kijken, maar zodra ze op me springen, krijg ik de kriebels. Die associatie kon ik niet onderdrukken tijdens het eten van mijn sprinkhanenroerbakschotel. Het negatieve gevoel over insecten zit ook in onze cultuur verankerd, dat leren we al als we klein zijn. Toen ik mijn dochter van vijf jaar vertelde dat ik sprinkhanen had gegeten, keek ze me met grote ogen van verbazing aan en kon ze alleen maar uitbrengen: 'Ieuw!' Maar vertel een kind uit India dat we hier een paar keer per week koeienvlees eten en het zal op dezelfde manier reageren.

Flexitariër

Voor wie ook niet aan de insecten wil zijn er gelukkig alternatieven te over. Gerechten die net zo voedzaam zijn, maar waar geen dier aan te pas is gekomen.

Voor de website ikbenflexitarier.nl heeft stichting Natuur & Milieu inmiddels zelfs vierhonderd vleesvervangers mét recept verzameld. Sommige zijn minder smakelijk dan andere. Persoonlijk vind ik de sojabrokken van de biologische supermarkt nog steeds een straf. Hoe ik ze ook kruid, bak of braad, ik blijf het gevoel hebben op blubberige hondenbrokken te kauwen (ze ruiken naar het Royal Canin-voer dat ik vroeger voor onze honden moest klaarmaken). Maar er zijn ook vleesvervangers waarbij je het verschil met echt vlees bijna niet proeft. Zo heb ik mijn vader een keer gefopt met vleesloze kroketten van de vegetarische slager uit Den Haag (waarna hij bekende dat hij eigenlijk alleen maar kroket eet om het knapperige korstje, niet om het vlees). En ik heb mijn vriend een keer een schaal overheerlijke 'gehaktballetjes' van diezelfde slager voorgeschoteld. Als ik het niet had gezegd, had hij nooit geweten dat er geen gram dier in die balletjes zat. Diezelfde vegetarische slager verkoopt trouwens ook neptonijn waar je een niet te versmaden tonijnsalade mee kunt maken. Daar kun je echt mee scoren.

Een tijd terug vond ik op zolder een vergeelde krant uit 1958, met een reclameboodschap die het eten van vlees promootte. (*Haarlems Dagblad*, 3 maart 1958, zie p. 128)

Ten tijde van deze reclame, en dat is niet eens zo lang geleden, was elke dag vlees eten kennelijk een symbool van welvaart, zoals ook bleek uit de verhalen die mijn moeder me vertelde toen ik klein was. Maar welvaart en consumptie kunnen niet eindeloos gelijk opgaan. Er bestaat geen overwelvaart, wel overconsumptie en dat laatste is uiteindelijk bedreigend voor de welvaart. Onze vleesconsumptie is daar een voorbeeld van. 'Eet nu en dan vlees. U weet wel waarom' is een slogan die beter in onze tijd past.

Neem VLEES...
dat is een GRATIS tonicum

Natuurlijk, U eet nu-en-dan vlees. Maar hoeveel versterkende middelen en pillen koopt U bovendien? Dàt kost geld! Wees eens ècht zuinig: eet vlees, iedere dag weer. Dan bent U goedkoop uit èn vlees bevat méér onmisbare natuurlijke voedingsstoffen dan U voor Uw goede geld kunt kopen!

RECEPT

Eet morgen eens gehakt - gehakt bevat vet, elwit, vitamine B1, B2, ijzer, proteïne - voldoende voor u en uw gezin!

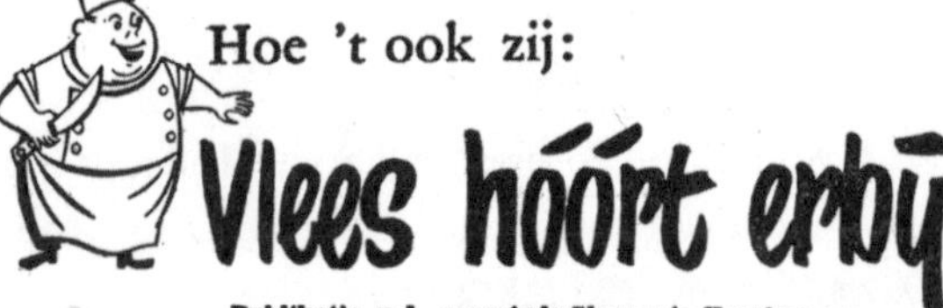

Publikatie v.d. verenigde Slagers in Haarlem e.o.

8

HET SUPERMARKTSTAPPENPLAN

Ik heb een haat-liefdeverhouding met de supermarkt. Liefde omdat de supermarkt me doet me denken aan vroeger, toen ik op zaterdagochtend met mijn moeder mee mocht om de spullen van haar lijstje in het karretje te leggen en we samen keuvelden (en ik een plakje worst kreeg). En liefde omdat ik houd van hamsteren. En als er iets is wat je goed kunt in een supermarkt, dan is het wel hamsteren. Er is altijd wel een nieuw product dat handig is om in huis te halen of spannend om uit te proberen. Koekjes met een extra laagje chocolade (en drie voor de prijs van twee), kindertoetjes met gekleurde bolletjes in het deksel, verse exotische smoothies en allemaal 'nuttige' schoonmaakmiddelen die doen denken aan lentezonnetjes, dennenbossen en zonnige strandvakanties. Asperges en aardbeien in de winter, kaarsrecht naast elkaar verpakte boontjes in de lente, eetrijpe avocado's wanneer je er maar trek in hebt, voordeelverpakkingen vlees en verse pasta's in alle soorten en maten. Ze zijn er nog net niet mee bestickerd, maar ze schreeuwen het uit: 'Koop mij, koop mij!' En nu supermarkten steeds meer op miniwarenhuizen beginnen te lijken (en andersom: Hema is al begonnen met de verkoop van groenten, fruit en kant-en-klaarmaaltijden), is het helemaal een feest. Aantrekkelijke aanbiedingen van kinderkleertjes, handig keukengerei, fleurige picknickglazen met bijpassende tafelkleden, snoezige eierdopjes, films, boeken, make-up, muziek, het kan niet op.

Maar ik kan de supermarkt ook vervloeken om misleidende marketing, snoep bij de kassa (waardoor ik altijd in gevecht raak met de kinderen die dat natuurlijk willen hebben), lange rijen uitgebluste mensen en asociale klanten die hun karretje als stormram gebruiken.

Tot een paar jaar geleden liet ik me vooral met plezier meevoeren op de stroom van de immer volle schappen en bakken met aanbiedingen. Maar erg milieuvriendelijk is dat niet. Als ik met respect voor het klimaat wilde leven, moest ik ook mijn supermarktroutines onder de loep nemen.

Maar verantwoord boodschappen doen is als nuchter blijven in een tuin der lusten. Ga je voor de verantwoorde maar peperdure ecologische waspoeders, of voor de voordeelverpakkingen huiswasmiddel voor een prikkie? Kies je de kilo's appels voor één euro of de biologische zak die het driedubbele kost? Spotgoedkope kippenpootjes of onbetaalbare biokip? Biologische snoepjes voor vijf euro of een voordeelzak ('Zonder toegevoegde geur- en smaakstoffen', mét Ik Kies Bewust-logo) voor één euro?

Weet je al die verleidingen te weerstaan, dan zijn er nog de vele milieudilemma's waar je mee te maken krijgt. Want wat is nou beter: Onverpakte groenten (kort houdbaar) of groenten in plastic (extra afval, maar wel langer houdbaar)? Biologische koffie of Fairtrade-koffie? Sojamelk zonder Eko-keurmerk of biologische melk met Eko-keurmerk? Sap in een pak of sap in een fles?

Om dit soort winkelverwarring wat draaglijker te maken, zijn er verschillende hulpmiddelen in omloop. Zo zijn er de Vleeswijzer en de Viswijzer (zie hoofdstuk 6 en 7) en is er een groente- en fruitkalender van Milieu Centraal waarop je kunt zien welk fruit in welk seizoen uit Nederland komt. Maar dat zijn lange lijsten informatie die je onmogelijk kunt onthouden. Bovendien roepen die wijzers vaak weer nieuwe vragen op. Boontjes uit Kenia zijn slecht voor het klimaat, maar goed voor de lokale economie in Kenia. En volgens de groente- en fruitkalender zijn tomaten uit Spanje beter dan die uit de Nederlandse kas. Die kassen verbruiken namelijk veel meer energie dan nodig is om dezelfde groenten uit Spanje te halen. Maar daar is het Productschap Tuinbouw het helemaal niet mee eens: de moderne Nederlandse kassen worden namelijk steeds klimaatvriendelijker. Volgens het Productschap is de Nederlandse kastomaat uit de moderne kas juist milieuvriendelijker. Dat klinkt aannemelijk, maar ja, dat klonk de eerste theorie ook. Wat is nou waar?

De keurmerken en de logo's (hoofdstuk 3) bieden ook niet altijd uitkomst. Ten eerste omdat lang niet alle producten een keurmerk hebben, maar ook omdat ze – als ze wel een keurmerk hebben – vaak duurder zijn, soms zelfs twee keer zo duur.

Desondanks stijgt de verkoop van duurzame producten. In 2010 zelfs met ruim negenentwintig procent volgens de Monitor Duurzaam Voedsel van het ministerie van Economische Zaken. Dat is een behoorlijke vooruitgang dus, we kopen meer bewuste en biologische producten! Iets minder rooskleurig is het aandeel van duurzame boodschappen in het geheel: duurzame levensmiddelen zijn goed voor drieënhalf procent van de totale omzet in levensmiddelen. Het is dus maar een heel klein clubje mensen dat echt verantwoord boodschappen doet.

Dat heeft niet alleen met prijs te maken, maar ook met gewenning. Van alle aankopen die we doen, wordt het overgrote deel bepaald door gewoonte. Je kunt dus wel vinden dat duurzame boodschappen belangrijk zijn, maar je winkelgewoonten doorbreken is een tweede. En als je zoals ik van het ene op het andere moment besluit je boodschappen langs de groene meetlat te leggen, zul je een plan moeten trekken. Anders is het ongeveer hetzelfde als enthousiast beginnen aan een puzzel van duizenden stukjes terwijl je nog nooit hebt gepuzzeld. Dan kun je er donder op zeggen dat je na een uur de handdoek in de ring gooit.

Om te voorkomen dat ik gedemotiveerd zou raken, maakte ik een supermarktstappenplan dat bestond uit drie eenvoudige vragen:

- Wat heb ik werkelijk nodig?
- Kan het met minder afval en verpakking?
- Kan het milieuvriendelijk voor hetzelfde geld?

Vraag 1: Wat heb ik werkelijk nodig?

Ik ben altijd een ster geweest in het kopen van spullen die ik vervolgens niet gebruik of na een week weer weggooi. Tijdens feestdagen laat ik me steevast verleiden door themaservetjes en -tafelkleden die ik allang ergens heb liggen en vaak gooi ik, aangespoord door aanbiedingen en een knorrende maag, veel te veel eten in mijn mandje, waardoor ik aan het einde van de week slijmerige courgettes uit de koelkast moet schrapen en met dichtgeknepen neus beschimmelde kliekjes in de kliko moet gooien.

Ik ben daarin geen uitzondering. Volgens berekeningen van het Voedingscentrum gooien we per persoon veertig kilo voedsel per jaar weg. Om daar een einde aan te maken, heb ik de hulp ingeschakeld van Culios, een receptensite die je helpt je eigen afvalberg te verminderen. Op de site kun je per maaltijd uitrekenen hoeveel je in huis moet halen om precies op maat te koken. Vanwege de samenstelling van mijn gezin op basis van leeftijd en geslacht (vader, moeder, twee kleine kinderen), blijk ik volgens Culios maar voor 2,6 mensen te hoeven koken in plaats van de ruim vier die ik zelf altijd kies. Die gezinssamenstelling is nu opgeslagen in mijn online profiel en zodra ik een recept heb uitgekozen, rekent Culios uit hoeveel gram van de ingrediënten ik nodig heb. Met die ingrediënten stelt Culios automatisch een boodschappenlijst samen waaraan ik de rest van de boodschappen zelf kan toevoegen. Er is zelfs een Culios app voor de iPad die die boodschappenlijst automatisch synchroniseert met de mobiele telefoon zodat je je lijstje niet meer hoeft te printen.

Uitrekenen wat ik precies nodig heb is wel een omslag voor een hamsteraar als ik. Ik moet opeens nadenken over wat we de rest van de week gaan eten en dat kost veel meer moeite dan intuïtief (lees: impulsief) door de supermarkt walsen. Het viel me op dat ik met mijn Culios-lijstje in de supermarkt veel sneller klaar was met winkelen. In het begin vroeg ik me na een kwartier al af of ik wel een goed boodschappenlijstje had gemaakt. Maar uiteindelijk bleek dat je met een goed uitgekiende lijst veel sneller bent uitgehamsterd. Je slaat gewoon alle overbodige boodschappen over. Het werkt als een trein: dankzij Culios gooi ik zeker de helft minder eten weg. En ik ontdek nog nieuwe gerechten ook. De recepten op de site zijn vaak op het seizoen afgestemd, zodat je asperges kunt eten als ze hier uit de grond komen en niet wanneer ze per boot uit Peru zijn geïmporteerd, en zodat je de boontjes uit Kenia kunt laten liggen, om pas weer iets met sperziebonen klaar te maken als ze hier van de koude grond komen. Wat je dan eet in bijvoorbeeld januari en februari? Veel boerenkool, rode kool, winterpostelein, pompoen, pastinaken en schorseneren. Die laatste twee had ik nog nooit klaargemaakt, maar ze zijn veel lekkerder dan ik dacht. Schorseneren worden niet voor niets winterasperges genoemd: de smaak lijkt een beetje op die van de witte asperge. En van de pastinaak, een soort witte wortel, maak je heel lekkere stamppot. Bovendien kun je ze goed tussen de aardappelen 'verstoppen', waardoor zelfs kinderen die nooit groente willen nog aan hun dagelijkse vitaminebehoefte komen.

Het is overigens niet allemaal koek en ei met die seizoensgroenten van eigen bodem. Op een gegeven moment kon ik geen knolselderij en aardpeer meer zien. Maar daar staat weer tegenover dat je opeens veel bewuster gaat uitkijken naar het aspergeseizoen.

Vraag 2: Kan het met minder afval en verpakking?

Dankzij Culios heb ik één verpakkingsdilemma al opgelost: ik hoef geen groenten in plastic meer te kopen. Ze hoeven immers niet langer houdbaar te zijn, omdat ik precies weet wanneer ik ze nodig heb. Bovendien haal ik iedere week een tas verse groenten bij een boer die ze zelf verbouwt. Het enige afval dat ik daarmee produceer, is de laag aarde die ik eraf moet wassen en de papieren zak waar ze in klaar staan. En de enige *foodmiles* die die groenten afleggen, is de fietstocht naar mijn huis.

Wat de overige boodschappen betreft valt er enorm op verpakkingsmateriaal te besparen door jezelf af te vragen of er een alternatief mogelijk is. Wat simpele voorbeelden: aangemoedigd door mijn gemakzucht kocht ik regelmatig 'knijpfruithapjes' voor de kinderen. Zij vinden het leuk en je kunt ze gewoon in je tas gooien zonder dat het een kliederboel wordt. Maar het is een drama voor de afvalberg. Die fruithapjes – uiteindelijk is het niets meer dan een flinke klodder appelmoes – zitten in een soort aluminiumzakjes met plastic dopjes en die zitten weer in doosjes. Die komen er bij ons dus niet meer in. Gevolg is wel dat ik nu zelf appels moet schillen, maar het is belachelijk dat ik daar de tijd niet meer voor nam. Ik kon vroeger gebiologeerd naar mijn moeder kijken als ze zorgvuldig probeerde de hele schil van een appel in één stuk te halen om hem vervolgens over haar schouder te gooien en met een knipoog te zeggen: 'Let op de vorm van de letter waar de schil in valt. Dat wordt de eerste letter van de naam van je toekomstige man.' Het is een van de meest liefdevolle kleine herinneringen die ik aan mijn moeder en mijn jeugd heb. Als ik niet was gaan nadenken over die overdreven verpakte fruithapjes, had ik die herinnering nooit aan mijn kinderen kunnen doorgeven. Mijn dochter van vijf kan nog niet schrijven, maar ze is al druk bezig haar appelschilgooitechniek te oefenen voor later.

Thee in zakjes, verpakt in zakjes die weer in pakjes zitten omhuld met plastic en koekjes in zakjes, verpakt in doosjes, mijd ik inmiddels ook. Ik heb weer een koektrommel, daar blijven ze weken goed in. Kleine toetjes of Danoontjes zijn een ware beproeving, het zijn extreem overdreven verpakte zoethouders (waar kinderen geen enkele weerstand aan kunnen bieden). Een literpak vla of yoghurt is net zo lekker. Ook kleine drinkpakjes koop ik niet meer. Er staat een fles diksap in de kast en de kinderen hebben allebei hun eigen beker met draaidop. Er zijn wel momenten waarop ik mezelf een ouderwetse zeur vind met mijn broodtrommels en meeneembekers, maar als ik dan zie wat anderen wegkieperen aan plastic rietjes, kartonnen sappakjes en kleine chipszakjes, voel ik me ineens stukken beter. Er zijn trouwens heel hippe drinkbekers en broodtrommels tegenwoordig, gemaakt van duurzaam materiaal dat generaties meekan. En die oranje broodtrommel van mijn oudtante is weer helemaal retro.

Waar het op neerkomt is dat ik me iedere keer afvraag of de verpakking echt nodig is. Het is wel een gedragsverandering, je hebt het niet meteen onder de knie, maar op een gegeven moment merk je dat je er steeds minder bij stilstaat en het steeds meer een gewoonte wordt.

Net als dat het een gewoonte is geworden dat ik vrijwel niet meer om een plastic tas vraag. Er zit altijd een kleine boodschappentas in mijn fietstas of kofferbak en als ik naar de supermarkt ga, neem ik mijn eigen tassen mee. Ik kom nog steeds weleens thuis met nieuwe plastic tassen, als ik kleren heb gekocht bijvoorbeeld, maar die breng ik dan naar de tassenbol in de biologische supermarkt.

Vraag 3: Kan het milieuvriendelijk voor hetzelfde geld?

Duurzame boodschappen zijn duurder. In zekere zin is dat terecht. Ze zijn immers met meer tijd, zorg en aandacht geproduceerd. Maar daar heeft mijn portemonnee geen boodschap aan en die van anderen ook niet. Iedereen met wie ik erover sprak, kwam met hetzelfde argument: 'Ik wil best, hoor, maar het is gewoon te duur.'

Om erachter te komen in hoeverre die aanname nou klopt, heb ik een experiment gedaan. Drie maanden lang heb ik geprobeerd iedere week voor honderd euro álle boodschappen helemaal duurzaam te doen. Dat wil zeggen: eten en drinken voor het hele gezin, luiers voor de kleinste, schoonmaakmiddelen en wc-papier en dagelijkse verzorgingsproducten zoals tandpasta, shampoo en deodorant.

Laat ik er geen doekjes om winden: het was een hels karwei. Ten eerste omdat lang niet alles in de supermarkt duurzaam verkrijgbaar is. Voor sommige producten moest ik naar de natuurwinkel aan de andere kant van de stad en voor mijn groente moest ik naar de boer in een ander dorp. Wat ooit zo makkelijk was – auto in de parkeergarage van de supermarkt zetten en inladen maar – was nu een tijdrovende speurtocht geworden.

Die speurtocht wordt trouwens wel steeds eenvoudiger. Er is altijd wel een boer in de omgeving en in grote steden zijn steeds meer natuurwinkels waar je ook een groentetas kunt halen. De boerenmarkten met streek- en biologische producten schieten als paddenstoelen uit de grond en ook in de gangbare supermarkten liggen steeds vaker lokaal geteelde groenten en fruit. Kijk maar naar Willem & Drees, een waanzinnig initiatief van twee oud-medewerkers van Unilever die uitgekeken waren op hun werk in de grote industrie en vonden dat er meer lokale producten in de supermarktschappen moesten komen. Willem Treep en Drees Peter van den Bosch verbaasden zich over het feit dat er in hun supermarkt wel Braeburn-appels uit Nieuw-Zeeland lagen, maar geen appels van de boer die op nog geen kilometer van die supermarkt zelf appels teelde. Inmiddels leveren Willem & Drees hun streekproducten aan steeds meer winkels. Onder andere aan Jumbo, de supermarkt die volgens de Eko-tellingen van 2010 (de jaarlijkse telling van biologische en Fairtrade-producten in de supermarkt) in de top drie stond van supermarkten met het beste biologische aanbod.

Regels van het experiment

Het doel was duidelijk: duurzame boodschappen voor honderd euro per week voor het hele gezin. Ik zou alleen maar biologisch, Fairtrade, regionaal en zo min mogelijk verpakte producten kopen en als ik die in de gewone supermarkt niet kon vinden, ging ik naar de biologische supermarkt. Het vlees haalde ik bij de biologische slager en de groentetas bij de boer. De voorraad groenten van de boer vulde ik aan met biologische groenten van de supermarkt. Iedere week maakte ik een lijst voor zeven dagen voor het hele gezin. Soms hield ik aan het einde van de week wat eten over, soms moest ik halverwege wat bijkopen, maar over het algemeen kon ik redelijk inschatten wat er in huis moest komen.

Het experiment was op zijn zachtst gezegd slopend en de conclusie niet opbeurend: wat ik ook probeerde, duurzame boodschappen voor honderd euro per week voor een heel gezin bleek een onmogelijke opgave. Ik kwam steevast tussen de 120 en 140 euro uit. Ik heb het wel een keer voor elkaar gekregen om rond de honderd euro uit te geven, maar die week is mij niet in dank afgenomen. We aten bijna elke dag hetzelfde, de kinderen kregen geen snoepjes tussendoor, wij dronken geen wijn en als mijn vriend bij de lunch aan zijn vierde boterham begon, ging ik bijna hyperventileren.

VOORBEELD VAN EEN GEMIDDELDE WEEK

Bij de boer

Groentetas	8,–

Bij de Etos

Luiers Nature care	8,49
Billendoekjes Nature care	2,99
Parodontax tandpasta	3,99
TOTAAL	15,47

Bij de Jumbo

Willem & Drees aardappelen	2,29
Willem & Drees appels	3,19
Bio+ grapefruits	2,99

2 Bio⁺ citroenen	2,49
Biologische broccoli	2,39
Bio⁺ trostomaten	2,69
Vegetarische hamburgers	2,09
Vegetarische hamburgers	2,09
Quorn	2,49
Actie vleesvervangers	-1,05
Page toiletpapier groen	2,85
4 x biologische wijn à 4,79	19,16
Biologische eieren	1,79
Alpro sojadrank bosvruchten	1,29
Alpro sojadrank bosvruchten	1,29
4 x Arla biologische melk à 0,83	3,32
Arla biologische yoghurt	0,89
Ontbijtkoek	1,39
2 x stevig volkorenbrood	2,98
Biologisch beschuit	0,89
Bio⁺ fruitsap rood	1,79
Bio⁺ fruitsap appelsap	1,35
Bio⁺ fruitsap appelsap	1,35
Bio⁺ thee	0,99
Fairtrade koffie	2,75
Fairtrade koffie	2,75
Bio⁺ pindakaas	2,19
Bio⁺ Fairtrade rijst	1,49
--	
TOTAAL	72,17

Bij de Goodyfood (natuurwinkel)

Emmentaler smeerkaas	2,79
Aardappelchips	1,59
Bio koekiemonsterkoekjes	1,99
Droplolly's	1,75
Vegetarische paté	2,25
Volkorenbrood	2,25
Volkorenbrood	2,25

Ecover afwasmiddel	2,15
Nasikruiden	1,69
Biologische sinaasappels	2,98
Kaas	4,25
TOTAAL	25,94

Bij de biologische slager

Spekblokjes	4,36
Gehakt	3,64
TOTAAL	8,–
TOTAAL	129,58

Het was een frustrerend, maar uiterst leerzaam experiment. Zo ontdekte ik dat er genoeg biologische producten zijn die in prijs helemaal niet zoveel verschillen van de gangbare producten. Melk en yoghurt zijn nauwelijks duurder. Rijst en koffie vallen ook best mee. De natuurvriendelijke luiers die ik kocht, bleken ongeveer even prijzig als Pampers (huismerkluiers waren omgerekend wel goedkoper, zeker twee euro), en ook afwasmiddel was niet zo heel veel duurder.

Verzorgingsproducten zijn wel prijziger. Zo kocht ik aan het begin van het experiment een deodorant van 7,95 bij de biologische winkel. Een stick gemaakt van bergkristallen, zonder vervuilende en schadelijke stoffen. Bij de drogist had ik voor dat geld met gemak drie rollers kunnen kopen. Bovendien was het zeer de vraag of die milieuvriendelijke bergkristallen wel waren opgewassen tegen mijn zweet. Ik kreeg zorgwekkende visioenen van mezelf met lang, krullend okselhaar dat ruikt, als een was die een week in een dichte wasmachine heeft gezeten. Maar niets bleek minder waar. Ik heb de deo uitvoerig getest: in de sportschool, in dure restaurants, bij mijn vriend en op belangrijke werkbesprekingen. Nergens rook ik zweet of vleugjes zweet die probeerden door de deodorant heen te kruipen. Een halfjaar na mijn boodschappenexperiment had ik nog steeds geen nieuwe deodorant nodig. Die gekke bergkristallen gaan namelijk een jaar mee.

De grootste kostenposten bleken vaatwasmachinetabletten en wasmiddelen. Ik heb mijn ecologische wasmiddel vergeleken met dat van Ariel en daar zat bijna vijf euro verschil tussen. Als ik mijn ecologische wasmiddel vergeleek met het huismerk, zakte de moed me helemaal in de schoenen: dat is meer dan tien euro goedkoper voor dezelfde hoeveelheid poeder! Ik ben er trouwens nog steeds niet over uit wat me meer verbaast aan dat prijsverschil: de belachelijk lage prijs die de supermarkt voor zo'n huismerk kan vragen, of de belachelijk hoge prijs die de eco-producent vraagt.

Waspoeder Ecover 2656 gram = 15,79
Waspoeder Ariel 2656 gram = 10,99
AH thuismerk 2700 gram = 5,29

Biologisch vlees is ook prijzig. Albert Heijn vraagt voor gewone spekblokjes (250 gram) 1,99 en voor biologische spekbokjes (200 gram, let op: minder dus!) 3,18. De spekblokjes van mijn biologische slager zijn nog duurder: 4,50 voor 250 gram. Voor vis geldt hetzelfde als voor vlees. Een stukje MSC-zalm in de supermarkt kost ongeveer vijf euro. Met zijn vieren eten we drie stukken, dus iedere keer als we tijdens het honderd-euro-experiment vis aten, waren we zo'n vijftien procent van ons wekelijkse budget kwijt.

Biologisch brood, als het vers is, bezorgde me bijna een hartverzakking. In de supermarkt is het slecht verkrijgbaar, maar bij de biologische supermarkt is het volop aanwezig. Alleen wel voor prijzen waar je mond van openvalt. Het goedkoopste brood van de biologische supermarkt was bijna een euro duurder dan een Allison volkoren (2,25 ten opzichte van 1,49). En dat was dan het goedkoopste – er liggen daar ook broden van ruim vier euro! Als je dan vier broden per week eet, zit je zo aan twintig procent van het wekelijkse budget. Het enige voordeel van die biologische broden is dat je sneller verzadigd bent. Ze zijn veel voedzamer dus uiteindelijk eet je er minder van. Maar zelfs dan zijn ze nog peperduur.

Teleurgesteld rondde ik mijn experiment af. Daar ging mijn allersterkste argument vóór het redden van de wereld. Maar toen bedacht ik opeens: wat geeft een gemiddeld gezin in Nederland eigenlijk uit aan boodschappen? Ik had dan wel honderd euro als uitgangspunt gekozen, maar wat was het landelijke gemiddelde?

Volgens het Nibud geeft een gezin met twee kinderen en een gezamenlijk maandinkomen van ongeveer 4000 euro (mijn gezinssituatie) per maand 568 euro uit aan voeding en drinken en 208 euro aan overige huishoudelijke zaken (zoals schoonmaakmiddelen, wasmiddelen, luiers et cetera). Dat is omgerekend dus ongeveer 194 euro per week.

194 euro...

Hon-derd-vier-en-ne-ge-gen-tig euro!

Dat is meer dan vijftig euro meer dan ik in de duurste weken van mijn experiment uitgaf!

Naarmate het inkomen stijgt, worden de gemiddelde uitgaven per week hoger, en andersom: een gezin als het mijne met een gezamenlijk maandinkomen van ongeveer 3500 euro besteedt ongeveer 178 euro per week aan voeding, drank en overige huishoudelijke boodschappen (536 en 176 per maand). Dat is nog steeds 38 euro meer dan ik in de duurste weken uitgaf. Zelfs een gezin met een besteedbaar inkomen van 2500 euro geeft per week nog meer uit dan ik in de duurste weken van het experiment deed.

Ik zat met mijn milieuvriendelijke boodschappen dus ver onder het gemiddelde. Het experiment dat in mijn ogen zo jammerlijk mislukt was, was juist een groot succes!

Ik heb me kort afgevraagd hoe het mogelijk is dat ik uiteindelijk zo makkelijk voor hetzelfde geld mijn boodschappen kon vergroenen. Het antwoord was eenvoudig en confronterend: zodra je echt gaat nadenken over wat je nodig hebt, geef je veel minder geld uit. Als je altijd op impuls door de supermarkt gaat, word je ongemerkt verleid tot allerlei ongeplande aankopen of extraatjes die niet eens gezond zijn. Het is dus geen geldkwestie, het is een gewoontekwestie. Het doorbreken van je routines is het grootste werk. Biologische boodschappen zijn wel duurder, maar als je bewuster gaat inkopen, merk je dat nauwelijks.

Laatst was ik op bezoek bij een oudere dame die samen met haar man al jaren in de bossen woont. Mijn experiment kwam ter sprake. Ze glimlachte wijselijk en zei: 'Het werd vroeger al gezegd: het boodschappenlijstje is de dood voor de supermarkt.'

Wil dit nu zeggen dat ik iedere week, met een eco-aureool boven mijn hoofd en een gelukzalige glimlach op mijn gezicht, voor 120 euro biologische en milieuvriendelijke boodschappen doe?

Nee. Als ik moe ben van een drukke week of geen tijd of puf heb om naar drie verschillende winkels te fietsen, koop ik nog steeds weleens gewone kindersmeerkaas, niet-biologische chilikruiden of chips zonder keurmerk. Maar het overgrote deel van mijn boodschappen doe ik dankzij dit experiment automatisch milieubewust en biologisch. Het doet nog wel pijn als ik iemand een pak van zestig vaatwasmachinetabletten voor 4,79 in zijn mandje zie leggen terwijl ik zes euro moet betalen voor 26 stuks. Maar als ik dan 's avonds de vaatwasser aanzet met mijn ecopillen, ben ik trots op mezelf. Dan heb ik hetzelfde gevoel dat je hebt als je een paar weken bewust heel gezond leeft. Dan voel je je frisser, beter en sterker dan wanneer je een week lang junkfood naar binnen werkt, onregelmatig eet, veel snoept tussendoor en weinig water drinkt. Als je eenmaal duurzame boodschappen doet, heeft het dus alleen maar voordelen: je bent hetzelfde (soms dus zelfs minder) kwijt voor betere kwaliteit (en betere smaak), het is beter voor het milieu en je doet je ego er ook nog eens een groot plezier mee.

9

GROENE COSMETICA, EEN ILLUSIE IN EEN POTJE

Vraag aan een klein meisje wat ze later wil worden en er is een flinke kans dat zal ze zeggen: prinses. Ik was zo'n meisje. Roze jurken, kroontjes, glimmende hakjes, armbanden en oorbellen, tasjes en make-up, ik had het allemaal. Vooral wat make-up betrof had ik geen betere jeugd kunnen hebben: mijn moeder is namelijk schoonheidsspecialiste. Als klein kind liep ik al verlekkerd door haar salon. En vanaf dat ik een jaar of tien was, mocht ik haar zelfs helpen. Dan schuifelde ik heel gewichtig met twee natte wattenschijfjes op mijn handen naar dé stoel, waar ik ze vervolgens op de ogen van de klant mocht leggen voor bij het masker.

Tegen de tijd dat mijn eerste jeugdpuistjes de kop opstaken, belandde ik natuurlijk zelf in die stoel voor een behandeling met een van haar wonderproducten. Maar het mooiste was misschien nog wel dat ik dankzij mijn moeder op mijn dertiende al een grotere make-upcollectie had dan menig volwassen vrouw.

Wat de milieubelasting van die producten was en wat er in die producten zat, vroeg ik me toen nog niet af. Dat kwam pas toen ik besloot het groene gehalte van huidverzorging te bestuderen. Duurzamer leven gaat namelijk niet alleen over minder vlees eten en zo veel mogelijk biologisch of van dichtbij kopen;

het gaat ook over je verzorgingsproducten en over hoe die geproduceerd en verpakt zijn. Als ik mijn groenten bij de boer haal omdat ze dan van dichtbij komen en niet bespoten zijn, wil ik ook weten wat ik op mijn gezicht smeer.

Hoe meer je je verdiept in wat groen is, hoe meer je tegenkomt wat niet groen is. En dat geldt niet in de laatste plaats voor cosmetica. Zo eenvoudig als het uiteindelijk was om een goede leverancier van eerlijke onbespoten groenten te vinden, zo moeilijk bleek de zoektocht naar duurzame cosmetica.

Alleen al de verpakkingen van al die smeersels zijn een drama: potjes, tubes, flesjes, flacons en pompjes. Glas, plastic, aluminium, karton. Allemaal gesealed in nog meer plastic. En daarna verpakt in een 'handig' meeneemdoosje met extra proefmonsters en miniaturen voor in de handtas (waarvan je je twee jaar later afvraagt of ze nog wel goed zijn).

Ook de ingrediënten leveren vragen op. Je zou denken dat al die producten geen kwaad kunnen – we smeren ons er immers massaal mee in en op de verpakkingen staat in de mooiste bewoordingen dat we er frisser, jonger, schoner en strakker van worden. En dat dat door dermatologen is getest. En dat het allemaal helemaal puur natuur is. Maar helaas zitten in veel van die producten ingrediënten die niet of nauwelijks biologisch afbreekbaar zijn en die helemaal niet zo fris zijn.

Over sommige stoffen bestaat geen twijfel. Petrochemische stoffen (bijvoorbeeld minerale oliën als paraffine en vaseline) zijn afkomstig uit de olie-industrie. En de formaldehyde in nagellak is puur vergif: slecht voor ons en schadelijk voor het milieu. Dat geldt ook voor ftalaten, de schadelijke weekmakers die zo ter discussie hebben gestaan omdat ze in kinderspeelgoed zitten. Sommige ftalaten zijn kankerverwekkend en bovendien niet biologisch afbreekbaar. Synthetische muskverbindingen (die zitten onder andere in parfums, zeep en handcrèmes) zijn niet alleen milieuvervuilend, ze kunnen ook de vruchtbaarheid aantasten.

Haarverf is ook niet bepaald groen. Daar zitten allemaal chemische en synthetische stoffen in die we door de afvoer spoelen zonder erbij na te denken. Koolteer (teer uit steenkolen) bijvoorbeeld. Dat is dat spul dat als coating op boten werd gesmeerd. Werd, inderdaad, want het gebruik van koolteer is inmiddels in Nederland verboden. Koolteer werd ook veel gebruikt als middel tegen psoriasis, maar ook dat gebeurt vrijwel nooit meer. Bij de apotheek kun je het niet eens meer krijgen omdat er kankerverwekkende stoffen in zitten. Maar in haarverf zit het dus nog wel.

Inmiddels staan ook nanodeeltjes ter discussie. Een nanodeeltje is een extreem klein deeltje zo groot – of liever gezegd klein – als een miljoenste van een centimeter; een nanometer. Nanodeeltjes zitten verwerkt in make-up, maar ook in zonnebrandcrèmes en andere verzorgingsproducten. Over het effect van die minuscule deeltjes is nog maar weinig bekend. Er zijn wetenschappers die zeggen dat ze door de huid kunnen dringen en daarmee schadelijk zouden kunnen zijn voor onze gezondheid, maar er wordt ook beweerd dat ze geen kwaad kunnen. Onder andere door de cosmetica-industrie zelf. Zo liet L'Oréal de nanodeeltjes in zijn zonnebrandcrèmes onderzoeken en kwam tot de conclusie dat er niets aan de hand was. Maar ja, het is wel L'Oréal die dat beweert. Zij willen die deeltjes natuurlijk blijven gebruiken omdat ze hun crèmes zo lekker smeerbaar maken. Maar uiteindelijk kunnen ze helemaal niet met zekerheid zeggen dat de deeltjes onschadelijk zijn, simpelweg omdat het effect op de langere termijn nog niet bekend is. We gebruiken ze namelijk nog maar sinds ongeveer halverwege de jaren tachtig. Als je bedenkt dat nanodeeltjes net zo klein zijn als asbest en dat sommige ervan eigenschappen vertonen die vergelijkbaar zijn met die van asbest, zouden we er dan niet veel voorzichtiger mee moeten omspringen? Van asbest weten we immers, door schade en schande wijzer geworden, dat het zéér schadelijk is.

Proefkonijnen

We zijn allemaal massaal tegen dierproeven met cosmetica, maar ondertussen zijn we zelf onderdeel van één grote dierproef, een chemisch experiment met onszelf en het milieu als proefkonijn. Dat kan toch niet? Over het algemeen gaat het met schadelijke stoffen als volgt: pas als bewezen is of er een zeer sterk vermoeden bestaat dat bepaalde ingrediënten echt gevaarlijk zijn, worden ze verboden en van de lijst geschrapt. Maar dat kan jaren duren, want voor- en tegenstanders van vervuilende of schadelijke stoffen in cosmetica spelen een ingewikkeld kat-en-muisspel. Is er een onderzoek waaruit blijkt dat een stof gevaarlijk zou kunnen zijn? Dan is de cosmetica-industrie de eerste die daarop reageert met een tegenbewering of eigen onderzoek waaruit blijkt dat er niets aan de hand is. En zolang niet helemaal duidelijk is wie er gelijk heeft, mag de stof gebruikt blijven worden.

Het lijkt mij verstandiger die redenering om te draaien. Eigenlijk zouden we alleen maar stoffen in verzorgingsproducten moeten stoppen waarvan we zeker weten dat ze geen of in elk geval zo min mogelijk vervuilende of schadelijke eigenschappen bezitten. Nu is het wel zo dat je van een verzorgingsproduct de ingrediëntenlijst kunt nalopen, maar zolang de werking en mogelijke schadelijkheid van die ingrediënten onduidelijk is, ben je niets wijzer. Bovendien staat het gebruik van nanodeeltjes vaak niet vermeld op verpakkingen, bleek uit onderzoek van Wageningen Universiteit in opdracht van Natuur & Milieu.

De zorg over schadelijke stoffen in cosmetica slaat bij steeds meer mensen toe. Vaak zijn dat moeders met kleine kinderen, bewuste en bezorgde vrouwen die zich opeens realiseren dat ze hun kroost met misschien wel heel onbetrouwbare stoffen insmeren. De grootste tegenbeweging komt uit de Verenigde Staten, waar de wetgeving minder streng is dan in Europa. Daar schrijven betrokken moeders boeken en blogs vol over de schandelijke praktijken in de cosmetica-industrie en vergelijken ze de cosmeticahuizen zelfs met de tabaksindustrie. Daar komen ook sites vandaan als Skindeep (ewg.org/skindeep), die vol staat met lange lijsten schadelijke stoffen, en Goodguide.com, waarop een steeds verder groeiende database met groene (en rode) producten staat. In de VS woont ook de beroemde en door cosmeticahuizen gevreesde *cosmetics cop* Paula Begoun, die tientallen boeken schreef over misleidende claims en foute ingrediënten van cosmetica. Gevolg van al die publicaties is dat steeds meer mensen op zoek gaan naar natuurlijke en biologische producten. En dat is de marketingmensen van de grote cosmeticahuizen natuurlijk niet ontgaan. Er komen steeds meer potjes op de markt die 'puur natuur' zijn, 'helemaal natuurlijk', 'bio' en 'organic', vol extracten van allerlei groene planten en met 'nul procent' synthetische stoffen. Maar zijn die producten wel echt zo puur?

Green(face)washing

Zelfs de grote, populaire merken kiezen inmiddels voor groen en duurzaam. Nivea bijvoorbeeld. Daar is sinds eind 2010 zelfs een Pure & Natural lijn van. De plastic verpakkingen van die lijn bevatten bijvoorbeeld geen PVC meer en de kartonnen doosjes waarin de crèmes zitten zijn gemaakt van gerecycled papier. In de achtergrondinformatie over het product en op de site van Nivea staat dat Pure & Natural bestaat uit vijfennegentig procent biologische ingrediënten, waaronder biologische arganolie en biologische aloë vera-olie. Op de verpakking staat hetzelfde percentage natuurlijke ingrediënten genoemd. Op het doosje staat ook een omcirkeld groen blaadje dat doet denken aan een keurmerk als het Ecolabel (een cirkel van sterren met twee blaadjes). Maar dat is het niet. (Hé, is dat niet zonde nummer vier uit de zeven zonden van greenwashing? Zie hoofdstuk 3.) Het product lijkt dus een biologisch keurmerk te hebben, maar dat is niet zo. De kans is zelfs groot dat er maar een paar druppels biologische olie in dat hele potje zitten. Hoeveel weten we niet, want dat zet Nivea niet op de verpakking. Ik heb het wel gevraagd aan Beiersdorf, de fabrikant van Nivea, maar kreeg als antwoord dat het beleid is van Beiersdorf de percentages in hun producten niet vrij te geven. Dat is op zijn zachtst gezegd eigenaardig, want die vijfennegentig procent waarmee ze steeds adverteren is ook een percentage. Maar het is wel op een andere manier enigszins te achterhalen. Aan de ingrediëntenlijst af te lezen, is het biologische percentage in elk geval laag. Van het eerste bestanddeel op de ingrediëntenlijst zit altijd het meeste in het product verwerkt, van het laatste het minste. De biologische oliën staan ongeveer halverwege.

Waarschijnlijk gaat het dus om een heel klein deel. Boven aan de lijst staat trouwens water, wat bij Nivea onder de natuurlijk ingrediënten valt. In de meeste algemene crèmes zit ongeveer zeventig procent water. Je hoeft dus geen rekenwonder te zijn om hieruit te concluderen dat de Pure & Natural producten een stuk minder puur en natuurlijk zijn dan Nivea ons wil doen geloven.

Er zijn wel wat slechte stoffen uit gehaald, maar daarvoor in de plaats zitten er nog steeds chemische bestanddelen in, waaronder een conserveringsmiddel dat ook ter discussie heeft gestaan.

En hoewel het goed nieuws is dat er in de Pure & Natural-producten geen parabenen, siliconen, kleurstoffen en minerale oliën meer zitten, valt het wel tegen dat die in veel andere Nivea-producten nog wel verwerkt worden.

Beiersdorf liet weten dat ze geen keurmerk wil voor haar Pure & Natural-lijn omdat keurmerken voor verwarring zorgen bij de consument. Maar als je er goed over nadenkt, zorgt juist deze verpakking voor verwarring. Vlak nadat ik Beiersdorf had gebeld met de vraag hoe het nou zat met die 95% biologische ingrediënten, haalde het bedrijf de claim van de website. Het was een foutje, liet de woordvoerder weten. Maar dat foutje stond wel bijna een jaar online en in persberichten van Nivea, met als gevolg dat allerlei sites en tijdschriften de claim overnamen.

Het doet me denken aan de Limburgse aspergesoep van Honig die was onderzocht door foodwatch. De soep had volgens de verpakking extra veel smaak, maar bleek in praktijk slechts een vingerkootje aspergepoeder te bevatten en verder vooral veel smaakversterkers.

Je zou willen dat het anders was, maar wat Nivea en veel andere cosmeticamerken doen is niet verboden. De termen 'biologisch' en 'natuurlijk' zijn met betrekking tot cosmetica – anders dan bij eten – niet wettelijk beschermd, dus mogen ongestraft worden afgedrukt. Dit soort producten zijn misschien wel wat groener dan de meest vervuilende varianten, maar ze hebben niets te maken met echt groene cosmetica. De producenten spelen in op een trend, maar dat maakt ze nog geen duurzame ondernemers. En als je echt groen wilt doen, moet je daar dus extreem beducht op zijn als consument.

Nanonachtmerrie

Een consument die zo beducht werd, is Jeanine Wolthuis. Begin 2011 richtte ze haar eigen schoonheidsconcept op: een winkel met verantwoorde verzorgingsproducten, een schoonheidssalon en workshops om mensen bekend te maken met milieu- en mensvriendelijke producten. In 2003 las Wolthuis, die zelf bij nota bene L'Oréal en Beiersdorf had gewerkt, een artikel over een visagiste die ziek was geworden, vervolgens haar eigen producten onder de loep had genomen en was geschrokken van de alarmerende onderzoeken over sommige ingrediënten. Wolthuis besloot zich er ook in te verdiepen en was verbaasd over de aantallen dubieuze goedjes die ze in onze smeersels aantrof. Sindsdien heeft ze een uitgesproken mening over de cosmetica-industrie. Ze geeft me een lange lijst ingrediënten die ze probeert te mijden. Allemaal twijfelachtige stoffen, legt ze uit. En: 'Wat je niet in je mond stopt, smeer je toch ook niet op je huid? Ik begrijp niet dat we dat nog steeds zo massaal doen. Ik hoop in de toekomst een soort app te kunnen maken waarmee je in de winkel meteen ziet welke schadelijke stoffen er in je spullen zitten. Want het is een onmogelijke opgave voor de consument om het kaf van het koren te scheiden. Die ingrediënten zijn echt Russisch voor gevorderden: "sodium laureth sulfate" bijvoorbeeld. Dat onthoudt toch niemand? Al helemaal niet als je ook nog "sodium lauryl sulfate" hebt. Het is een schuimversterkende stof die in ontzettend veel producten zit, niet biologisch afbreekbaar is en waarvan niet duidelijk is of het wel echt veilig is.'

Na een tijdje luisteren naar de verhalen van Jeanine, bekruipt me een ongemakkelijk gevoel. Als ik haar moet geloven, zijn we onszelf moedwillig aan het vergiftigen en worden we aan de lopende band opgelicht door de industrie. Maar gaat ze niet een stap te ver? Zowel Jeanine als ik bellen met een iPhone. Die is nou niet bepaald milieuvriendelijk geproduceerd, bovendien wordt er vaak beweerd dat mobiele telefoons schadelijk voor de gezondheid kunnen zijn. Toch doen we hem niet weg, ook Jeanine en ik niet. Het zijn dezelfde ingewikkelde discussies als die worden gevoerd over de slechte stoffen in cosmetica. Schieten we niet door in onze angst voor die ingrediënten? Sommige van die conserveringsstoffen zitten immers ook in eten, bijvoorbeeld parabenen, die als E-214 worden verwerkt in het geleilaagje op vleeswaren of in aardappelsnacks. We eten ze dus wel degelijk. Dan kunnen we ze misschien best op onze huid smeren. Of is het juist andersom en betekent het dat we ook het voedsel met die stoffen moeten mijden?

Het zijn lastige vragen waar ik geen bevredigend antwoord op vind. En er zijn maar weinig mensen die er wel antwoorden op hebben. Zelfs Jetske Ultee heeft die niet, hoewel ze zich gespecialiseerd heeft in cosmeticaproducten. Ultee is onderzoeksarts en hoofd van de huidafdeling in de Velthuis Kliniek voor plastische chirurgie. De afgelopen jaren is ze zich steeds meer gaan specialiseren in cosmetica, omdat ze merkte dat we er zo weinig van weten. Volgens Ultee moeten we ons niet gek laten maken door de negatieve verhalen die je over cosmetica hoort, maar we moeten wel iedere keer opnieuw de afweging maken of een product goed is of niet, en of we het werkelijk moeten smeren: 'In zonnebrandcrèmes zitten bijvoorbeeld oxybenzonen, die de uv-straling tegenhouden. Daarvan is aangetoond dat ze een hormonale werking hebben. Die stof komen we door het gebruik van zonnebrandcrème overal tegen; in ons bloed, in de moedermelk en in het grondwater. Je kunt beter geen zonnebrandcrème kopen waar die stoffen in zitten, maar toch is het nog altijd beter te smeren met een crème met die stof dan helemaal niet. Niet beschermen tegen de zon is namelijk vele malen schadelijker.

Bij nanodeeltjes, die vaak ook in zonnebrandcrèmes zitten, is dat zo mogelijk nog lastiger. Van die heel kleine deeltjes is inderdaad nog niet bewezen hoe gevaarlijk ze zijn. De industrie beweert natuurlijk dat ze geen kwaad kunnen, onder andere omdat ze niet in de huid doordringen, maar dat weten we nog nièt van de beschadigde huid, de huid met eczeem of de kinderhuid. Het risico bij nanodeeltjes is dat ze zich, als ze wel door de huid dringen, kunnen opstapelen in je lichaam. En zich opstapelen in de natuur. Wat daar de gevolgen van zijn, is nog niet bekend. Nanodeeltjes zitten ook in bijvoorbeeld zonnebrandsprays, waarmee je je kinderen inspuit en waarvan je een deel inademt. Het zal zo'n vaart niet lopen, maar ik zal ze in elk geval niet gebruiken.'

Een van de grootste belemmeringen om een goede keuze te maken is volgens Ultee de ingrediëntenlijst: 'Nergens op de verpakking staat welke concentraties er werkelijk in zitten. En eigenlijk ook niet wát erin zit. Als er parfum wordt genoemd, weten we nog niet waar die parfummix uit bestaat, om maar een voorbeeld te noemen. Hoe kun je dan een bewuste keuze maken als consument? Dat is kwalijk.

Een voorbeeld waaruit blijkt hoe vervelend dat kan zijn, zijn de parabenen. Toen er zoveel paniek over het schadelijke karakter van die stof uitbrak, haalden veel producenten die uit hun producten. Dat zetten ze nu ook vol trots op de verpakking: "Vrij van parabenen." Maar wat ze er niet bij vermelden, is dat ze in plaats van die parabenen ouderwetse conserveringsstoffen, zoals bepaalde formaldehyde-releasers (stoffen die langzaam formaldehyde loslaten), gebruiken die misschien wel net zo schadelijk zijn.

Wat het extra moeilijk maakt,' legt Ultee uit, 'is dat er vrijwel niets is vastgelegd over minimumeisen wat betreft ingrediënten en claims. Zo staat er op sommige crèmes dat ze verrijkt zijn met kalmerende groenethee-extracten. Dat klinkt letterlijk heel groen, maar die verrijking stelt vaak niets voor. Om het effectief te laten zijn heb je namelijk minimaal twee procent groene thee nodig. Maar als je dat erin stopt, wordt je crème bruin, en dat willen mensen niet. De hoeveelheid groene thee in crèmes is vaak zo laag dat de crème wit kan blijven. Die thee doet dan niet wat hij zou kunnen doen, maar de producent kan het wel op de verpakking zetten. Je kunt dan nog beter met je eigen groene thee aan de slag, want als je die op je ogen legt, werkt dat net zo goed kalmerend.'

Ultee vervolgt: 'Er is een goed voorbeeld van hoe geniepig cosmeticabedrijven kunnen zijn en de consument dus kunnen bedotten: er is een cosmeticabedrijf geweest dat het patent had op een bepaalde antioxidant. Een ander cosmeticabedrijf gebruikte die antioxidant toch in zijn producten en adverteerde ermee. Dat bedrijf werd vervolgens aangeklaagd wegens patentschending. Toch verloor de patenthouder de zaak. Waarom? Het aangeklaagde bedrijf verweerde zich met het argument dat er zo weinig van de gepatenteerde stof in het product zat dat het eigenlijk verwaarloosbaar was. Op basis van dat argument ging het bedrijf vrijuit. Ondertussen had de consument al die tijd potjes gekocht waarop stond dat er een bijzonder antioxidant in zat. Dit noemen ze trouwens "angel dusting": een heel klein beetje van een goede stof in een product verwerken zodat je kunt zeggen dat het erin zit, zonder dat het werkelijk werkt. Het merendeel van de crèmes zit zo in elkaar.'

Zijn natuurlijke cosmetica dan niet dé oplossing? Dat is nog maar de vraag, volgens Ultee: 'In natuurlijke cosmetica kunnen nog steeds die schadelijke synthetische bestanddelen zitten. Bovendien is "natuurlijk" niet per definitie beter dan een nagebootste stof. Van bepaalde lavendelextracten en citroenextracten kun je, in combinatie met zonlicht, bijvoorbeeld pigmentafwijkingen krijgen. Bovendien gaat het meestal om stoffen die van oorsprong misschien wel natuurlijk zijn, maar zó zijn bewerkt dat je je serieus kunt afvragen of ze nog wel natuurlijk te noemen zijn. Om een extract uit berkenschors in een potje te krijgen, is een langdurig en energieverslindend proces nodig. Dat roer je er niet zomaar door.'

Volgens Ultee zou het goed zijn als de cosmetica-industrie verplicht zou worden werkelijk transparant te zijn over producten. 'Maar dat zullen ze lang proberen tegen te houden. Ze willen helemaal niet met de billen bloot, want dan vallen ze door de mand. En dus is het belangrijkste dat wij consumenten het hoofd koel houden. Laat je niet gek maken door alles wat je tegenkomt. Niet door de slechte stoffen, maar ook niet door de mooie beloften. Je hebt echt geen aparte crème nodig voor je gezicht, ogen en hals. Ook geen aparte dag- en nachtcrème. Dat is voornamelijk marketing. Vrouwen gebruiken gemiddeld twaalf verschillende cosmeticaproducten per dag, maar met een enkele pot voor je gezicht en je lichaam ben je net zo goed af. Dat is nog beter voor het milieu ook, want dan hoef je veel minder te kopen en weg te gooien.'

Er is hoop: de cosmeticakeurmerken

Helemaal verlost van twijfel ben ik niet, maar gelukkig gloort er een sprankje hoop aan de horizon: de keurmerken. Er is een aantal biologische keurmerken dat je als cosmeticaproduct alleen maar kunt krijgen als je geen parabenen, ftalaten en nanodeeltjes gebruikt. Van het internationale Ecocert, bijvoorbeeld, moet minimaal vijfennegentig procent van de ingrediënten natuurlijk en minimaal tien procent biologisch zijn. Bovendien stelt Ecocert eisen aan de productiewijze, het energieverbruik en de afvalverwerking. In Duitsland is er het keurmerk BDIH voor natuurlijke cosmetica en uit Engeland komt The Soil Association. Ook het Europese Ecolabel, dat op bijvoorbeeld schoonmaak- en wasmiddelen te vinden is, kun je op cosmetica vinden. En het Natrue-keurmerk heeft gekozen voor een sterrensysteem. Heeft een product een ster, dan is het honderd procent natuurlijk. Met twee sterren is het natuurlijk en voor minimaal zeventig procent biologisch, en met drie sterren is het natuurlijk en voor meer dan vijfennegentig procent biologisch. Water wordt overigens niet meegerekend bij de natuurlijke stoffen, iets wat sommige merken wél doen, (denk aan Nivea) wat meteen verklaart waarom zoveel producten opeens zo natuurlijk zijn. Water is namelijk een van de voornaamste bestanddelen van cosmetica. Op Natrue.org staat trouwens een handige database waarin je kunt opzoeken welke schoonheidsproducten de Natrue-keurmerk hebben verkregen en wat de bestanddelen van die producten zijn.

Voor sommige innovaties is er zelfs het EPEA-certificaat (Environmental Protection and Encouragement Agency) dat in het leven is groepen door Cradle to Cradle bedenker Michael Braungart (Zie p. 179). Het EPEA-certificaat houdt in dat een product of ingrediënt oneindig kan worden hergebruikt (net als in de kringloop van de natuur), dus helemaal natuurlijk afbreekbaar is en geen afval veroorzaakt. Tot nu toe is Aveda de enige die zo'n certificaat heeft ontvangen. En ook voor nog maar voor vier ingrediënten: uruku (een natuurlijk pigment), rozen, lavendel en sandalwood. Het is dus niet zo dat alle producten van Aveda inclusief de verpakking helemaal Cradle to Cradle zijn.

BDIH, The Soil Association, Ecocert, COSMEBIO en het cosmeticakeurmerk van het Italiaanse ICEA hebben elkaar trouwens opgezocht en samen een overkoepelend keurmerk opgericht: COSMOS. Dat label moet het makkelijker maken voor de consument om te kiezen. Het COSMOS-label houdt in dat je product het milieu minder schaadt, biologischer is en natuurlijker. Tijdens het schrijven van dit boek waren er nog geen producten met COSMOS-keurmerk te koop, maar vanaf 2014 moeten ze volop verkrijgbaar zijn.

Het goede nieuws is: er zijn steeds meer producten die bovengenoemde keurmerken krijgen, dus zelfs doorgewinterde cosmeticaliefhebbers hebben ruimschoots de keuze. Esse Organic Skincare bijvoorbeeld is een product dat niet alleen het Ecocert-keurmerk draagt, maar ook Fairtrade-bestanddelen bevat. Dr. Hauschka (met Natrue-keurmerk) maakt zijn producten al jaren met zelfverbouwde biologisch-dynamische kruiden en Weleda (ook Natrue) zet de herkomst van de ingrediënten inclusief de CO_2-belasting van de productie op zijn site.

Toch ben je zelfs dan nog niet verlost van dilemma's. Een voorbeeld: de amandelolie van Weleda is voor een deel afkomstig uit landen in Europa en geproduceerd in Duitsland. Dat scheelt een hoop CO_2-vervuiling ten opzichte van de duurzame crèmes van Esse die uit Afrika komen. Maar de oliën in de Esse-crèmes worden weer met de hulp van Afrikaanse vrouwen verkregen via een Fairtrade-programma. Daarmee stimuleer ik hun economische en persoonlijke ontwikkeling, en daar valt ook wat voor te zeggen. Groen is dus niet het enige argument.

Ook verwarrend: Sanex heeft een nieuwe biologische lijn ontwikkeld die het Eko-label draagt. Sanex Zero % douchegel en deodorant bevatten nul procent parabenen, nul procent kleurstoffen en nul procent ftalaten. Dat is op zich goed nieuws, maar het betekent niet dat er ook nul procent chemicaliën in zitten. Die naam van het product, 'Zero %', slaat dus slechts op een deel van de ingrediënten. Het heeft wel een keurmerk, maar er zitten nog steeds meer chemicaliën in en meer verpakking omheen dan om de meest simpele en zuivere deodorant zonder keurmerk, maar met slechts één ingrediënt: minerale zouten.

Het is dus niet zo dat een cosmeticaproduct zonder keurmerk automatisch slechter is. Het verkrijgen van zo'n keurmerk duurt namelijk lang en is een prijzige aangelegenheid. Kleine, beginnende merken met goede bedoelingen kunnen dat soms niet betalen. Net zoals sommige kleine duurzame vissers geen MSC-label hebben, maar toch duurzaam vissen. Uiteindelijk helpen de keurmerken dus alleen in grote lijnen het kaf van het koren te scheiden.

Gelukkig zijn er ook steeds meer winkels die dat onderscheid maken. De winkel van Jeanine Wolthuis is er een van. Voordat een merk in haar schappen belandt, controleert ze uitvoerig of er geen twijfelachtige stoffen in zitten. Ze zoekt zo veel mogelijk producten die zo biologisch mogelijk zijn en als het relevant is nog Fairtrade ook. En daarbij geldt: hoe minder verpakkingsmateriaal, hoe beter.

Alles wat je hart begeert staat in haar winkel: nagellak zonder tolueen en formaldehyde, crèmes zonder petrochemische stoffen, make-up zonder koolteer of lood en parfums met een keurmerk. En nergens krijg je de associatie met een suffe natuurwinkel. Haar winkel heeft de uitstraling van een luxe schoonheidssalon. Schoon smeren zonder een weeïge wereldverbeteraar te worden is dus helemaal niet zo ingewikkeld. En wat zo mooi is: door de chique uitstraling van haar winkel komen er ook mensen die uit zichzelf niet zo snel voor groene cosmetica zouden kiezen, maar er wel door geïnspireerd raken hun leven te beteren.

Kijk eens in de keukenkast

En soms is de milieuvriendelijkste oplossing trouwens gemakkelijker en goedkoper dan je zou denken. Ik heb een prachtige vriendin die zo'n beetje alles heeft wat vrouwen willen: ze is lang, slank, knap, sexy en heeft een huid die straalt. Ze verdient genoeg om dure crèmes te kopen, maar wat smeert ze? Biologische sheaboter. Waar scrubt ze mee? Olijfolie en zeezout. (Het kan ook met koffiedik, trouwens, als je huid gevoelig is.) En welk masker gebruikt ze? Biologische bloemenhoning. Die bloemenhoning vermengt ze trouwens ook met water in een plantenspuit als glansmiddel voor de haren van haar dochter.

Zo zijn er nog veel meer huis-, tuin- en keukenrecepten voor het maken van je eigen verzorgingsproducten. Je gezicht een keer goed reinigen? Neem een stoombad. Met avocado en papaja kun je heel goed een voedend masker maken en yoghurt kalmeert de verbrande huid. Wonderbaarlijk eigenlijk: we zijn steeds meer op zoek naar zo natuurlijk en biologisch mogelijke ingrediënten, terwijl je badolie gewoon in je eigen achtertuin kunt verbouwen. Denk maar aan lavendel en rozenblaadjes. Natuurlijk is in bad gaan tussen je eigen lavendelbloemen een heel andere sensatie dan je onderdompelen in een sterk geurende badolie uit een prachtige fles. Maar het laat wel zien dat we ons best wat minder kunnen laten wijsmaken door alles wat de cosmetica-industrie probeert om ons hun spullen te laten kopen.

Mijn moeder werkte vroeger in haar schoonheidssalon met Clarins. Daarvoor moest ze eens in de zoveel tijd naar Parijs voor nieuwe cursussen en bijschoolsessies. Daar verbaasde ze zich over de verhalen die ze te horen kreeg: het grootste deel van de ingrediënten kwam gewoon bij Unilever vandaan. Daaraan voegde Clarins minuscule hoeveelheden plantenextracten toe. En de lekkere geur uit die potjes kwam uiteindelijk gewoon door de kunstmatige geurstoffen, de parfums. Door onder andere dat soort bezoeken is mijn moeders kijk op cosmetica veranderd. 'Natuurlijk bestaan er goede producten,' zegt ze regelmatig, 'maar het is voor een groot deel gewoon een illusie in een potje.'

Als ik mijn verzameling van de afgelopen jaren bekijk en de ingrediëntenlijst bestudeer, dringt haar oordeel pas echt tot me door. Ik heb crèmes en smeersels voor ieder deel van mijn lichaam. Voor overdag en 's nachts, voor over mijn make-up en voor eronder. Voor de droge huid, de sinaasappelhuid en de gevoelige huid. Ik heb kilo's lippenstift, oogschaduw, rouge, nagellak en wondermiddelen tegen springerig, futloos, vet en droog haar. Toen ik die spullen kocht, was ik ervan overtuigd dat ik ze nog niet had of dat het echt iets nieuws was. Nu zie ik opeens dat het allemaal ontzettend veel op elkaar lijkt. Mijn fles pure palmolie is dan wel honderd procent natuurlijk, maar nergens op het etiket staat waar de olie vandaan komt. En palmolie zonder keurmerk is tegenwoordig slecht nieuws. De kans dat het van een foute plantage komt, is enorm. En overal tref ik de stoffen aan waarvoor ik ben gewaarschuwd.

Er is eigenlijk maar één manier om echt schoner te gaan smeren: afscheid nemen van de vervuilende rommel. Maar dat is makkelijker gezegd dan gedaan. Want ook al gebruik ik sommige tubes, flesjes of poeders bijna nooit, ik ben eraan gehecht. De nanodeeltjes in mijn lipgloss zijn dan misschien dubieus, mijn lippen glimmen wel heel mooi als ik het opsmeer. Moet ik het daarom echt weggooien?

Ik had niet verwacht dat ik zoveel moeite zou hebben mijn oude levensstijl los te laten. Uiteindelijk krijg ik het voor elkaar een vuilniszak met vier kilo aan oude smeersels te vullen. En meteen dient de volgende vraag zich aan: wat doe ik ermee? Weggeven aan een vriendin of aan mijn zus voelt inmiddels als het plegen van een terroristische aanslag. Ik zie mezelf al staan: 'Alsjeblieft, hier zijn al mijn oude make-up, mijn oude maskertjes en scrubs. Je mag het hebben! Er zitten wel kankerverwekkende stoffen in, je hormoonhuishouding kan ervan in de war raken en het is behoorlijk milieuvervuilend, maar je moet een gegeven paard niet in de bek kijken.'

Uiteindelijk breng ik het overgrote deel van mijn 'troep' naar het gemeentelijke inzamelpunt voor chemisch afval. Want ondanks al die natuurlijk bamboe-, groene thee-, lavendel- en fruitextracten blijven het uiteindelijk ordinaire chemische goedjes.

Kooptactiek

In mijn badkamerkastje is het meteen een stuk overzichtelijker. En vanaf nu pas ik een nieuwe cosmeticakooptactiek toe als ik iets nodig heb. Ik koop mijn cosmetica nu zoals ik vlees eet: veel minder en zo veel mogelijk die producten die met respect voor de natuur en de mens zijn geproduceerd.

Daarvoor heb ik een lijstje gemaakt met ingrediënten die ik liever niet meer in huis haal. Dat is trouwens niet altijd even gemakkelijk omdat ingrediënten soms ook in het Engels of Latijn worden vermeld. Als je echt wilt uitzoeken wat een stof betekent, kun je de INCI-lijst raadplegen. Op die lijst staan alle ingrediënten die door Europa zijn goedgekeurd (of nog niet afgekeurd). Op de website sinlist.org (en SIN staat voor Substitute It Now) kun je zien welke ingrediënten op dit moment ter discussie gesteld zouden moeten worden volgens milieuorganisaties.

MIJN LIJST

- petrochemische oliën: minerale oliën als paraffine en vaseline
- synthetische muskverbindingen (in parfums, zeep en handcrèmes)
- ftalaten (in parfums, nagellak, nagelverharders, haarspray, lotions)
- triclosan (in haarverf, maar ook in een heleboel andere producten)
- formaldehyde (nagellak, deodorant, make-up, babylotions en verf)
- nanodeeltjes (tandpasta, make-up, zonnebrandcrème, antiverouderingscrèmes)
- methyl-, ethyl-, propyl en butylparabenen (in heel veel producten)
- synthetische kleurstoffen (in lotions, parfums)
- sodium laureth sulfate en sodium lauryl sulfate (in alles wat schuimt)
- siliconen (crèmes, make-up en tandpasta)
- koolteer (haarverf, antiroosshampoo)

Als ik in een winkel ben en twijfel of een van de bovenstaande bestanddelen erin zit, koop ik het product liever niet. Maar het winkelt een stuk makkelijker als je alleen nog op de keurmerken let. Dat lukt niet met alles trouwens. De parfum die ik al jaren gebruik, heeft geen keurmerk. Dat wordt dus een uitzondering. Dat voelt alsof ik niet consequent ben en daar heb ik moeite mee, maar ik wil ook plezier in het leven houden. Ik wil heel graag groen doen, maar niet zuur gaan ruiken. (Er bestaan trouwens wel parfums met biologisch keurmerk die lekker ruiken, ik heb alleen de eco-opvolger van mijn huidige geur nog niet gevonden.)

Mijn laatste kooptruc is misschien wel de simpelste: ik koop minder. Ik haal niet meer voor iedere vierkante centimeter huid een ander potje, maar probeer het te houden bij één pot voor mijn haar, een voor mijn lichaam en twee voor mijn gezicht. Dat alleen scheelt denk ik al een kilo afval per jaar. En als mijn haar dof is? Dan gaat de plantenspuit erover, met biologische bloemenhoning erin. Van alle producten die ik ooit heb gebruikt glanzen en krullen mijn haren het mooist dankzij dit middeltje. Misschien is dat ook een illusie in een potje, maar dan in elk geval een milieuvriendelijke illusie.

10

WEG MET DAT AFVAL!

If you're going to the market to buy some juice
You've got to bring your own bags and you learn to reduce your waste
And if your brother or your sister's got some cool clothes
You could try them on before you buy some more of those
Reuse, we've got to learn to reuse
And if the first two R's don't work out
And if you've got to make some trash
Don't throw it out
Recycle, we've got to learn to recycle

Ik had het liedje van Jack Johnson (dat lekkere ding uit Hawaï) misschien al honderd keer gehoord toen opeens tot me doordrong waarover hij zong: *The Three R's* van *reduce*, *reuse*, *recycle*. Als hij het zingt (met zijn gitaar onder een palmboom aan een Hawaïaans strand) klinkt het zo vrolijk en eenvoudig en krijg je meteen zin je leven te beteren. Maar in de praktijk blijkt het knap lastig.

Recyclen

Begin 2010 was mijn ontgroening als 'Plastic Hero'. Heb je die titel, dan betekent het dat je je kunststof verpakkingsafval scheidt, precies zoals de 'helden' uit de reclamecampagne voor plastic scheiden. Maar als er iets is wat ik me niet voelde bij het openen van mijn nieuwe plastic bak, dan was het wel een held. Bij alles wat ik weggooide sloeg de twijfel toe: moest bio-plastic nou wel of niet bij het plastic? Moest ik zelf de aluminiumresten van de verpakkingen verwijderen of zou dat later gedaan worden? Een diadeem van plastic, zouden ze dat accepteren? En een plastic mascararoller met borsteltje, zou dat überhaupt recyclebaar zijn? Veel plezier beleefde ik er niet aan. Maar plastic scheiden is beter voor het milieu. Het stond in de mededeling van de gemeente, je las het in de krant en het was een tijdlang om de haverklap te zien in de tv-spot met dat oranje plastic monster dat zich op een achteloze moeder stortte om haar te bedanken voor haar heldendaad. Maar ben je wel echt een held als je plastic scheidt? En wat gebeurt er met al dat plastic afval?

Stichting Nedvang is in Nederland verantwoordelijk voor de 'Plastic Heroes'-campagne en het scheiden van plastic afval in Nederland. Gerald van Elburg van Nedvang weet precies wat er met mijn plastic gebeurt en waar het naartoe gaat. En dus ging ik met mijn eerste volle zak plastic – en met Gerald als gids – zelf mijn afval wegbrengen.

Bijna al het plastic dat op dit moment in Nederland wordt verzameld, legt een lange route af. Dat gaat als volgt: eens in de vier weken wordt het aan mijn deur met een kraak- en perswagen opgehaald, waarna het gekraakt en geperst naar een overslagplaats – een soort doorvoerhaven – gaat. Op die overslagplaats wordt het plastic nóg meer in elkaar geperst en gekraakt en dan verhuist het naar een andere fabriek, waar het op soort wordt gesorteerd. Precies daar ga ik naartoe, want dat sorteren is een bijzonder en belangrijk onderdeel van het proces. Je kunt namelijk niet al het plastic op één grote hoop gooien en er dan nieuw plastic van maken. Was het maar zo simpel.

Je zou verwachten dat we al het plastic dat we scheiden ook in Nederland sorteren, maar niets is minder waar. Er is sinds eind 2011 pas één Nederlandse sorteerinstallatie voor plastic. Het meeste plastic gaat naar Duitsland, waar ze al jaren ervaring hebben met het scheiden van plastic.

Bij Tönsmeier in Duitsland wacht Peter Berlekamp ons op. Hij hijst ons in een veiligheidshesje en neemt ons mee naar het hol van de leeuw. Onderweg lopen we langs reusachtige bergen samengeperst plastic. Bij afval denk ik aan smerige, stinkende bergen rotzooi, maar hier tref ik een keurig tafereel van opgestapelde kleurrijke balen afval. Het stinkt niet en het heeft door al de verschillende kleuren zelfs iets fleurigs. Maar dan gaan we de installatie in. Alsof ik in mijn buik ben geschopt, buig ik voorover en sla mijn handen voor mijn gezicht in de hoop de acute aandrang tot braken te onderdrukken. Mijn eigen vuilnisbak ruikt naar bloemetjes vergeleken bij deze onmenselijke lucht die als een monster via mijn neus mijn maag aanvalt. 'Maak je geen zorgen,' zegt Peter, 'over twee minuten is je reukorgaan eraan gewend en valt het niet meer op.'

Tönsmeier sorteert plastic, maar tot mijn verbazing kom ik ontzettend veel restafval tegen dat er helemaal niet thuishoort: flesjes nagellak, dvd's, vieze luiers, etensresten, metalen potjes en ga zo maar door. Peter: 'Dat komt omdat wij in Duitsland al langer plastic scheiden. In het begin hield iedereen zich heel goed aan de regels, maar na verloop van tijd werden mensen steeds slordiger. Het plastic dat wij uit Nederland binnenkrijgen, is nu nog ontzettend schoon en perfect gescheiden. Maar dat zal over een tijdje ook anders zijn. Op zich is dat niet erg, onze installatie accepteert tot dertig procent vervuiling van het plastic.'

De sorteerinstallatie van Tönsmeier werkt in grote lijnen als volgt: eerst worden in een soort superzeef de grote van de kleine stukken plastic gescheiden, dan wordt in een iets fijnere zeef nog een keer op formaat gescheiden. Het lichtste plastic, de dunne plastic groentetasjes van de supermarkt bijvoorbeeld, wordt met een soort bladblazer omhoog geblazen terwijl het andere plastic over de rand van een nieuwe lopende band naar beneden valt. Op een andere plek trekt een magneet het blik en aluminium dat nog tussen het afval zit omhoog en een speciale infraroodcamera herkent bijvoorbeeld de petflessen, die ook gescheiden worden. Aan het einde van het doolhof wordt alles nog een keer met de hand nagekeken (bio-plastic wordt er trouwens weggegooid, dat is niet recyclebaar), waarna het naar een reuzenpers gaat die het plastic gesorteerd en wel weer tot grote balen van duizenden kilo's samenperst. Dat is het plastic dat wordt verkocht aan recyclebedrijven, die het schoonmaken, versnipperen en er weer nieuwe plastic producten van maken.

En je kunt veel met oud plastic. Zo speelden de voetballers van het Nederlands elftal het WK in Zuid-Afrika in een compleet tenue van gerecycled plastic. Voor het maken van die tenues waren ongeveer dertien miljoen plastic flessen nodig, waardoor er omgerekend 250.000 kilo plastic afval werd bespaard. Het plastic uit bijvoorbeeld boterkuipjes heet PP en wordt gebruikt voor nieuwe kuipjes, maar ook voor dvd-hoesjes, bloempotten en kratten. En van petflessen worden bijvoorbeeld tennisballen, speeltoestellen en fleecetruien gemaakt: 'Wij verkopen het PET-plastic aan landen als China,' vertelt Peter, 'waar ze er bijvoorbeeld Hugo Boss-truien van maken. Dat is een mooie kringloop.'

China?! Dat betekent dus dat die plastic verpakking die ooit misschien wel in China werd geproduceerd en door mij in Nederland werd gekocht, als nieuwe grondstof teruggaat naar dat land en er vervolgens een merktrui van wordt gemaakt die uiteindelijk weer in Nederland in de winkels belandt! Dat is misschien wel een mooie kringloop, maar het is ook goed voor tonnen extra CO_2-uitstoot.

Het is een indrukwekkend proces, maar is het ook echt beter voor het milieu? Glas is eenvoudig te scheiden in drie kleuren, maar er zijn veel meer soorten plastic dan soorten glas en er is dus veel meer energie nodig om die soorten te scheiden. Bovendien moet het in vrachtwagens naar Duitsland en vervolgens ook de rest van de wereld worden getransporteerd, wat weer extra CO_2-uitstoot veroorzaakt. Daarbij komt ook nog dat het eerst in Nederland wordt samengeperst en vervolgens in Duitsland weer uit elkaar wordt getrokken en opnieuw samengeperst moet worden. Dat kost ook extra energie. Toch is Gerald van Elburg overtuigd van de milieuvoordelen: 'Als je al dat plastic zou verbranden, komen er meer schadelijke stoffen vrij dan wanneer je het hergebruikt. En het voordeel van recyclen is dat we minder nieuwe grondstoffen zoals aardolie hoeven te gebruiken voor de productie van plastic. Dat transport naar Duitsland is inderdaad niet handig, maar inmiddels hebben we ook in Nederland een sorteerinstallatie zodat we niet al het plastic hoeven te transporteren. Dat we die installatie nog niet hadden, is het gevolg van een kip-eidiscussie: er was nog geen plastic afval, dus waren er ook geen sorteerinstallaties nodig. Nu de stroom plastic afval op gang komt, groeit de vraag naar sorteerinstallaties. Uiteindelijk zullen we het net zo gaan doen als in Duitsland.'

Volgens Stichting Nedvang is er in 2011 48% plastic ingezameld. Uit onderzoek van Recycling Netwerk bleek dat percentage gebaseerd op vage en onvolledige gegevens en is het veel te rooskleurig. Volgens Recycling Netwerk scheiden consumenten vooral in de grote steden veel te weinig kunststof – nog geen twee procent. Rotterdam doet onder andere om die reden alleen maar aan nascheiding. Daarbij wordt het plastic gewoon achteraf uit de grote hoop gevist. De gemeente liet in 2011 nog een onderzoek uitvoeren waaruit bleek dat er bij nascheiding veel meer kunststof werd verzameld dan wanneer je het mensen thuis laat scheiden. Maar aan nascheiden kleeft weer een ander nadeel: dat plastic is namelijk veel viezer dan het plastic dat van tevoren is gescheiden. En vies plastic is minder interessant voor de recyclebedrijven die er nieuwe producten van gaan maken. Het moet dus eerst schoongemaakt worden, en dat kost weer meer energie.

En terwijl er nog wordt gediscussieerd over hoe het plastic nou precies gescheiden moet worden, groeit de plastic afvalberg vrolijk door. Volgens de vereniging Kunststof Verpakkingen Nederland neemt alleen al de hoeveelheid kunststofverpakkingen per jaar met één à twee procent toe.

Na mijn bezoek aan Tönsmeier stoppen Gerald en ik bij een wegrestaurant voor een hapje. Ik kijk naar mijn dienblad en opeens dringt tot me door dat bijna alles verpakt zit in plastic bakjes en zakjes. Sommige dingen hoeven niet eens verpakt te zijn, zoals mijn servet en bestek. Dat gebeurt ongetwijfeld omdat het hygiënischer is, maar dat is wat mij betreft schijnhygiëne. Zodra ik mijn eten op heb en naar de wc ga, zitten mijn handen immers vol met allerlei nieuwe bacteriën en had ik dus net zo goed geen ingepakte bestekset (van plastic) kunnen gebruiken. Als we nou eens wat minder zouden verpakken (of normaal bestek zouden gebruiken, je weet wel, die dingen waarmee we thuis eten) zouden we ook veel minder energie hoeven steken in het verwerken van dat afval.

Na het eten lopen we naar de afvalbak, waarboven een bordje hangt met de tekst: 'gelieve uw afval te sorteren'. Maar waar ik ook kijk, er staat maar één afvalbak waar ik het in kan gooien. Zelfs als ik zou willen, zou ik hier met geen mogelijkheid mijn plastic kunnen scheiden.

Dat plastic scheiden nog moet inburgeren, bleek ook afgelopen zomer, toen ik een mooi gesprek had met de oprichter van een nieuw bedrijf dat hippe producten maakt van afval. Zo maakt het bedrijf bijvoorbeeld heel mooie telefoonhoesjes van de petflessen die wij nu recyclen. En nog mooier is: zodra je bent uitgekeken op die telefoonhoesjes, kun je ze weer inleveren, waarna het bedrijf ze nóg een keer recyclet. Als je weet dat je afval helemaal geen rommel is maar een belangrijke grondstof waarmee we zulke mooie producten kunnen maken, wordt plastic scheiden opeens een stuk makkelijker. Dat gevoel moest de oprichter van het hippe recyclebedrijf vast herkennen. Maar toen ik hem vroeg hoe hij zijn eigen plastic scheidde, werd het even pijnlijk stil en zei hij: 'Niet, ik scheid mijn plastic niet.'

Mijn mond viel letterlijk open van verbazing: de man die ons plastic afval als waardevolle grondstof inzet om mooie nieuwe spullen van te maken, gooide het zelf gewoon op de grote hoop. Dat kon toch niet? Ik snap dat mensen die zich inzetten voor een beter milieu zelf niet honderd procent heilige boontjes kunnen zijn. Dat hoeft ook niet. Maar iemand die zijn plastic niet scheidt terwijl hij dat plastic wél als grondstof gebruikt voor nieuwe producten om te laten zien dat we de afvalberg kleiner kunnen maken, dat is toch een beetje als een ouder die tegen zijn kind zegt hoe slecht roken voor je is terwijl hij zelf een sigaret opsteekt.

Zijn voornaamste excuus was dat het te veel gedoe was: er waren geen verzamelpunten bij hem in de buurt. Maar in zijn stad zijn er bijna veertig! Hoeveel 'gedoe' is het dan om via de glasbak nog even langs de plasticbak te fietsen (als ze niet al naast elkaar staan, wat vaak het geval is)? Ook was het ruimtegebrek een probleem: waar moest hij al dat plastic laten? Maar dat leek mij helemaal een slap excuus: als je plastic scheidt, heb je namelijk niet opeens méér afval: je moet het alleen anders weggooien. Niet meer alles in één grote bak, maar in twee kleinere bakken.

Zijn derde argument om geen plastic te scheiden was dat hij niet geloofde in bronscheiding, maar in nascheiding. Daar valt inderdaad wat voor te zeggen, maar zijn gemeente doet niet aan nascheiding en dat betekent dus dat als hij zijn plastic niet scheidt, het nooit gescheiden zal worden. Dus die mooie herbruikbare telefoonhoesjes die hij verkoopt, zijn in elk geval niet gemaakt van zijn eigen gerecyclede plastic.

Toen ik het verhaal van deze ondernemer had gehoord, moest ik weer denken aan de reclame van Plastic Heroes waarin dat oranje plastic monster zich op de moeder stort die nietsvermoedend haar plastic in de container doet. Als je je plastic scheidt, mag je jezelf best een schouderklopje geven. En als het in het begin lastig is en je het vergeet, dan is dat niet erg. Met het scheiden van glas was het ook niet in één keer perfect. Nu wordt meer dan tachtig procent van het glas gerecycled, maar toen in de jaren zeventig de eerste glasbakken werden neergezet, deed ook niet iedereen meteen netjes mee. Er is dus hoop.

Reduceren

Volgens het Centraal Bureau voor de Statistiek gooiden we in 2009 per Nederlander 556 kilo huishoudelijke rotzooi weg. Dat is dus meer dan anderhalve kilo per persoon per dag! Als we dat niet zouden kunnen weggooien, zouden onze tuinen en balkons binnen de kortste keren een ranzige vuilnisbelt zijn. Maar daar denk je niet aan als je een plastic Sinterklaaspop met chocolaatjes in zijn buik voor de kinderen koopt, je vierde kopje Nespresso zet of een pot bonen weggooit omdat ze volgens de verpakking over de datum zijn.

Vlak voordat ik aan mijn CO_2-neutrale No Impact-week begon, deed ik iets wat ik hopelijk nooit meer hoef te doen. Om erachter te komen wat ik zoal weggooide – en niet zou hoeven weggooien – besloot ik mijn vuilnis te analyseren. Een week lang zag ik ertegenop, maar toen mijn kliko eenmaal vol zat, moest ik eraan geloven. Ik trok huishoudhandschoenen aan, hield de afvalbak op zijn kop en stortte mijn rommel in de achtertuin. Het was slikken, omdat het zo stonk, maar ook omdat het zoveel was: tientallen luiers, drie chipszakken, een dozijn bakjes, lipjes, netjes en stripjes. Blikjes, afgedankt speelgoed, speelgoedverpakkingen, wegwerpbekers, een kapotte rekenmachine, metalen doppen, waterflesjes, hygiënische schoonmaakdoekjes, tubes, doosjes, watjes, vleesresten, een beschimmeld brood, twee bakken afhaaleten dat niet op was gegaan omdat mijn oog groter was dan mijn maag, een paar afgekloven pennen, een oud T-shirt, bedorven yoghurt, mascara, piepschuim, aluminiumfolie en een gebarsten koffiepot.

Ik kon niet anders dan concluderen dat het een *mission impossible* was om te leven zonder afval. Hoe wilde ik anders al die spullen gebruiken en bewaren? Toch heb ik het een hele week geprobeerd. Het leverde ingewikkelde dilemma's op. Neem luiers. Ten tijde van het No Impact-experiment had ik twee kinderen die niet zindelijk waren en daarom besloot ik over te stappen op katoenen luiers. Die hoef je immers niet weg te gooien. Maar zijn ze werkelijk beter voor het milieu? In Engeland is onderzoek gedaan waaruit blijkt dat dat om het even is. Uit dat onderzoek bleek zelfs dat de wegwerpluier net iets minder schadelijk is voor het milieu.

Volgens Milieu Centraal zijn katoenen luiers de beste keuze, mits je ze op dertig graden of de eco-stand wast (en ze niet in de droger doet). Zonder in detail te treden over hoe een volgepoepte katoenen luier eruit kan zien (iedereen met kinderen weet het en iedereen zonder kinderen kan zich er vast iets bij voorstellen): die was je niet zomaar schoon op dertig graden. Om van bacterievrij maar niet te spreken, daarvoor moet je toch minimaal op zestig graden wassen. En wat doe je als je kind drie keer op een dag zo'n luier produceert, wat bij sommige kinderen helemaal geen uitzondering is? In de wasmand gooien en wachten tot je een volle machine hebt is geen optie, meteen wassen is weer niet milieuvriendelijk. Het maakt het allemaal wel erg ingewikkeld om de katoenen luier verantwoord te gebruiken.

Bovendien bestaan er tegenwoordig ook 'groene' wegwerpluiers met veel minder schadelijke stoffen dan er in gangbare luiers zitten. En er zijn afvalbedrijven die de wegwerpluiers met het restafval vergisten en er groene stroom van maken. Als het werkelijk zo zou zijn dat er lampen kunnen branden dankzij de poepluiers van mijn kinderen, dan zijn die wegwerpdingen misschien zo gek nog niet.

Een enkel dilemma uit de weg helpen zo nu en dan is nog wel een leuke uitdaging, maar als je dit bij alles wat door je handen gaat moet doen, heb je geen leven meer.

Bea Johnson (ze heeft ondanks dezelfde achternaam niets te maken met zanger Jack Johnson) is het daar niet mee eens. De in Amerika wonende Française leidt haar afvalvrije leven met het grootste gemak van de wereld. Ik zag haar voor het eerst in een YouTube-filmpje over haar weblog. Ze liep door haar minimalistisch ingerichte huis (bubble chair, indrukwekkende designbank, extreem strakke keuken) en liet haar afval van de laatste vier maanden zien. Het waren twee handen vol. Niet een vuilniszak, of een vuilnisemmer, maar slechts twee handen vol. Ze heeft er een paar jaar over gedaan om haar leven zo in te richten, maar inmiddels is haar 'Zero Waste Life' een automatisme. En ze heeft nog een baan en twee kinderen ook, jongens zelfs! Hoe haar vuilnisbakloze leven eruitziet? Ze koopt vrijwel niets dat verpakt is. Alles gaat in glazen voorraadpotten, die ze meeneemt als ze boodschappen doet. Melk haalt ze in glazen flessen die ze weer terugbrengt, haar broodvoorraad voor de week vervoert ze in een kussensloop, verse groenten stopt ze in katoenen waszakjes en als ze toch iets verpakt moet kopen, dan probeert ze het zo veel mogelijk in grote voordeelverpakking aan te schaffen. Ze poetst haar tanden met recyclebare tandenborstels en zelfgemaakte tandpasta, ze maakt haar eigen make-up, haar eigen schoonmaakmiddelen en haar eigen deodorant. Ze composteert haar groente- en tuinafval en het papier dat ze overhoudt, gaat in de papierbak. Of ze recyclet het zelf (waarvan ze dan uitgebreid verslag doet op haar weblog). Je kunt het zo gek niet bedenken of Bea heeft er wel een 'afvalvrij' alternatief voor bedacht. Zo krijgen haar kinderen 'ervaringen' voor hun verjaardag in plaats van ingepakte tastbare cadeaus.

Van dat laatste voorbeeld kreeg ik trouwens de kriebels. Dat je probeert je eigen afvalberg te minimaliseren vind ik lovenswaardig, maar dat je kinderen geen ingepakte cadeautjes meer krijgen omdat je dan iets weg moet gooien, gaat me te ver. Bovendien is het leven waar 'Madame' Johnson voor staat schier onmogelijk voor een gemiddeld gezin als het mijne. Omdat zij er haar werk van heeft gemaakt, kan zij het zich veroorloven tientallen winkels af te gaan met een zak vol glazen potten over haar schouder. Maar ik zou er de tijd niet voor kunnen vinden.

Aan de andere kant heb je soms juist heel extreme acties nodig om iets los te maken. Dankzij Bea's blog zijn duizenden mensen over hun eigen rotzooi gaan nadenken. En als al die mensen hun eigen afvalberg met een kilo per week terugdringen, is zo'n vreemd egoproject weer wél geoorloofd. Met die gedachte in mijn achterhoofd heb ik besloten me door de ultraverantwoorde Française te laten inspireren tijdens het verkleinen van mijn eigen afvalberg.

Het eerste waar ik met succes (en weemoed) afscheid van heb genomen, zijn de hygiënische schoonmaakdoekjes en de snoetenpoetsers. Ik gebruikte ze bij de vleet, want je veegt alles letterlijk met één zwieper schoon en hoeft daarna niets uit te wringen of op te hangen. Maar ze zijn de pest voor de vuilnisbelt. En als je er goed over nadenkt volledig overbodig. Vieze kindergezichtjes poets ik nu met een washand (waar ik er tientallen van had liggen die ik door het bestaan van die snoetenpoetsers nauwelijks nog gebruikte). De wc maak ik schoon met een schuurspons en een microvezeldoek. Ik gebruik geen watjes meer om mijn gezicht te reinigen, maar herbruikbare sponsjes die bij de rest van de was in de machine kunnen. Dat scheelt stapels afval.

Een Nespresso-apparaat heb ik gelukkig nooit gekocht. Dan mag George Clooney nóg zo verleidelijk in de camera kijken, hij verkoopt wel troep. De aluminiumcups waarmee je die koffietjes zet kun je wel recyclen, maar ik heb nog niemand ontmoet die dat werkelijk doet. Als ik espresso drink, is het zonder cups, gewoon met een klassieke machine. En ik heb een koffiezetapparaat met herbruikbaar koffiefilter. Ik koop losse thee bij een winkel waar ze thee in bussen hebben. Koffie koop ik daar ook, die malen ze waar je bij staat. En als ik in een donkergroene bui ben, neem ik zelfs mijn eigen koffiebus mee.

Mijn verslaving aan koffie uit koffietentjes heb ik niet opgegeven. Die koffie gaat alleen niet meer in de wegwerpbekers, maar in een thermosmok die ik altijd bij me heb. Water drink ik uit een recyclebare fles. Aluminiumfolie gebruik ik niet meer en als ik echt iets goed moet houden, gebruik ik een wasbare vershouddoek – de Boc 'n Roll – die ik op bespaarbazaar.nl heb gekocht. Daar kun je ook wasbare netjes kopen zodat je groenten en fruit niet meer in plastic hoeft te kopen als je boodschappen doet in de supermarkt.

Ik heb zelfs een keer bij de traiteur geprobeerd de plastic bakjes te weigeren. Vol trots kwam ik met mijn eigen bakjes aanzetten, daar kon het eten immers net zo goed in. Maar mijn initiatief werd vol onbegrip geaccepteerd en zorgde voor veel 'gedoe'. De traiteur moest eerst mijn bakjes wegen en vervolgens dat gewicht van het gewicht van de maaltijd aftrekken. Bij het Indonesische afhaaltentje waar ik weleens eten haal als ik geen zin heb om te koken, had ik de schoongemaakte bakjes meegenomen van de vorige keer dat ik er eten had gehaald, maar ook dat leverde bedenkelijke blikken op; van het personeel én van de klanten. Opeens voelde ik me een belerende zeurkous, zo'n 'zuunige' consument die om een doggybag vraagt als er één hapje is blijven liggen. Ik probeer het nog steeds weleens, maar het blijft me een ongemakkelijk gevoel geven.

Bij het boodschappen doen probeer ik alles wat wél verpakt is zo groot mogelijk in te slaan en daarbij let ik erop in hoeverre de verpakkingen recyclebaar zijn. Nieuwsgierig heb ik geprobeerd zelfs mijn tandpasta te vervangen door het No Waste-recept van Bea Johnson: natriumcarbonaat, ook wel zuiveringszout genoemd. Dat maakt je tanden ook schoon en bleekt ze zelfs een beetje. In een YouTube-filmpje laat Bea trots zien hoe zij het gebruikt. Ze heeft het verpakt in een hip roestvrijstalen strooipotje, maar de hipheid van dat potje weegt niet op tegen de smerigheid van het goedje. Gelukkig kunnen tandpastatubes in de plasticbak en kan ik fatsoenlijk mijn tanden blijven poetsen.

Dan zijn er nog de schoonmaakproducten. Je zou denken dat allesreiniger alle andere reinigers overbodig maakt (waarom heet het anders 'alles'-reiniger), maar niets is minder waar: voor alles in huis had ik wel een apart middel. Drie verschillende flessen voor de vloeren, een fles voor de keuken, een paar flessen voor de badkamer en de wc, een spray voor de ramen, een spuitbus voor de oven, eentje voor de meubels, een hele trits middelen voor verschillende soorten vlekken en chloor. Op een avond vroeg ik mijn oma hoe dat vroeger ging. Ze lachte en zei: 'Wij hadden thuis drie potten met daarop de woorden zand, zeep en soda. Het was misschien niet zo gemakkelijk als die flessen van tegenwoordig, maar met de inhoud van die potten kreeg mijn moeder alles schoon.'

De volgende dag tikte ik de woorden in op Marktplaats en

wat bleek: de 'zand, zeep en soda'-bakjes uit grootmoeders tijd gaan als warme broodjes over de tweedehands toonbank. Nu staan er dus ook drie potten bij mij in het schoonmaakkastje. Het is leuk om te proberen, het werkt inderdaad prima en het is spotgoedkoop, maar ook allesbehalve praktisch. En mijn hulp begrijpt er niets van. Die vindt het ronduit belachelijk dat ik geen Cif, Andy, Glorix, Glassex en wc-Eend meer heb. De zand-, zeep- en sodabakken heb ik daarom maar aangevuld met ecologische schoonmaakmiddelen. Maar op het aanrecht staat nog wel een plantenspuit met *homemade* allesreiniger die ik maak met het zuiveringszout waar ik ook mijn tanden mee heb gepoetst.

RECEPT VOOR JE EIGEN ALLESREINIGER

250 ml water
1 theelepel Driehoek zachte zeep
1 theelepel zuiveringszout

Het resultaat is een troebel brouwsel dat nergens naar ruikt. Het lijkt in de verste verte niet op die bijna lichtgevend gekleurde allesreinigers, maar het heeft min of meer dezelfde werking: het doodt bacteriën en het ontvet. Mijn keuken en badkamer waren net zo schoon en we hebben geen rare of besmettelijke ziekten gekregen. Het enige wat ik mis, zijn die chemische frisse geurtjes. Mijn huis ruikt nu niet meer naar de citroenen, oceanenbriesjes, lavendelvelden en dennenbossen waar ik zo aan gewend was geraakt. Die geurtjes waren een soort psychologische bevestiging dat het huis schoon was. Maar ze zeggen niets over hoe hygiënisch het werkelijk is. Voor de frisse geur kun je in je eigengemaakte schoonmaakmiddel trouwens gewoon een paar druppels citroensap of citroenolie doen.

Ondanks al die veranderingen ben ik vergeleken bij Zero Waste-deskundige Bea Johnson nog steeds een grootvervuiler. Ik koop nog vaak dingen die verpakt zijn en gooi regelmatig iets weg wat ik liever niet in huis had gehaald. Maar ik merk wel dat ik beetje bij beetje bewuster word en dat ik er zelfs plezier in krijg om op de verpakking te letten. Neem bijvoorbeeld aspirines: die kun je kopen in plastic doordrukstrips met aluminium, maar ze zijn er ook in plastic doosjes die gerecycled kunnen worden. In het begin merk je dat soort kleine verschillen niet zo op en is het terugdringen van die eeuwige afvalstroom voornamelijk frustrerend, maar als je na verloop van tijd gaat opmerken dat je aan het einde van de week steeds twee of drie vuilniszakken minder hebt, wordt het opeens stukken leuker.

Hergebruik

Er is nog één R uit Jack Johnsons nummer die ik niet heb genoemd en dat is de R van *reuse*. Hergebruiken, voordat je iets weggooit jezelf afvragen of het wel echt weggegooid moet worden. Ik ben daar altijd erg slecht in geweest. Een citruspers waar een onderdeel van was afgebroken dat nog gelijmd kon worden? Ik kocht een nieuwe citruspers. Schoenen waar de hakken van versleten waren? Ik kocht nieuwe. Het grote voordeel daarvan was dat ik dan weer het nieuwste van het nieuwste had en daar werd ik blij van.

Die gewoonte heb ik voor een groot deel weten te doorbreken dankzij twee bijzondere vrouwen: Maartje Maas en Martine Postma. Ik weet best dat je niet zomaar dingen moet weggooien of afdanken, maar zij hebben ervoor gezorgd dat ik het nu veel meer in praktijk breng. Maartje Maas is de oprichter van Little Green Dress, een website die kledingruilfeesten organiseert. Die feesten werken in grote lijnen als volgt: je meldt je aan en neemt minimaal drie goede kledingstukken mee die je zelf niet meer draagt. Eenmaal op het feest worden alle kleren opgehangen en kun je gaan rondkijken. En als iedereen uitgekeken is, worden de kleren (gratis) geveild. Dankzij Little Green Dress hebben mijn miskopen een nieuwe eigenaar gevonden en draag ik nu de kleren van iemand anders zonder dat ik er geld aan heb hoeven uitgeven. Er zijn in Nederland trouwens meer initiatieven als die van Maartje. Je kunt overigens ook kledingruilfeesten met je eigen vriendinnen organiseren. Of naar Marktplaats.nl gaan. De site is een walhalla voor tweedehands kleren. Zeker voor kinderkleren.

Dankzij Martine Postma doe ik hetzelfde met oude apparaten. Martine, een milieujournaliste, is de oprichter van het Repair Café, een rondreizend café (met vast honk in Amsterdam) waar mensen hun kapotte spullen kunnen laten repareren door vrijwilligers met wat meer verstand van zaken. Martine bedacht de service uit ergernis over het feit dat we zoveel goede spullen weggooien en ik besloot er bij wijze van experiment naartoe te gaan met mijn 'kapotte' stofzuiger. Die stond al maanden werkeloos in de hal, maar iedere keer als ik een nieuwe wilde kopen, maakte mijn geweten bezwaar. Hij deed het namelijk nog wel, alleen niet krachtig genoeg. Het apparaat laten repareren was geen optie – voor de reparatiekosten koop je namelijk met het grootste gemak een nieuwe stofzuiger. En dus toog ik naar Martines Repair Café.

Het mooie van initiatieven als die van Maartje Maas en Martine Postma is dat je dankzij internet heel goed op de hoogte kunt blijven van hun activiteiten. Op Twitter houden ze dagelijks bij waarmee ze bezig zijn en wanneer ze waarnaartoe gaan. Dat was vroeger wel anders. Toen waren de leuke milieuliefhebbers die weleens wat anders deden dan hun eigen sojasmeersels brouwen, theezakjes recyclen en smakeloze seitanprakjes koken, veel moeilijker te vinden.

Via de site van het Repair Café belandde ik op een regenachtige donderdagmiddag met mijn stofzuiger onder de arm in de bloeiende Botanische Tuinen van Utrecht, waar het Café die dag georganiseerd werd. Ik werd vragend aangekeken door de bezoekers die er wandelden en ik moet zeggen: als ik mezelf zo had zien lopen, had ik waarschijnlijk ook gedacht dat er een aflevering van *Bananasplit* in de maak was. Wie gaat er nou met een stofzuiger naar de Botanische Tuinen?

Toen mijn apparaat in het Repair Café bij een van de deskundigen op de operatietafel belandde, bleek vrijwel meteen dat het hart van de motor, een koperen onderdeel, vol stof zat. Met wat koperpoets boende ik het stof weg en even later zoog de stofzuiger alsof ik hem net had gekocht. Er was al die tijd niets kapot geweest aan het apparaat, ik had alleen nooit het idee gehad dat ik de motor ook vanbinnen kon schoonmaken. Het was een reparatie van niets, maar een monteur was te duur geweest en de fabrikant gaat je niet vertellen dat je dat probleem zo makkelijk kunt verhelpen. Die heeft liever dat je weer een nieuwe koopt. Met opgeheven hoofd liep ik met mijn gerepareerde stofzuiger door de Botanische Tuinen naar huis en sinds die dag ben ik meer aan mijn stofzuiger gehecht dan ik ooit had kunnen vermoeden.

Op internet circuleert al jaren een bijzondere animatiefilm over de cyclus van spullen, van het moment dat ze gemaakt worden tot het moment waarop ze op de afvalhoop belanden. In *The Story of Stuff* legt vertelster Annie Leonard uit hoe producten met opzet zo worden gemaakt dat je ze op een gegeven moment niet meer wilt of kunt gebruiken. Er zijn zelfs officiële termen voor: *planned obsolescence* en *perceived obsolescence*, oftewel 'geplande veroudering' en 'waargenomen veroudering'. Bij de geplande veroudering kan het bijvoorbeeld gebeuren dat een apparaat niet meer bruikbaar is omdat één onderdeel kapotgaat en niet meer vervangen kan worden. Bij de waargenomen veroudering worden spullen zo gemaakt dat je ze op een gegeven moment gewoon niet meer wilt hebben. Een voorbeeld uit het filmpje is de aanschaf van een computerscherm: als iedereen opeens een mooi dun flatscreen koopt, dan wil je zelf op een gegeven moment niet meer achter zo'n bakbeest van een monitor blijven werken en zul je ook een nieuwe willen kopen, ook al deed de oude het nog prima.

Vraag jezelf eens af met hoeveel spullen jou dit is overkomen. In mijn geval had ik zo een aantal voorbeelden te pakken. Zo ligt er in een van mijn dozen met afgedankte mobieltjes (*perceived obsolescence*) ook een prachtig memorecordertje dat je als een soort microfoon op de iPod kunt klikken. Ik kocht het voor het opnemen van mijn interviews. Maar toen kwam er een nieuwe iPod uit, eentje waar je 'eindelijk' ook foto's en filmpjes op kon kijken (*perceived obsolescence,* de oude was nog prima, maar ik wilde mee met de hype). Ik gaf de oude iPod aan een familielid en haastte me naar de winkel voor de nieuwe versie. Maar toen ik die nieuwe iPod eindelijk had, bleek dat mooie memorecordertje niet meer te passen (*planned obsolescence*)! De stekkeringang van de nieuwe iPod was namelijk veranderd en dus was mijn memorecorder (van dertig euro) opeens onbruikbaar.

Nog een voorbeeld waaruit blijkt hoe geniepig de 'geplande veroudering' kan zijn, is mijn andere kapotte stofzuiger (jaja, ik heb er twee). Ik had als bewuste consument voor de 'beste koop' van de Consumentenbond gekozen maar na een jaar, vlak na het verlopen van de garantie, braken opeens alle vier de wieltjes af. Ik besloot de fabrikant te bellen en kreeg een brommende man aan de lijn die vroeg: 'Hebt u drempels in uw huis?'

Verbaasd antwoordde ik met: 'Eh, ja...' waarop de man aan de telefoon doodkalm antwoordde: 'Ja mevrouw, dat is vragen om ellende. Die drempels zijn niet goed voor de wieltjes, daar gaan ze stuk van.'

Drempels niet goed voor de wieltjes?

Drempels niet goed voor de wieltjes?!

Zelfs toen ik het herhaalde, wist ik nog niet wat ik hoorde. Vrijwel ieder huis in Nederland heeft drempels en de fabrikant van deze stofzuiger had niet de moeite genomen zijn product daar geschikt voor te maken? Als je een auto koopt waar de banden opeens alle vier af vallen, dan zegt de fabrikant toch ook niet dat je niet over de verkeersdrempels had mogen rijden?

Ik vond het bijna lachwekkend, maar het was natuurlijk bedroevend. Want nu moest ik nieuwe wieltjes kopen, en die waren ongeveer even duur als een halve stofzuiger. Ja, zo wordt de verleiding om gelijk maar een hele nieuwe stofzuiger te kopen wel erg groot. Dat scheelt je een hoop gedoe met het kopen en vervangen van de wieltjes en je hebt meteen een fris nieuw exemplaar in huis.

Het meest confronterende fragment uit *The Story of Stuff* is misschien nog wel de conclusie dat we van al die spullen ongelukkiger worden. Ter onderbouwing van die stelling haalt Leonard een schokkende grafiek aan. Uit die grafiek blijkt dat het geluksniveau in Amerika daalde vanaf het moment dat mensen meer gingen consumeren. In eerste instantie twijfelde ik daaraan, maar bij nader inzien is het zo logisch: we hebben geleerd dat we gelukkiger worden van nieuwe spullen, maar om al die nieuwe spullen te kopen, moeten we harder werken. En omdat we harder werken, houden we minder vrije tijd over en zijn we sneller moe. Daardoor belanden we uitgeblust voor de tv, waar we reclames zien van gelukkige en niet-uitgebluste mensen die ons aansporen nieuwe spullen te kopen zodat we weer gelukkiger kunnen worden. En zo blijft dat rad maar draaien: hoe meer we kopen, hoe harder we moeten werken, hoe ongelukkiger we worden, hoe meer we weer moeten kopen om dat ongelukkige gevoel zogenaamd te verdrijven, enzovoort.

Zelf heb ik lang geworsteld met de vraag of ik zou kunnen 'consuminderen'. Ik dacht dat ik veel dingen zou gaan missen en dat ik achter zou gaan lopen. Maar nu ik bewust minder koop en weggooi, gebeurt eerder het tegenovergestelde. Ik voel me onafhankelijker, minder gejaagd en creatiever. Het is niet zo dat ik nooit meer verlang naar nieuwe (merk)kleding, drie paar winterlaarzen, nagellak in alle kleuren van de regenboog, elektrische huis-, tuin- en keukenmachines en ingenieuze buikspierapparaten, maar ik mis ze niet als ik ze niet koop. Ik ben wél blij met de tweedehands bank van vijftig jaar oud die ik op Markplaats heb gescoord en met de mooie tweedehands merkjurkjes die ik er heb gekocht voor een kwart van de nieuwprijs. En ik ben ook blij met de tuintafel van afvalhout die mijn zwager voor me heeft gemaakt. Zeker als ik eenzelfde tafel van hetzelfde materiaal voor vijfhonderd euro in een chic tijdschrift tegenkom.

Het Repair Café kan niet al mijn apparaten repareren en kledingruildagen als die van Maartje hebben er niet toe geleid dat ik nooit meer nieuwe kleren koop. Maar het heeft me wel doen beseffen dat je sommige spullen veel makkelijker een nieuw leven kunt geven dan je zou verwachten. Je moet er wel even voor nadenken, er wat extra moeite in steken. En daar worden we steeds slechter in. Maar wat zeiden ze daar ook alweer over? O ja: het loont de moeite.

Toekomstmuziek

Wie weet hoeven we ons in de toekomst trouwens helemaal geen zorgen meer te maken om al dat afval. Er is in ieder geval een nieuwe productiemethode in opkomst die daartoe zou kunnen leiden. C2C heet het. C2C staat voor Cradle to Cradle, wat weer 'van wieg tot wieg' betekent. Bij Cradle to Cradle producten zijn alle onderdelen altijd herbruikbaar of volledig biologisch afbreekbaar. Er is dus geen afval meer omdat al het afval nieuw voedsel of een nieuwe grondstof is. Cradle to Cradle is bedacht door William McDonough en Michael Braungart die zich lieten inspireren door de kringloop van de natuur waar afval eigenlijk niet bestaat. Het staat nog in de kinderschoenen, maar als Cradle to Cradle echt aanslaat betekent dat dus dat we nooit meer iets weg hoeven te gooien. Dan leg je je afgedankte kleren gewoon op de composthoop (er bestaan al biologisch afbreekbare sneakers die je kunt begraven in de tuin) en leveren grote kantoorgebouwen energie op in plaats van dat ze energie verbruiken.

Om nog even terug te komen op de stofzuiger; er bestaat al een Philips stofzuiger die voor een deel volgens het Cradle to Cradle principe is gemaakt. Waar mogelijk heeft het bedrijf het nieuwe plastic vervangen door bio-plastic van mais en tapijtresten. Hij kan nog niet op de composthoop als hij kapotgaat en bio-plastic van mais is ook niet per definitie groen, maar het is in elk geval het begin van een spannende en inspirerende nieuwe ontwikkeling. Jack Johnson heeft er nog niet over gezongen, maar het klinkt mij als muziek in de oren.

11

VERANTWOORD OP VAKANTIE EN DUURZAAM DINEREN

Als er één thema is waarbij het voor mij eenvoudig is milieuvriendelijker te gaan leven, dan is het wel de vakantie. Ik ga nauwelijks op vakantie, ik houd niet van grote all-inresorts maar van verlaten boshutjes en ik háát vliegen. Gemiddeld vlieg ik misschien één keer in de twee jaar en aangezien van alle vakantiegerelateerde zaken vooral dat vliegen het klimaat zo belast, ben ik dus lekker bezig, dacht ik. Maar het kan altijd groener. Via de test op de site vakantievoetafdruk.nl blijkt dat ik een voetafdruk heb van bijna 4000 vierkante meter. Dat is bijna net zoveel als het gemiddelde van 4700 vierkante meter. Als ik met mijn vakantiegedrag al zoveel impact heb, dan valt er nog wel wat te veranderen.

Maar wat is 'duurzaam reizen' eigenlijk? Bestaat het wel? En wat is het verschil tussen eco-toerisme en duurzaam toerisme? Er is weleens verwarring over het verschil tussen die begrippen. Eco-toerisme is volgens de definitie meer gericht op de bestemming zelf, terwijl duurzaam toerisme ook het vervoer onder de loep neemt. Maar in beide gevallen let je op het milieu en kijk je of en waar het duurzamer kan.

Eerlijk gezegd vind ik die verschillende labels vooral verwarrend. Of het nu 'eco' heet of 'duurzaam', in grote lijnen komt het erop neer dat je rekening houdt met de klimaatbelasting van je reis, met de natuur van de plek waar je naartoe gaat en met de cultuur en de economie van de lokale bevolking. Dus: een trip naar een tropische bestemming waar je rond gaat rijden in een vette jeep en dobbert in het geklimatiseerde zwembad van je luxe resort, is niet eco/duurzaam. Een wandel- of fietsvakantie langs de Belgische of Franse kust met overnachtingen in een tent of bed & breakfast is echt eco/duurzaam. En daar zit uiteraard een hele hoop tussen.

Tien jaar geleden was duurzaam reizen nog een modeterm. En wat blijkt: dat is het nog steeds. Uit onderzoek blijkt dat we best bereid zijn iets in te leveren voor een milieuvriendelijker vakantie, maar daar willen we dan liever niet te veel voor moeten doen en al helemaal niet extra voor betalen. Klimaat- en maatschappijbewust reizen is nog steeds voor óf de superklimaatbewuste toerist, óf de bewuste levensgenieter die extra geld uittrekt voor verre reizen naar onontdekte landen en natuurgebieden. En van dat laatste kun je je afvragen hoe verantwoord dat is. Neem Antarctica, dat steeds populairder wordt: veel reislustige mensen die daar zijn geweest, hebben het gevoel dat ze door die reis eindelijk begrijpen wat de ernst van de milieuproblematiek is. Maar het zijn juist dát soort reizen die voor een deel bijdragen aan het smelten van de ijskappen.

Ik herinner me zelf het ongemakkelijke gevoel dat ik had toen ik een paar jaar geleden voor mijn werk op safari ging in Afrika. Het kamp waar ik verbleef was chiquer dan het mooiste vijfsterrenhotel waar ik ooit was geweest. Ik sliep in een superde-luxe lodge met douche, toilet en roomservice midden in de jungle en overdag gingen we de ongerepte natuur in met een ruige terreinwagen, op zoek naar leeuwen en andere wilde dieren. Toen we die eindelijk hadden gevonden en reflexmatig onze camera trokken om ze vast te leggen, hoorde ik opeens de motor van een andere jeep, en meteen daarna nog een. Daar stonden we dan in die mooie 'ongerepte' natuur: clubjes toeristen uit de hele wereld in drie ronkende jeeps, druk fotograferend met onze digitale spiegelreflexcamera's. Nu waren het nog maar drie jeeps, maar wie zorgt ervoor dat het er straks niet dertig zijn, zoals op zoveel andere plekken? Als we die natuur écht willen beschermen, wat doen we er dan nog?

Het eerste grote onderzoek naar duurzame vakanties werd in 2010 gedaan door van NBTC-NIPO en toonde aan dat duurzaamheid nauwelijks een rol speelt bij het plannen van vakantie. Het weer en de bestemming bleken veel belangrijker. 'Op zich zijn veel mensen bereid hun gedrag te veranderen,' vertelde Ad Schalekamp van het onderzoeksbureau, 'maar als het er echt op aankomt, gebeurt er niets.' De reden waarom is volgens Schalekamp duidelijk: 'Op vakantie wil je ontspannen. Gezellig een paar weken cocoonen met de familie, maar niet met serieuze dingen bezig zijn.'

Dat is ook wel begrijpelijk. Als je het hele jaar keihard hebt gewerkt, wil je het liefst met je snuit onder een parasol en je voeten in het warme zand uitpuffen en bijkomen. En als je dan toch iets doet, dan is het ein-de-lijk dat ene boek lezen. Ik heb het zelf ook een tijd gedaan: snel een ticket boeken, snel bijkomen en snel weer aan het werk. Maar het begon me steeds meer tegen te staan. Ik herinner me nog een all-inclusivetrip naar Marokko. Terwijl ik met een verse fruitshake op het afgeschermde privéstrand van mijn *compound* probeerde de stress weg te soezen, stonden achter de hekken van dat strand arme Marokkanen uit het dorp handel aan te prijzen. Ik voelde me schuldig en bedreigd, maar durfde ook niet op ze af te stappen. Een vreemd stemmetje in mijn hoofd bleef maar herhalen: 'Laat het gaan, je bent op vakantie.'

Volgens Ad Schalekamp van NBTC-NIPO is er wel degelijk iets aan het veranderen in de reisbranche: 'Je merkt dat de reiswereld er wat aan wil doen. Er worden vaker bijeenkomsten gehouden om over duurzaamheid te praten en duurzame initiatieven gelanceerd. Zo wordt het bijvoorbeeld steeds eenvoudiger je vlucht te compenseren door bomen te planten. En reisorganisaties worden ook duurzamer. Kijk maar naar de Travel Foundation, een stichting die zich inzet voor duurzame reizen en het behoud van populaire vakantiebestemmingen. Die doen het echt goed.'

Ook volgens de Algemene Nederlandse Vereniging van Reisondernemingen (ANVR) zit duurzaam reizen in de lift. Mirjam Dresmé van ANVR: 'We zijn al sinds 1995 bezig met verduurzaming van de reisbranche. Sinds 2003 moeten de touroperators die bij de ANVR zijn aangesloten verplicht aan duurzaam toerisme doen. Al deze 200 touroperators hebben nu een eigen duurzaamheidscoördinator. Dat is voor ons ook belangrijk. Want als we niets doen, hebben we als branche over twintig jaar niets meer te verkopen. Maar het gaat niet van vandaag op morgen. We zijn in feite een "grijze" branche als het gaat om duurzaamheid, er is tijd nodig om dat te veranderen. En je moet niet vergeten dat minder vliegen misschien wel beter is voor het milieu, maar niet voor de kwetsbare economieën in die verre landen. Die leven vaak van toerisme en gaan kapot als wij niet meer komen. De mobiliteit van de mens hou je toch niet tegen, dus dan kun je maar beter kijken hoe je het zo goed mogelijk kunt doen. Door bijvoorbeeld je uitstoot te compenseren. Touroperators doen echt hun best. Zo proberen ze hun accommodaties zuiniger te maken en de lokale economie beter te steunen.'

Het zijn mooie woorden, maar als ik naar de praktijk kijk, komt het meer over als *wishful thinking*. Zo blijkt de Travel Foundation waar Ad Schalekamp zo positief over sprak nog geen maand na zijn uitspraken te zijn opgeheven. De site is van internet verwijderd en het enige wat nog over de stichting te vinden is, zijn een paar berichten die verklaren waarom de stekker eruit is gehaald. De stichting werd betaald van donaties uit de reisbranche en vrijwillige bijdragen van consumenten, maar die donaties waren zo laag dat het financieel niet haalbaar was ermee door te gaan.

En als je de sites van de grote touroperators bekijkt, merk je maar weinig van hun duurzame inspanningen. Op de website van Arke bijvoorbeeld kom ik nog steeds alleen maar van die dertien-in-een-dozijn aanbiedingen tegen van spierwitte megahotels aan prachtige, zogenaamd verlaten stranden.

Tot opeens het kopje 'Verantwoord reizen' opvalt. Achter die link staat informatie over hoe je je vakantie kunt 'verduurzamen'. Door te letten op bijvoorbeeld je waterverbruik, het energielabel van je huurauto en groene accommodaties. Er is zelfs een link naar die groene accommodaties. Tot zover is het dus best goed, denk ik. Maar dan klik ik op de eerste 'groene' accommodatie van de zonvakanties. Het is het 'ultra'-all inclusive-complex Arcadia aan de Turkse Riviera, met 440 appartementen, zes restaurants, vijf bars en vijf zwembaden. Over het groene gehalte van de accommodatie wordt niets geschreven, behalve één zin onder aan de pagina: 'Het hotel heeft het erkende duurzaamheidskeurmerk Travelife Gold. De accommodatie neemt verregaande maatregelen voor water, energie en afval, behandelt haar medewerkers eerlijk, gebruikt regionale producten en is actief betrokken bij de lokale bevolking.'

Ik herlees de tekst nog eens: '... verregaande maatregelen voor water...'. Ja, Arcadia heeft inderdaad kosten noch moeite gespaard om er een spectaculair waterparadijs van te maken met die vijf zwembaden. Er is zelfs zoveel water dat je bijna zou vergeten dat het hotel pal aan zee ligt!

De regionale producten die het resort gebruikt, zijn vast terug te vinden in hun Turkse restaurant. Maar hoe zit dat met het Chinese, Italiaanse en Japanse restaurant? En de internationale snackbar? Erg regionaal klinkt dat in elk geval niet.

Uiteindelijk klopt dit niet. Als je werkelijk 'verregaande' milieumaatregelen neemt, zou je die zwembaden, of in elk geval een deel ervan, droogleggen en de zee als zwembad aanprijzen. En je zou ook geen Japanse sushi of Chinese foeyonghai op de kaart zetten. Dit doet me meer denken aan een brandstofslurpende Hummer die opeens 'heel' duurzaam wordt genoemd omdat hij een nieuw soort banden heeft, waardoor het benzineverbruik nét iets lager is. Als die auto daarvoor een award krijgt, krab je je toch ook achter de oren?

En wat is dat Travelife Gold-keurmerk? Na wat zoeken op internet blijkt het om een initiatief te gaan van de ABTA, de Britse ANVR. Dat is dus de overkoepelende organisatie voor de reisbranche in Groot-Brittannië. Het kan best goed zijn, maar een toeristisch keurmerk dat in het leven is geroepen door de vertegenwoordiger van de reisbranche, klinkt vreemd. Toch maar even doorklikken naar de site. Daar staat bij de Travelife Gold Award de volgende (en enige) tekst: '*These businesses display a very high commitment to sustainability. They encourage others to get involved, constantly seek new opportunities for improvement, and actively communicate their progress to others.*' Letterlijk vertaald is dat dus: 'Deze bedrijven hebben duurzaamheid zeer hoog in het vaandel staan. Ze moedigen anderen aan betrokken te raken, zoeken constant nieuwe kansen voor verbetering en communiceren actief naar anderen over hun vorderingen.'

Waar dan concreet uit blijkt hoe hoog Arcadia duurzaamheid in het vaandel heeft staan, kan ik op de Travelife-site niet vinden. Dan staat het vast en zeker op de website van het complex zelf. Volgens de richtlijn van de Travelife Gold Award communiceren ze immers actief naar anderen en moedigen ze anderen aan betrokken te raken. Maar ook op de officiële website van het resort kan ik niets vinden over welke pogingen dan ook milieuvriendelijk en maatschappelijk verantwoord te ondernemen.

Het is ontzettend belangrijk dat touroperators en grote resorts er wat aan doen de belasting voor het klimaat te verlagen en dat de bedrijven die dat het beste doen daar ook voor beloond worden, maar dit hotel heeft in de verste verte niets met duurzaamheid te maken. Dit is massatoerisme, grootverbruik, dit zijn lopendebandvakanties. Als dat duurzaam toerisme is, dan heeft de toeristische sector nog een lange reis te gaan.

Hoera, geen vliegtaks meer!

Dat vond ook wetenschapper Desirée Verbeek, die met haar promotieonderzoek in 2009 liet zien dat al die groene beloften mooier klinken dan ze werkelijk zijn. Verbeek promoveerde op duurzaam toerisme en concludeerde ook dat het nog steeds niet echt van de grond komt. In vergelijking met bijvoorbeeld de voedingssector, waar je steeds meer milieuvriendelijke initiatieven ziet, vond Verbeek dat de ontwikkeling van groene vakanties vrijwel niets was opgeschoten. Ook volgens NBTC-NIPO beschikt geen van de grote algemene touroperators over een echt duurzaam imago. Arke en Holland International komen er nog het beste uit, maar er valt nog veel te verbeteren volgens het onderzoeksbureau.

Mirjam Dresmé van de ANVR gaf zelf al aan waar de zwakke plek zit toen ze zei: 'Sinds 2003 moeten de touroperators die bij de ANVR zijn aangesloten verplicht aan duurzaam toerisme doen.' Het zit hem in die verplichting. De reisbranche 'verduurzamen' is net zoiets als een maximumsnelheid van honderd kilometer per uur invoeren bij de Formule 1. Toeristische bedrijven en hotelketens willen best wat doen, zeker als dat hun imago ten goede komt, maar het moet niet ten koste gaan van de winst. Die grote hotels moeten gewoon volgeboekt worden. Dat bleek bijvoorbeeld ook uit wat er gebeurde toen de vliegtaks in 2009 werd afgeschaft. De touroperators hingen bijna letterlijk de vlag uit met de tekst: 'Nu kunt u weer goedkoop vliegen!'

Er zijn wel reisorganisaties die het beter doen, zoals Baobab, Sawadee en nog een aantal andere organisaties die treinreizen en wandel- en fietsvakanties organiseren. Die organisaties zijn al vanaf het moment van oprichting bezig met meer verantwoord reizen. Zij hebben nooit anders gedaan dan maatschappij- en milieubewustere vakanties organiseren. Maar het zijn kleine bedrijven vergeleken met de grote clubs als Arke, Oad of Kras, waar verreweg de meeste mensen hun vakantie boeken.

Als het aan Eke Eijgelaar ligt, moeten we in elk geval veel minder in het vliegtuig stappen. Eijgelaar is onderzoeker duurzaam toerisme aan het NHTV Centre for Sustainable Tourism and Transport. Sinds hij zich verdiept in de consequenties voor het klimaat van ons vakantiegedrag, vliegt hij alleen nog als het echt niet anders kan. Eijgelaar: 'Reisorganisaties werken inderdaad aan duurzamer beleid, maar vaak alleen daar waar het makkelijk is, zoals bij het doorvoeren van energiebesparende maatregelen voor de accommodaties. Aan het vervoer willen ze hun vingers liever niet branden, terwijl juist dáár zoveel te verbeteren valt. Touroperators zouden veel serieuzer andere bestemmingen moeten gaan aanbieden. Treinreizen door Europa bijvoorbeeld in plaats van vliegvakanties naar Thailand en Kenia. Dat vereist een enorme omslag in denken, maar alleen zo kun je structureel iets veranderen.

En reizen naar bestemmingen als Antarctica vermijden,' vervolgt hij. 'Met zo'n reis stoot je bijna net zoveel CO_2 uit als de gemiddelde Nederlander in een heel jaar. Het argument dat die reizen je bewuster maken van de klimaatproblematiek, vind ik onterecht. Als je met eigen ogen wilt zien wat de gevolgen zijn van de opwarming van de aarde, ga dan met de trein naar de Alpen. Daar zie je pas écht hoe snel de gletsjers smelten. En je vlucht afkopen door bomen te planten klinkt misschien aardig, maar is een druppel op de gloeiende plaat. Bomen verlagen de uitstoot van die vliegtuigen immers niet. Er is echt maar één manier om duurzamer te reizen: veel minder vliegen.'

Hoezeer Eijgelaar ook gelijk heeft, voorlopig kiezen we nog massaal voor het vliegtuig. Op de lange termijn gaan we misschien wel minder vliegen als blijkt dat we onze vliegtickets niet meer kunnen betalen vanwege de hoge olieprijzen, maar de komende jaren zit dat er niet in. Sterker: het aantal vluchten nam in de zomer van 2011 zelfs toe. Volgens sommigen kwam dat trouwens door de hoge benzineprijzen. Daardoor bleken sommige goedkope vliegvakanties opeens financieel aantrekkelijker dan een autovakantie.

Compenseren kun je leren

En als je dan toch in het vliegtuig stapt, dan compenseer je, zo luidt het devies. Klimaatcompensatie, je CO_2-uitstoot afkopen, kan vrijwel altijd via de luchtvaartmaatschappij zelf of via boekingssites als cheaptickets.nl. Die site toont per vlucht ook een Ecolabel waaraan je kunt zien hoezeer je vlucht het klimaat belast. Een beetje vreemd is dat wel, want bij een vlucht met een A-label zou je dan misschien kunnen concluderen dat je een groene vlucht boekt, wat uiteraard niet zo is. Maar je krijgt in ieder geval wel meer inzicht in de CO_2-uitstoot van verschillende vliegreizen. Een vlucht naar Thailand met een overstap in Londen is bijvoorbeeld minder gunstig voor het klimaat dan een vlucht met overstap in Dubai (omdat je dan zo rechtstreeks mogelijk vliegt). GreenSeat is specialist in het compenseren van vluchten. Daar kun je je vlucht ook compenseren door lokale energieprojecten te steunen in plaats van bomen te planten. Trees for Travel doet dit ook, en ook Hivos heeft zijn eigen site voor klimaatcompensatie.

Er zijn sceptici die zeggen dat klimaatcompensatie geen zoden aan de dijk zet. De internationale milieuorganisatie Friends Of The Earth noemde klimaatcompensatie in 2009 zelfs 'boerenbedrog' en 'een methode die het klimaatprobleem alleen maar verergert'. Ik zie ook weleens mensen cynisch hun schouders ophalen als de klimaatcompensatie ter sprake komt: 'Je sust er gewoon je eigen geweten mee. En dat planten van bomen heeft toch geen zin, die worden weer omgehakt voordat ze hun werk hebben kunnen doen.' Daar kan ik me wel iets bij voorstellen: de wereld van de CO_2-compensatie is verschrikkelijk ingewikkeld. Ik herinner me nog goed de uitzending van *Keuringsdienst van Waarde* waaruit bleek dat sommige oerbossen gewoon dubbel worden verkocht door zogenoemde 'carbon cowboys' (oplichters dus). En ook *Zembla* bracht een keer een onthutsende aflevering over de schandalen in de wereld van de klimaatcompensatie.

Maar de klimaatcompensatiebranche is absoluut niet één groot Sodom en Gomorra. Dankzij dit soort initiatieven worden over de hele wereld bijzondere duurzame projecten uitgevoerd waardoor mensen toegang krijgen tot groene stroom, biogas en schoon water in landen waar die voorzieningen niet vanzelfsprekend zijn. Organisaties als het Wereld Natuur Fonds zijn ook uitdrukkelijk vóór klimaatcompensatie. Het WNF ziet geen heil in het planten van bomen. Die halen wel CO_2 uit de lucht, maar als ze doodgaan of omgehakt worden, komt die CO_2 uiteindelijk toch weer vrij. Een andere reden is dat er voor het planten van bomen veel grond nodig is, wat ten koste kan gaan van het leven van lokale boeren. Het WNF gelooft wél in het investeren in nieuwe, groene energieprojecten die zonder klimaatcompensatie niet van de grond waren gekomen. Die vorm van compensatie draagt vaak het Gold Standard-keurmerk. Daar kreeg ik in eerste instantie dezelfde rillingen bij als bij het Travelife Gold-logo van de Britse ABTA, maar het verschil is dat dit keurmerk door het voormalige ministerie van VROM als beste manier om CO_2-uitstoot te compenseren is goedgekeurd (hoewel dat ook niet alles zegt).

Dat compenseren geldt trouwens niet alleen voor vliegreizen. Je kunt namelijk ook je autokilometers compenseren. Hoewel je daar veel minder over hoort, is het even logisch. Auto's stoten een stuk minder CO_2 uit dan vliegtuigen, maar qua uitstoot staan ze wel op de tweede plaats van meest vervuilende vervoermiddelen. En aangezien er jaarlijks miljoenen mensen met de auto op vakantie gaan, zijn dat dus heel wat tonnen CO_2.

Een kleine test

Vraag jezelf af wat het kost om de vakantiekilometers te compenseren die je met de auto hebt gemaakt. Ga uit van een vakantie van ongeveer drie weken in de Provence, in het zuiden van Frankrijk, met wat uitstapjes tussendoor. Dan kom je uit op zo'n 3000 kilometer.

1 Wat zou je moeten betalen om de CO_2-uitstoot van de gereden kilometers te compenseren, uitgaande van de bestaande compensatieregelingen?

A - € 5,-
B - € 10,-
C - € 25,-
D - € 50,-
E - € 75,-

Schrijf het antwoord op.

2 Schrijf nu ook op wat je zou betalen als je het bedrag zelf zou mogen bepalen. Wat zou je voor het klimaat overhebben na drie weken vakantie in de Provence, met na afloop 3000 kilometer extra op de teller?

Het antwoord op vraag 1 is: ongeveer vijf euro.

Je antwoord op vraag 2 zal vermoedelijk meer dan vijf euro zijn geweest.

'Als het zo weinig is, dan kan ik nog wel wat kilometers extra rijden,' reageerde een vriend toen hij het bedrag hoorde. Ja, dat is ook weer niet de bedoeling. Als je fanatiek gaat sporten om je ongezonde levensstijl te compenseren, kun je daardoor ook niet opeens ongestraft meer vette patat met mayo gaan eten. Dan vergoot je de kans op hart- en vaatziekten alsnog.

Zo is het ook met klimaatcompensatie: natuurlijk is de methode niet de oplossing voor het probleem, maar het is een bijdrage aan de aanpak van het probleem.

Vijf euro voor zoveel kilometers is inderdaad erg weinig. Waarom is dat bedrag zo laag? Volgens de rekenmethoden van de klimaatcompensatiebedrijven kun je voor die bedragen genoeg investeren in de aanplant van bomen en de ontwikkeling van duurzame energieprojecten. Meer geld is altijd welkom, maar als het te prijzig wordt, dan schrikt dat mensen af. Nu voel je het niet zo in je portemonnee en is het net zoiets als het afsluiten van een kleine reisverzekering. Zodra het te veel kost, doen we het misschien helemaal niet meer.

Maar je kunt het ook nog eenvoudiger bekijken: wat doe je als je rommel maakt? Dan ruim je het op. Dus als je extra CO_2 uitstoot, compenseer je die. Die CO_2 is uiteindelijk namelijk ook rommel, je ziet het alleen niet.

Als je liever zelf bepaalt wat je betaalt voor je gemaakte kilometers (omdat je het te weinig vindt, of omdat je niet in de compensatieprogramma's gelooft) is er dus een vrij eenvoudig alternatief: bij iedere vlucht die je boekt (of kilometer die je rijdt) maak je gewoon zelf een extra bedrag over aan een organisatie. Want in de basis is klimaatcompensatie niets meer of minder dan het steunen van een groen goed doel.

Houten droomhuisje

Compenseren of niet, uiteindelijk is er maar één manier om echt duurzaam op vakantie te gaan: te voet, met een tent op je rug, in eigen land. Maar hoezeer ik ook van lange wandelingen houd en van romantische kampeerplekjes, ik ben niet van plan de rest van mijn leven *on a shoestring* op vakantie te gaan.

Dat hoeft gelukkig ook niet. Als je met dit hoofdstuk in je achterhoofd gaat nadenken over je volgende vakanties, zul je merken dat er tussen een CO_2-verkwistende ultra-all-inclusive-resort en een wandelvakantie langs de eigen kust nog genoeg alternatieven zijn.

Op mijn vakantieverlanglijstje staat bijvoorbeeld nog een lange reis naar Canada (klimaatcompensatie: ongeveer 160 euro). Eén lange vlucht is namelijk minder belastend voor het klimaat dan meerdere korte vluchten. En als ik daar dan eenmaal ben, boek ik geen hotels, maar ga ik in het huis logeren van een familie die misschien wel in mijn huis trekt voor die periode. Want huizenruilsites doen het steeds beter op internet. Ik heb een vriendin die twee keer paar jaar met een gezin uit een ander land ruilt en zo de mooiste vakanties beleeft. Zo'n huizenruil heeft niet alleen klimaatvoordeel omdat je niet in hotels zit en niet steeds uit eten hoeft, je kunt je ook veel beter onderdompelen in het lokale leven van je bestemming. Het is de ultieme manier om een ander land écht te leren kennen.

En zoals ik in de supermarkt de voorkeur geef aan streekproducten in plaats van die van ver, ga ik nu ook vaker op streekvakantie in Nederland of net over de grens. Zo heb ik vorig jaar een vakantie geregeld via *De Groene Vakantiegids* van het Europees Centrum voor Eco en Agro Toerisme, Eceat. Daarin staan honderden milieuvriendelijke en biologische vakantieadressen in Europa. De meeste van die adressen zijn bestaande of oude boerderijen die een deel van hun erf hebben ingericht als camping. Sommige boeren hebben ook vakantiehuisjes op hun erf. Vaak is er ook een biologische landwinkel waar je lokale producten kunt kopen en als je het leuk vindt, mag je soms zelfs de boer helpen met het werk op de boerderij. Het is de ultieme manier om duurzaam op vakantie te gaan: je steunt de boeren financieel, maar komt ook op de mooiste afgelegen plekjes die er zijn zonder er de wereld voor over te hoeven vliegen.

Zo stapte ik op een mooie zomerdag met mijn vriend en de kinderen in de auto, om na anderhalf uur rijden al op de plek van bestemming aan te komen: de biologische boerderij Cinquant in het plaatsje Haps (Oost-Brabant). Boer Paul en zijn vrouw Carien wonen en werken er al hun hele leven. Eerst waren ze biologische varkensboeren, inmiddels is hun bedrijf een zorgboerderij met eigen streekproducten. De boomgaard werd omgedoopt tot kampeerterrein met plaats voor een paar tenten en met één houten droomhuisje, een soort trekkershut. En daar sliepen we in.

Naast het huisje stonden de kippen en geiten waar we de volgende dag de verse eitjes en geitenkaas van kregen. Ze hadden er een gigantische hooizolder met lianen om van hooiberg naar hooiberg te slingeren, een zelfgebouwde speeltuin en een klein bos waar we 's morgens vroeg tijdens het dauwtrappen herten zagen lopen. De kinderen voerden de varkens en de kippen. We kregen notenkoekjes van de notenbomen op het land. 's Avonds op de veranda van het huisje keek ik naar de donkeroranje zon die langzaam achter de bomen zakte terwijl in de boomgaard honderden vogels tegelijk zongen. En opeens vond ik het een raadsel waarom ik mijn vakantiebestemming vaak zo ver van huis zocht. Het vakantieparadijs waar we allemaal zo naar verlangen is soms dichterbij dan je denkt.

Duurzaam dineren

Zo weinig als ik op vakantie ga, zo vaak ga ik uit eten. Donkerbruine eetcafés, hippe loungebars, gekke lunchtentjes, sterrenrestaurants, je kunt me bijna niet blijer maken dan met een etentje. Maar als er ergens nog een slag geslagen moet worden als het gaat om groen doen, dan is het wel in de horeca. Milieubewust uit eten gaan is ontzettend moeilijk. Ten eerste omdat je je eigen eetgewoonten onder de loep moet nemen, maar ook omdat veel restaurants nauwelijks iets aan duurzaamheid doen. Duurzaam uit eten gaan komt er voor een groot deel op neer dat je 'lastige vragen' moet stellen waar je lang niet altijd een bevredigend antwoord op krijgt. Tegenwoordig vraag ik bijvoorbeeld in de restaurants waar ik reserveer of het vlees biologisch is. Dat doe ik in eerste instantie voor mezelf, maar ook omdat ik hoop dat ik de koks ermee aan het denken zet.

Maar het is niet bevorderlijk voor de sfeer aan tafel als je iedere keer in discussie gaat over de kaart. En dat is nou net niet wat je wilt als je uit eten bent; een grimmige sfeer. Als je uit eten gaat, vergeet je het liefst al je zorgen, en dat gaat een stuk minder gemakkelijk als je je de hele tijd moet afvragen of wat je geserveerd krijgt wel verantwoord is. Ik voel me vaak een enorme zeurkous. Toen ik jaren geleden zelf in de horeca werkte, had ik altijd een gruwelijke hekel aan dat soort zeurkousgasten. Mevrouhouw, ik eet zoutloos. Mevrouhouw, er zitten toch geen spekjes in, hè? Mevrouw, ik heb een koemelkallergie. Nee, niet *medium*. Nee, ook niet *rare*, gewoon tussen *medium* en *rare* in, maar niet te rood, hoor! En ik wil een extra sterke Irish Coffee decafé met melk, maar niet zoveel als in de koffie verkeerd. En geen slagroom.

Enfin. Zeurkousen dus.

Toch ben ik inmiddels liever een zeurkous dan iemand die met oogkleppen op 'gezellige' schotels van plofkip, in een dwangbuis gehouden varkens of bedreigde tonijn bestelt. Om maar wat voorbeelden te noemen. En dus kies ik bijna altijd voor de zeurkousmethode. Want als niemand het vraagt, hebben restaurants helemaal geen reden om te veranderen.

En dat er reden is voor verandering, werd me laatst weer pijnlijk duidelijk. Ik belde een restaurant in de buurt en stelde de vraag die ik altijd stel: 'Hebt u ook biologisch vlees?'

'Jazeker hebben we dat, ons vlees komt van dieren die ook af en toe naar buiten mogen.'

'Eh, bedoelt u scharrelvlees?'

'Ja, eh, als u mij kunt vertellen dat er een verschil is, dan hoor ik dat graag...'

Ik voelde me aangevallen, maar probeerde bescheiden te reageren: 'Oké, nou, biologisch gehouden dieren hebben hun hele leven vrij in de buitenlucht kunnen leven, bijvoorbeeld.'

Ik hoorde gegrinnik aan de andere kant van de lijn. 'Nou, die biologische dieren gaan 's avonds toch ook op stal? Dat lijkt me ook niet echt biologisch, mevrouw...'

Ik was met stomheid geslagen: deze man had geen idee waar hij het over had. Ik dacht dat het een uitzondering was, maar ik vrees dat het veel vaker voorkomt. Zo was ik een tijdje geleden in een sushitentje en ik vroeg aan de ober of hun vis duurzaam was.

'Wat?'

'Of jullie vis duurzaam is.'

De man keek me met grote ogen aan, zijn onderkaak zakte wat naar beneden en toen zei hij: 'We betalen ongeveer een tientje voor een kilo zalm. Ja, goedkoop is anders. Maar het is goeie vis, hoor.'

'Nee, ik bedoelde of de vis duurzaam gevangen is. Of het MSC-vis is.'

Nu keek de man naar een Aziatische dame in de keuken en vroeg: 'Weet jij dat? Hebben wij emme-sée vis?'

De Aziatische dame glimlachte, en bleef glimlachen, zonder iets te zeggen, waarop de man uiteindelijk zei: 'Nou, het is in ieder geval goeie vis!'

Toch ben ik ervan overtuigd dat je wat kunt bereiken als je als consument kritische vragen stelt in het restaurant waar je eet.

Kijk maar hoe het met kraanwater is gegaan. Er was een tijd dat je niet om een glas kraanwater hoefde te vragen in restaurants. Je kon een kleine of grote fles Spa bestellen, maar gratis water, daar begonnen veel restaurants niet aan. Dat ging ten koste van de omzet. Inmiddels is er, mede dankzij de website wetapwater.nl, een hele stroming op gang gekomen van mensen die weer kraanwater eisen in een restaurant. Op de site van het project staat een handige kaart met restaurants die wel gewoon kraanwater schenken en dat worden er steeds meer. 'Zeuren' is dus zo gek nog niet, al helemaal niet als het collectief gebeurt.

Duurzame restaurantgids

Zoals het vroeger een ware beproeving was voor vegetariërs om een restaurant te vinden waar ze ook iets anders serveerden dan een of ander eiergerecht, zo is het nu lastig een klimaatvriendelijk en duurzaam restaurant te vinden. Meestal gaat het via mond-tot-mondreclame of een goede recensie in een krant of tijdschrift. Sommige restaurantgidsen vermelden in de omschrijving van restaurants of deze biologische gerechten serveren. Maar het blijft zoeken naar een speld in een hooiberg. In de restaurantgids van Iens was het tijdens het schrijven van dit boek helemaal niet mogelijk om te zoeken op duurzaam beleid van verschillende restaurants. Er stond wel af en toe een groen logootje, maar dat leidde nergens naar.

Zelf kijk ik als ik uit eten ga meestal op de website puuruiteten.nl, waar een overzicht staat van restaurants in Nederland die werken met biologische en Fairtrade-producten en duurzame vis. Dankzij *Puur! uit eten* heb ik een aantal bijzondere restaurants ontdekt die erg hun best doen verantwoord te ondernemen. Ik was nieuwsgierig geworden naar de persoon achter de site en besloot haar te benaderen voor een interview. Jeannette van Mullem uit Arnhem is de bedenker van *Puur! uit eten*. Een gedreven vrouw die haar bedrijf ooit begon omdat ze zich op een positieve manier wilde inzetten voor dierenwelzijn, door onder meer het gebruik van biologische producten te stimuleren. Ze had naast haar werk jaren als vrijwilliger bij de Dierenbescherming gewerkt en op een gegeven moment besloot ze haar baan op te zeggen en zich meer voor dierenwelzijn in te zetten. Vanuit die gedachte werd het idee voor een site met duurzame restaurants geboren, want Van Mullem merkte dat er in de horeca maar weinig bewustwording was op dat vlak. Inmiddels is *Puur! uit eten* veel meer dan alleen die restaurantgids. De site geeft ook tips voor leuke verantwoorde hotelletjes, boerenmarkten en boerderijwinkels die verantwoorder ondernemen. *Puur! uit eten* organiseert ook samen met Stichting Max Havelaar en het Marine Stewardship Council de Puur Restaurant Week om mensen bewuster te maken van wat er mogelijk is op het gebied van duurzaam dineren.

Jeannette vertelde me inspirerende verhalen over de ontwikkelingen in de horeca. Toen ze in 2005 begon was bijna niemand met het thema duurzaamheid bezig, nu leeft het veel meer. Ze vertelde over restaurants met vlees van hun eigen (biologische) dieren en groenten uit eigen moestuin, over restaurants die alleen maar biologische- en Fairtrade-dranken schenken en over de trend dat restaurants zich steeds meer op groenten gaan richten. 'Je zult zien dat vis en vlees straks veel meer een bijgerecht gaan worden,' zei ze. Het water liep me al in de mond en dat kwam goed uit, want op mijn verzoek hadden we afgesproken in een van de restaurants die ze in haar gids *Puur! uit eten* had opgenomen.

Het verbaasde me dat daar maar één van de twaalf gerechten op de menukaart vegetarisch was. Het was vlees en vis wat de klok sloeg. Je kon gamba's bestellen, die je volgens de Viswijzer beter niet kunt eten, en er stond zelfs eendenlever op de kaart. Dat verwarde me: hoe kan iemand die zich altijd heeft ingezet voor dierenwelzijn en zich nu zo inzet voor duurzame restaurants, een restaurant in haar gids opnemen dat op sommige punten juist helemaal niet duurzaam lijkt?

Van Mullem reageerde pragmatisch: 'Een restaurant op mijn site hoeft niet meteen honderd procent groen te zijn. Ik werk met een beoordelingssysteem van groene hartjes. Als een restaurant één groen hartje heeft, gebruikt het ongeveer twintig procent duurzame ingrediënten, bij twee hartjes ongeveer veertig procent en bij vijf hartjes is het honderd procent. Met die hartjes hoop ik de verduurzaming van restaurants te stimuleren. Ik wil niet met opgeheven vinger zeggen wat niet goed is, ik wil juist de aandacht vestigen op wat wél goed is. Want je moet niet vergeten: ook al heeft een restaurant maar één hartje, het is er dan in ieder geval duurzamer dan bij een restaurant zonder hartjes. Ik vind dat er wel een minimum aan moet zitten. Dus een restaurant moet minimaal al het vlees biologisch aanbieden.'

Dat je als restaurant niet meteen honderd procent duurzaam kunt zijn, is logisch, en ik snap ook dat je in een duurzame restaurantgids kunt komen als je laat zien dat je je best doet. Maar een restaurant met eendenlever op de kaart, zou dat niet per definitie niet in aanmerking mogen komen? Want als er één gerecht is dat moeilijk te rijmen is met diervriendelijkheid, dan is het wel eendenlever.

Ik ben blij dat *Puur! uit eten* het thema zo toegewijd onder de aandacht brengt, maar ik vraag me wel af of de grenzen goed bepaald zijn. Nu worden de restaurants die een beetje aan 'duurzaamheid' doen wel erg gemakkelijk in het bestand opgenomen. In de gids van *Puur! uit eten* staat bijvoorbeeld een restaurant dat volgens de omschrijving biologisch vlees serveert, maar ook Van Dobben-kroketten en -bitterballen op de kaart heeft staan. Als dat restaurant écht duurzaam zou ondernemen, zou het die kroketten van de kaart halen of op zijn minst vervangen voor Van Dobben-groentekroketten of kroketten van biologisch vlees. Een energiebedrijf dat een beetje groene stroom opwekt maar tegelijk gewoon nieuwe kolencentrales bouwt, verdient toch ook geen plaats in een gids voor duurzame ondernemers?

Van Mullem bleef bij haar standpunt dat ze duurzaam ondernemen hiermee juist bevordert. Zij is van mening dat je het moet zien als een mandje met allerlei producten, waar je persoonlijk je duurzame keuzes uit maakt. Zij zal zelf dus nooit eendenlever kiezen, maar het restaurant wordt daarvoor niet gediskwalificeerd omdat het op andere punten wél groene keuzes maakt.

Waar het op neerkomt is dat in de *Puur! uit eten*-gids restaurants staan die 'iets met duurzaamheid doen', en niet alleen zaken die volledig duurzaam zijn. Sommige restaurants doen heel veel, maar er zijn er ook die maar een klein beetje verduurzamen en verder alles bij het oude laten. Dat is voor iemand die graag zo duurzaam mogelijk uit eten gaat moeilijk te verkroppen, maar Jeannette van Mullem heeft wel gelijk: een restaurant met één groen hartje is al beter dan een restaurant zonder groen hartje.

Vooralsnog blijft écht duurzaam dineren dus een ingewikkelde hobby en is het begrip duurzaamheid in de horeca nog extreem breed. Maar dat gaat wel veranderen de komende jaren. Dat merk je onder andere aan het enthousiasme voor de Puur Restaurant Week. Daar meldden in 2011 honderden restaurants zich voor aan.

Maar het is ook te merken aan het feit dat er heel voorzichtig restaurants komen met een Eko-keurmerk. Stichting Skal, die verantwoordelijk is voor het Eko-keurmerk van eten in de supermarkt, heeft namelijk ook een Eko-keurmerk voor restaurants in het leven geroepen. Dat keurmerk staat echter nog wel in de kinderschoenen. Tijdens het schrijven van dit boek waren er welgeteld twee restaurants in Nederland die honderd procent biologisch zijn volgens de eisen van het keurmerk. Een van die twee is niet eens een echt restaurant: Eat2be uit Groningen is een fastfoodzaak met 'natural nuggets', bioburgers en natuurdrankjes. Maar wel eentje met een officieel Eko-keurmerk. Op skal.nl vind je een kaart van Nederland waar ook de restaurants op staan die voor zestig of tachtig procent biologisch zijn.

Dat er nog veel meer mogelijk is in de horeca, kun je zien aan restaurant Waterhouse. Als er één restaurant is waar ze weten wat duurzame horeca betekent, dan is het dat wel. Chef-kok en eigenaar Arthur Potts Dawson heeft er werkelijk alles aan gedaan het restaurant zo klimaatvriendelijk mogelijk te maken. Hij verbouwt zijn eigen groenten en kruiden en het eten dat hij niet zelf verbouwt, koopt hij alleen onverpakt of in recyclebare verpakkingen. Zo dringt hij zijn afvalproductie drastisch terug. Hij serveert alleen biologische, fairtrade en onbespoten streekproducten. Het interieur bestaat uit gerecyclede meubels, de koffiemachine is tweedehands, het restaurant wordt verwarmd met onder andere de restwarmte van de koelkasten en het gft-afval wordt in de tuin van het restaurant gecomposteerd en gebruikt om nieuwe groenten mee te verbouwen. Er is maar één nadeel: het is in Londen.

Nu snap ik ook wel dat dit restaurant een uitzondering is. En ik begrijp dat het een onmogelijke opgave is alle restaurants in Nederland te vragen zo te veranderen. Maar het laat wel goed zien wat er allemaal nog mogelijk is in de horeca.

En tot de tijd dat het duidelijker wordt welke restaurants werkelijk duurzaam ondernemen, zit er niets anders op dan mijn eigen restaurantgids bij te houden, met restaurants met vijf hartjes van *Puur! uit eten* en de eettentjes die mijn eigen duurzaamheidstest hebben doorstaan. Die lijst wordt gelukkig steeds langer en leuker. Restaurant Merkelbach in Amsterdam staat erop omdat ze bijna alles duurzaam hebben (én de vis van Jan en Barbara uit hoofdstuk 6 serveren), restaurant Groenland in Driebergen heeft zelfs bij de bouw van het restaurant rekening gehouden met het klimaat. De Vegetarische Slager uit Den Haag staat op mijn lijst en het biologische restaurant De Serre op het erf van de boer waar ik mijn eten koop ook, om wat voorbeelden te noemen. En als ik ergens kom waar ze gerechten serveren die in mijn ogen duurzamer kunnen, zal ik mijn zeurkousen nog eens even stevig optrekken en er met een grote glimlach wat van zeggen.

12

PINNEN MET EEN SCHOON GEWETEN

Ik ben een *super greeny*. Tenminste, dat blijkt uit onderzoek naar het groene gehalte van consumenten van het Amerikaanse onderzoeksbureau Scarborough. Een super greeny is zoiets als een donkergroene consument: iemand die op bijna alle fronten milieuvriendelijk probeert te leven. Ik houd niet zo van hokjesdenken, maar als ik dan toch in een hokje moet, dan het liefste bij de super greenies. Een super greeny gebruikt altijd oplaadbare batterijen, staat maar kort onder de douche, reist veel met het openbaar vervoer (en overweegt een elektrische auto), eet biologisch, weinig tot geen vlees en veel lokaal geteelde groenten en poetst en wast met ecologische schoonmaakmiddelen, om maar wat voorbeelden te noemen. Een super greeny geeft ook meer geld uit aan milieuvriendelijke producten en diensten, blijkt uit het onderzoek. Ook dat komt overeen met mijn leven. Maar zouden al die super greenies dan ook een supergroene bankrekening hebben? Want als je heel milieubewust je spullen koopt met een pas van een bank die indirect de wapenindustrie steunt of de klimaatregels aan zijn laars lapt, ben je in feite een 'wannabe super greeny'. Kan het überhaupt wel, pinnen met een schoon geweten?

Zelf stond ik er tot voor kort niet zo bij stil wat de bank met mijn geld doet. Mijn inkomen werd gestort, ik spaarde wat en haalde mijn pinpas door de automaat met maar één gedachte: als er nog maar genoeg op mijn rekening staat. En dat terwijl veel banken ons geld gebruiken om te beleggen in bedrijven waar we uit eigen beweging nooit in zouden investeren. Bedrijven die onderdelen leveren aan de wapenindustrie bijvoorbeeld, grote oliebedrijven, of bedrijven die geen rekening houden met dierenwelzijn. Een voorbeeld daarvan is de onthulling van het televisieprogramma *Zembla* in 2007 dat KWF Kankerbestrijding haar vermogen in de tabaksindustrie belegde zonder dat te weten. Dat werk had KWF immers uitbesteed aan de bank.

Een ander confronterend voorbeeld is dat van ABN Amro, de bank waar ik al jaren bankierde. In 2009 leende die bank nog tientallen miljoenen aan een Brits mijnbouwbedrijf dat onder andere de mensenrechten schendt door geen enkele rekening te houden met de veiligheid en de gezondheid van de omwonenden. Terwijl ABN Amro die kredieten verleende, betaalde ik van mijn rekening bij diezelfde bank contributie aan mensenrechtenorganisatie Amnesty International. Het is een understatement te zeggen dat zoiets niet helemaal lekker voelt.

Gelukkig is het beleid van ABN Amro langzaamaan aan het veranderen, en dat is mede te danken aan de Eerlijke Bankwijzer. Wie wil weten hoe zijn eigen bank scoort op het gebied van maatschappelijk verantwoord ondernemen, kan daar terecht voor een uitgebreide check. De Eerlijke Bankwijzer is een initiatief van Oxfam Novib, Amnesty International, Milieudefensie, FNV en de Dierenbescherming. Ieder kwartaal checken zij het duurzame beleid van de grote Nederlandse banken. Houden de banken met hun investeringen rekening met de klimaatverandering en mensenrechten, investeren ze niet in bedrijven die betrokken zijn bij misstanden in het dierenwelzijn en letten ze op hun eigen CO_2-uitstoot? Alle belangrijke banken staan op een rij op de site van de Eerlijke Bankwijzer en onder hun naam staat met een groen, oranje of rood bolletje aangegeven hoe verantwoord hun beleid is op de verschillende terreinen. Het is net een spelletje vier-op-een-rij met al die gekleurde bolletjes, maar er zijn maar weinig banken die vier groene bolletjes op één rij scoren. ASN Bank en Triodos Bank halen die groene vier op een rij wel; voor de rest ziet het er slecht uit.

Een bank die het slecht doet, is Aegon Bank. Daar is de bank zelf ook niet blij mee, vertelt woordvoerder Alexander Kuipers: 'We proberen er ook wat aan te doen. Maar dat is moeilijk omdat we een internationaal bedrijf zijn. Hoewel onze Nederlandse klanten nooit in bijvoorbeeld de defensie-industrie zullen beleggen, willen onze Amerikaanse klanten dat wel. Volgend jaar willen we een echt duurzaam beleid hebben. Maar we beleggen ook nu al in bedrijven die deugen.' Welke bedrijven dat dan zijn, kan Aegon niet zeggen. 'Maar je kunt zelf wel met je gezonde verstand bedenken wanneer een bedrijf deugt of niet,' zegt Kuipers. 'Er zijn echter wel grenzen. Het gaat ons bijvoorbeeld te ver om olie- en gasbedrijven uit te sluiten zoals groene banken als ASN en Triodos doen. Neem nou Shell, dat is een volstrekt fatsoenlijke onderneming, daar zullen we dus gewoon in blijven beleggen.'

Ook Delta Lloyd grossiert in oranje en rode bolletjes en ABN Amro presteert middelmatig. Op papier ziet hun groene beleid er misschien wel mooi uit, maar uit een analyse die de Stichting Onderzoek Multinationals in 2009 maakte, bleek dat niet eens één procent van alles wat de bank deed aan de criteria voor maatschappelijk verantwoord ondernemen voldeed.

Helaas heeft de Eerlijke Bankwijzer niet alle antwoorden. Om de ranglijst samen te stellen, maakt de site gebruik van openbare beleidsrapporten van de banken. Maar in die rapporten staat ook onduidelijke beleidstaal. Zo laat de Eerlijke Bankwijzer over Aegon Bank weten dat deze bank bedrijven uitsluit die zich niet aan de internationale klimaatafspraken uit de VN-Conventie houden. Dat klinkt veelbelovend. Maar er zijn genoeg bedrijven die het klimaat op een andere manier schaden, wat doet Aegon daar dan mee? Dan 'gaat de bank de dialoog met de betreffende klant aan', lees ik op de site. Maar wat betekent dat? Een informeel telefoongesprek? Een eenmalig werkbezoek waar tijdens een kopje koffie wat eenstemmig gebabbeld wordt over duurzaam ondernemen?

En dan woedt er nog een welles-nietesdiscussie over de conclusies die Eerlijke Bankwijzer trekt over sommige banken. Zo meldt de site over ING dat de bank via beleggingen nog steeds investeert in bedrijven die kernbommen maken en bedrijven die betrokken zijn bij wapenhandel met dictators. Maar wanneer ik dat aan ING voorleg, krijg ik te horen dat dat niet het geval is. Als ik daarna weer contact opneem met de Eerlijke Bankwijzer, vertelt de woordvoerder dat ze harde bewijzen hebben dat het wél zo is.

Ja, dan weet je dus nóg niets. Daarom doen de makers van Eerlijke Bankwijzer geregeld praktijkonderzoek, waarbij ze niet alleen het beleid op papier doornemen, maar ook echt bij de banken langsgaan om de uitvoering van het beleid te controleren.

Dat deden ze onlangs nog, in juni 2011, door het bankbeleid op het gebied van dierenwelzijn te onderzoeken. Uit dat onderzoek bleek dat de grote drie banken ABN Amro, ING en Rabobank maar matig scoren als het als het gaat om aandacht voor dierenwelzijn. De banken lenen wel geld uit aan varkenshouders en wijzen hen ook op de voordelen van betere leefomstandigheden voor de dieren, maar volgens het onderzoek is dat allemaal nog veel te vrijblijvend. Wellicht gaat dat dus als volgt: bankmedewerker B gaat op bezoek bij een van zijn klanten, een varkenshouder die ik voor het gemak even V noem. B en V bespreken de financiële situatie, die, zoals altijd de laatste jaren in de varkenshouderij, niet zo rooskleurig is. Aan het einde van de financiële besprekingen snijdt B nog even het onderwerp dierenwelzijn aan: 'U weet dat het beter is voor de dieren als ze meer ruimte hebben? Moet u niet ook overstappen op het sterrensysteem van de Dierenbescherming?'

V: 'Ja, dat wil ik wel, maar dat is duurder. Ik moet veel investeren en zal er nauwelijks iets voor terugkrijgen. En ik heb het al zo zwaar. Ik zal er nog eens over nadenken.'

B: 'Prima, dat lijkt mij een goed plan. Laten we erop terugkomen.'

En dat was dan weer het einde van het gesprek tussen B en V. De bank kan zeggen dat er aandacht wordt besteed aan dierenwelzijn, maar in de praktijk stelt die aandacht waarschijnlijk niet zoveel voor. Eigenlijk is dit ook wel logisch: een bank is immers geen milieubeweging. Maar banken hebben wel degelijk een maatschappelijke verantwoordelijkheid.

De enige twee banken die écht goed scoren op het gebied van dierenwelzijn, zijn wéér ASN en Triodos. Dus wat doe je dan als 'super greeny'? Dan switch je van bank. Intuïtief kies ik voor Triodos, maar ASN komt iedere keer ongeveer net zo groen uit de bus. Triodos Bank werd in de jaren zeventig van de vorige eeuw als stichting opgericht. Het is misschien wel de kleinste bank van Nederland. Maar ook al is Triodos klein, het is wel een van de weinige banken die het ondanks de economische crisis steeds beter doen. In 2009 kwamen er drieëndertig procent meer klanten bij en werd Triodos door de *Financial Times* zelfs uitgeroepen tot duurzaamste bank ter wereld. Zo doet de bank bijvoorbeeld niet aan absurd hoge bonussen. Als er iets extra's wordt uitgekeerd, is dat voor alle werknemers hetzelfde bedrag. In 2009 was dat bijvoorbeeld vierhonderd euro.

Arjen Boukema van ING Bank vindt dat de Eerlijke Bankwijzer appels met peren vergelijkt: 'Natuurlijk komt een bank als Triodos Bank goed uit hun tests, dat is logisch; zij richten zich alleen maar op maatschappelijk verantwoord bankieren. ING is een full-service bank. Wij willen niet alleen de biologische bakker een lening kunnen geven, maar ook de gewone bakker. Je kunt wel zeggen dat je niet moet investeren in bedrijven als Boeing of Shell, maar dan jaag je ook klanten weg. Bovendien hebben wij net zo goed een afdeling duurzaam bankieren. Daar wordt je spaargeld echt voor honderd procent duurzaam belegd.' Op de site van ING staat inderdaad een uitgebreid hoofdstuk over hoe je als rekeninghouder groen kunt sparen en beleggen, net als bij de Rabobank. Ook ABN Amro heeft een aparte pagina met 'groene' producten.

Waarom zou je dan toch de moeite nemen om over te stappen naar Triodos? Ik besluit het te vragen aan Matthijs Bierman, directeur van Triodos Bank: 'Iedere zichzelf respecterende bank heeft tegenwoordig een paragraaf over duurzaamheid, maar dat wil nog niet zeggen dat ze dat ook consequent in hun investeringen hebben doorgevoerd. Dat is zelfs lang niet altijd het geval. Bij ons wel. Wij zijn consequent in alles wat we doen en hebben daar al sinds de oprichting ervaring mee. Bij ons zit duurzaamheid in het DNA, het is veel meer dan alleen een groen sausje.

Op het moment dat je je geld op de bank zet, gaat het meteen ergens anders heen. Daar staan veel mensen niet bij stil. En zelfs als je er wel bij stilstaat, is het vaak lastig erachter te komen waar het dan naartoe gaat. Wij willen onze klanten duidelijk laten zien hoe hun geld ergens anders aan het werk is. Zodoende kun je als spaarder zelf op internet zien welke bedrijven Triodos Bank met je geld steunt. En daarbij draait het allemaal om duurzaamheid. Wij investeren alleen in bedrijven die duurzaamheid hoog in het vaandel hebben staan. Hebben ze dat niet, dan krijgen ze geen lening.'

Glipt er nooit een bedrijf tussendoor dat achteraf niet duurzaam blijkt te zijn? Bierman: 'Ik heb weleens een aanvraag gehad van een bedrijf dat een lening wilde voor een energiezuinige uitvinding waarmee ze varkensmest konden indrogen tot korrels, en zo het probleem van het mestoverschot konden oplossen. Dat klonk in eerste instantie heel milieuvriendelijk, maar uiteindelijk was het gewoon een techniek waarmee de intensieve varkenshouderij door kon blijven gaan met het houden van varkens. Dat bedrijf hebben we toen toch afgewezen. We willen alleen maar duurzame initiatieven steunen die écht iets bijdragen aan een betere wereld. Het mooie is dat we met dit uitgangspunt ook duurzamer beleid kunnen afdwingen. We hebben ook meegemaakt dat een bedrijf dat werd geweigerd omdat het niet duurzaam genoeg was, later opnieuw een lening aanvroeg met de boodschap dat ze hun beleid hadden gewijzigd.'

Een bank met een groen hart, het lijkt zo tegenstrijdig, maar toch is het zo. Dat heeft onder andere te maken met de wortels van de bank. Triodos Bank werd opgericht door een econoom, een hoogleraar fiscaal recht en een bankier die zich lieten inspireren door de antroposofie, de bekende maar ook bekritiseerde spirituele levensbeschouwing die geregeld met zweverigheid wordt geassocieerd. Hoewel Triodos een gewone Nederlandse bank is als alle andere, merk je op sommige punten nog steeds de invloeden van de 'oude sofen': iedere maandag komen alle afdelingen van de bank bij elkaar voor een vergadering, die altijd wordt afgesloten met een oude antroposofische spreuk: 'Wanneer van eenieder de beste krachten in de gemeenschap gaan leven en de gehele gemeenschap zich vormt gespiegeld aan de mensenziel, dan schept dat levenskwaliteit.'

Gaat de bank met de wens die levenskwaliteit te verbeteren niet voorbij aan waar het bij bankieren om draait? 'Nee,' zegt directeur Bierman. 'We zijn een serieus financieel bedrijf en we voldoen aan dezelfde eisen als alle andere Nederlandse banken. Die spreuk staat voor de kern van ons werk. Zeker in de bankwereld kun je je gemakkelijk verliezen in de cijfers. En wij willen altijd blijven beseffen waar het om draait.'

De spreuk klinkt misschien wel zweverig, maar als je hem vertaalt naar praktische spreektaal, komt het er gewoon op neer dat je bewust en verantwoord moet ondernemen. En het is helemaal niet gek om dat wat vaker tegen elkaar te zeggen, zeker niet in een wereld waar het alleen maar om de centen gaat.

Overstappen

Hoe graag ik anders zou willen beweren: overstappen van bank is niet makkelijk. En ik spreek inmiddels uit ervaring, ik heb de switch gemaakt van ABN Amro naar Triodos Bank. Je moet veel regelen terwijl er in de praktijk nauwelijks iets verandert. Je wordt immers niet opeens met applaus en gejuich beloond zodra je hebt afgerekend met je duurzame bankpas, je geld rolt net zo snel als met je oude rekening en je krijgt ook geen extra rente omdat je een groene daad hebt verricht. Wie besluit naar een andere bank over te stappen, moet zich voorbereiden op een langdurige en frustrerende berg administratief werk. Je kunt immers niet zomaar, zoals met je telefoonnummer, je rekeningnummers meeverhuizen. Je moet alle veranderingen zelf doorvoeren. Alle automatische afschrijvingen van je verzekeringen, je abonnementen, je hypotheek of huur en alle stortingen, het moet allemaal veranderd worden.

Een jaar lang kreeg ik brieven van bedrijven die vroegen of ik wel echt een ander rekeningnummer wilde gaan gebruiken en of ik dat even wilde bevestigen. Ik kreeg brieven dat ik rood stond op mijn oude rekening en dat ik een melding bij Bureau Kredietregistratie zou krijgen als ik niet op tijd zou aanvullen. En meldingen dat bedragen niet afgeschreven konden worden omdat er geen saldo op de rekening stond (de oude rekening dus, die ik niet meer gebruikte). Als zoiets één keer gebeurt, is er weinig aan de hand. Maar dit overkwam me bijna iedere maand. En in een leven waar je vrijwel nooit tijd overhoudt voor jezelf, zit je niet te wachten op dit soort financiële rotklusjes. Ik heb toen vaak gedacht: ik zou nog liever een week lang wc-schoonmaker in de trein willen zijn dan hier nog één week mee door te gaan.

Gelukkig is er een dienst die de overstap makkelijker maakt. Overstapservice van de Nederlandse Vereniging van Banken regelt een jaar lang gratis dat al je automatische incasso's voor je worden gewijzigd en dat je niet zelf alle bedrijven die geld afschrijven op de hoogte hoeft te stellen. Een beetje zoals de verhuisservice van PostNl. Dat is ook een handige dienst die je veel werk uit handen neemt, maar het betekent niet dat al je post de rest van je leven automatisch wordt doorgestuurd. Je moet nog steeds een heleboel zelf doen.

Inmiddels is mijn Overstapservice afgelopen en lijkt de administratieve rompslomp van de switch voorgoed verleden tijd. Ik krijg geen aanmaningen meer en kan gewoon pinnen zoals ik altijd heb gedaan. Alles is weer bij het oude. En toch is er iets wezenlijks veranderd. Ik word dan misschien niet bejubeld in de winkels waar ik pin, mijn eigen geweten is wel heel trots en tevreden als ik mijn pas door het apparaat haal. Mijn vermogen, hoe klein het ook mag zijn, wordt ingezet om duurzame bedrijven als dat van mijn biologische boer te kunnen laten bestaan. Als je met die wetenschap geld uitgeeft, voel je je veel beter dan wanneer je betaalt met de gedachte dat je geld gebruikt wordt om in Shell te beleggen of om een bedrijf te steunen dat nieuwe snelwegen bouwt. Uiteindelijk heb ik dat jaar klooien met rekeningen en achterstallige betalingen met liefde overgehad voor het feit dat ik nu eindelijk kan bankieren met manieren.

De beurs op

En ik bankier niet alleen met manieren, ik beleg nu zelfs ook met manieren. In tegenstelling tot alle andere banken is Triodos Bank niet beursgenoteerd. Dat klinkt ook fijn, want daardoor hoeft de bank zich niet te laten opjagen door de zenuwslopende beurskoersen. Toch biedt de bank wel de mogelijkheid te beleggen. En omdat die beleggingen zo duurzaam zijn, heb ik voor het eerst van mijn leven besloten mijn geld in een groenere toekomst te steken. Een deel van mijn spaargeld zit nu in het Triodos Groenfonds, het oudste groene beleggingsfonds van Nederland. Het bedrag dat ik inleg is niet groot, maar ik investeer er concreet mee in groene projecten. Minimaal zeventig procent van het vermogen in het Triodos Groenfonds wordt belegd in projecten die door de overheid officieel zijn erkend als groen. Op de site van Triodos Bank zie ik dat dat bijvoorbeeld een nieuw windmolenpark in Biddinghuizen is, dat energie levert aan 20.000 huishoudens. Misschien is het rendement minder groot dan bij de grootste en bestlopende beursgenoteerde bedrijven, maar ik merk dat het rendement ook wordt uitbetaald in gevoel. Ik voel me meer betrokken en verantwoordelijk nu ik weet dat mijn geld in die molens wordt belegd.

Je kunt trouwens ook kiezen uit andere beleggingsfondsen, zoals het Triodos Cultuurfonds of het Triodos Sustainable Equity Fonds, dat investeert in aandelen van duurzame beursgenoteerde bedrijven. Volgens Triodos zijn dat alleen bedrijven die vooroplopen op het gebied van duurzaam ondernemen. Maar als ik op de lijst klik, schrik ik. In de lijst staan onder andere Adidas en Nike. Adidas en Nike, van de coole sportkleren en -schoenen, staan allebei bekend als een 'best in class' bedrijf. Ze doen het goed op het gebied van maatschappelijk verantwoord en milieuvriendelijk ondernemen, lees ik in de beschrijving.

Hoe kan dat? Want juist die twee bedrijven lagen enorm onder vuur. Uit Greenpeace-onderzoek is namelijk gebleken dat hun producten onder andere worden gemaakt in Chinese fabrieken die hun giftige chemische afval in rivieren lozen. De milieuorganisatie demonstreerde wekenlang voor de winkels van Nike en Adidas om aandacht te vragen voor het probleem.

Naar aanleiding van de berichtgeving over het onderzoek had ik zelf besloten dat ik de leuke gympen van Adidas die op mijn verlanglijstje stonden voorlopig maar even links moest laten liggen. Hoe kan mijn nieuwe duurzame bank nou in een bedrijf investeren dat medeverantwoordelijk is voor zulke viezigheid? Triodos Bank heeft een researchafdeling die kritisch in de gaten houdt of de bedrijven in haar beleggingsfondsen wel verantwoord bezig zijn, dan kunnen ze dit toch niet over het hoofd hebben gezien? Kan ik nu nog wel bankzaken doen en beleggen zonder me af te vragen of mijn geld wel écht duurzaam wordt ingezet? Makkelijker wordt het er niet op.

Zodra ik me echt afvraag hoe groen iets is, of het nu gaat om het scheiden van afval, het reserveren van een restaurant of het kiezen van een bank, stuit ik weer op die heikele definitiekwestie: wat is duurzaam? Het lijkt wel alsof het niet bestaat! Dat beaamt ook Triodos als ik ze bel met mijn vraag over Adidas en Nike. En gelukkig blijkt de soep niet zo heet te worden gegeten als ze wordt opgediend. Vrijwel alle projecten die Triodos Bank financieel steunt, zijn duurzaam in de basis. Dat noemt de bank zelf de 'van onderop-beweging'. Daarbij gaat het om kleine bedrijven die de wereld een stukje beter willen maken. Maar dat is iets heel anders dan de grote beursgenoteerde bedrijven die de financiële steun van Triodos niet direct nodig hebben. Bedrijven als Adidas dus, die in de basis niet duurzaam zijn, maar die wel proberen duurzamer te worden. Voor dat soort bedrijven, bedrijven die hun nek uitsteken, heeft Triodos een juridisch en financieel losstaand beleggingsfonds opgericht. Duurzaamheid zit dus, om met de woorden van directeur Matthijs Bierman te spreken, misschien niet in het DNA van die bedrijven, maar ze doen het in de ogen van Triodos wél beter dan een heleboel andere beursgenoteerde bedrijven. Mijn spaargeld zal in elk geval nooit zomaar in deze bedrijven worden geïnvesteerd. Dat gebeurt pas als ik daar zelf voor kies.

Zo bezien is het zo slecht misschien nog niet dat Adidas en Nike op die lijst staan. Beide sportmerken hebben publiekelijk de belofte gedaan dat ze een duurzamer beleid willen voeren. Dat maakt ze kwetsbaarder voor kritiek. Ze moeten beter opletten wat ze doen dan een bedrijf dat geen enkele groene belofte heeft gedaan. Bedrijven als Adidas en Nike hebben iets waar te maken. En hoe meer de druk wordt opgevoerd, hoe beter die bedrijven zich aan hun voornemens zullen moeten houden. Als consument kan ik de druk wel proberen op te voeren door demonstratief geen Adidas-gympen meer te kopen, maar daardoor zal het bedrijf niet meteen in de problemen komen. Maar als Adidas het risico loopt uit het beleggingsfonds van een duurzame bank als Triodos geknikkerd te worden, hebben ze wél een probleem. Dat zou pas imago- en financiële schade opleveren.

Ik doe het dus dubbel goed: ik heb gekozen voor een bank die zo verantwoord mogelijk bankiert en via die bank heb ik ook nog eens invloed op de bedrijven waar ik anders veel minder makkelijk invloed op zou kunnen hebben. Als ik nu naar Aegon had gebeld met de mededeling dat Adidas en Nike zich niet aan hun duurzame beloften houden, zou dat waarschijnlijk geen enkele indruk hebben gemaakt. Maar bij Triodos ligt dat gevoelig. Die hebben hun duurzame reputatie hoog te houden. Via de macht van de bank is de kans dat dit soort bedrijven duurzamer worden, alleen maar groter geworden. Die nieuwe bank van mij is dus vooral een extra breekijzer om de wereld een stukje beter te maken.

Tijdens het schrijven van dit hoofdstuk bleek dat de researchafdeling van Triodos bezig was met een nieuw onderzoek naar Adidas en Nike naar aanleiding van het nieuws over de giflozingen. Niet veel later maakte zowel Adidas als Nike bekend voor 2020 te zullen stoppen met het produceren van schoenen en kleren waarbij giftige chemicaliën worden geloosd. Door de internationale druk van Greenpeace en wie weet misschien ook wel door vragen van duurzame bedrijven als Triodos, besloten de modeconcerns actie te ondernemen.

De creditcard

'Mama, jij houdt van shoppen, hè?' zei mijn dochter laatst tegen me toen we gingen winkelen. Ze had gelijk. Ik houd van shoppen, ook als ik het geld niet heb. Dan is het wel een stuk lastiger shoppen, maar ik heb gelukkig altijd nog een creditcard. Alleen nu ik was overgestapt naar een verantwoorde bank, kon ik niet met een 'onverantwoorde' creditcard blijven betalen. Want het geld dat de creditcardmaatschappijen in hun zak steken, gaat ook weer naar beleggingsfondsen waar ik zelf nooit in zou investeren.

Triodos heeft geen eigen creditcard, dus bleven er drie opties over: de World Panda Card van het WNF, de groene creditcard van ASN Bank of de Visa Greencard. Het idee achter dit soort betaalkaarten is dat je je uitgaven automatisch compenseert. Bij de WNF-kaart gaat een deel van de opbrengsten naar het Wereld Natuur Fonds, bij de ASN-kaart en de Visa Greencard gaat een deel van het geld naar duurzame projecten. Ik koos voor de Visa Greencard en heb nu een creditcard waarmee ik volgens de site volledig klimaatneutraal kan shoppen. Alles wat ik met creditcard betaal, wordt door een speciaal daarvoor gemaakt programma omgerekend naar kilo's CO_2 en die kilo's worden vervolgens 'geneutraliseerd' doordat de creditcardmaatschappij geld investeert in een groen energieproject of in de aanplant van nieuwe bomen. Het is hetzelfde systeem als de compensatieprogramma's die worden gebruikt voor vliegreizen.

Bij de Visa Greencard kun je op internet per maand of per jaar bekijken hoeveel CO_2-uitstoot er met je aankopen gemoeid ging en die getallen vervolgens vergelijken met de uitstoot van andere Greencard-bezitters. Er staat ook een overzicht van de projecten die je steunt dankzij je bestedingen. Zo steun ik met mijn creditcard bijvoorbeeld een kleine waterkrachtcentrale in Brazilië en een windmolenpark in China.

Maar het rekenprogramma dat mijn uitgaven onder de loep neemt kijkt niet heel precies naar waar ik mijn geld uitgeef. Als ik al mijn kleren in de duurzame winkel Nukuhiva van Floortje Dessing betaal met mijn groene creditcard, zie ik dat niet terug in mijn uitstoot-overzicht. Terwijl dat toch een stuk verantwoorder is dan een winkel die géén duurzame kleding verkoopt. En als ik een hotel dat zijn eigen uitstoot compenseert met mijn groene creditcard betaal, zie ik de klimaatcompensatie van dat hotel ook niet terug in mijn overzicht.

Een beetje tegenstrijdig voelt het wel, die creditcard. Dat heeft niet eens zozeer met de klimaatcompensatie te maken, maar meer met het principe van de betaalkaart. Creditcards zijn toch een soort luxepasjes voor mensen die vaak en op veel plekken geld uitgeven of die gespreid willen kunnen betalen. In Amerika heeft dat vele gezinnen naar de rand van de afgrond gebracht. Mensen konden eindeloos kopen zonder direct met hun uitgaven geconfronteerd te worden. Maar uiteindelijk moesten ze gewoon terugbetalen, inclusief de opgespaarde debetrente omdat ze niet in één keer hadden betaald. Wat dat betreft zijn creditcards een soort ideale schoonzoon die een oplichter blijkt te zijn. En dat strookt niet met duurzaamheid. Milieubewust leven en 'shop till you drop' zijn geen goeie match.

Uiteindelijk klopt het gewoon niet dat je de wereld kunt redden door je uitgaven opeens met een groene creditcard te doen. En dat is wel de indruk die Visa Greencard maakt. In het reclamefilmpje op de site wordt letterlijk gezegd dat je met de Visa Greencard de opwarming van de aarde tegen kunt gaan. Wat Visa Greencard dus in feite zegt, is: wij zorgen ervoor dat je CO_2-neutraal kunt leven, als je maar geld uitgeeft! Maar als dat zo zou zijn, dan zou dat dus betekenen dat ik milieuvriendelijker ben naarmate ik meer shop. Dan zou de P.C. Hooftstraat opeens een groene zone zijn en de rijkelui die er winkelen de wereldverbeteraars. Maar dat is klinkklare onzin. Als iemand die in een Hummer rijdt denkt dat hij dat kan blijven doen omdat hij een verantwoorde creditcard heeft, dan bereik je eerder het tegenovergestelde van wat je wilt. Een schip dat aan twee kanten lek is, kun je aan één kant wel helemaal leegscheppen, maar als je aan de andere kant niet hoost, zink je alsnog naar de bodem. Die groene creditcard is dus wel een goed initiatief, maar alleen als je hem koppelt aan een milieubewust(er) leven.

Het zou beter zijn als er een andere tekst op de site van mijn Greencard zou staan. Een soort bijsluiter, zo'n waarschuwende slogan zoals er ook voor drank is. Zoiets als: 'Geniet, maar shop met mate. Want ook al bent u op papier klimaatneutraal, in de praktijk hebt u nog steeds vervuilende stoffen uitgestoten.' Maar het woord consuminderen, dat is als vloeken in de kerk voor creditcardmaatschappijen. Ze kijken wel link uit daar reclame voor te maken. Onze uitgaven zijn hun brood. Hoe groen onze creditcards ook worden, ze zullen nooit de oplossing zijn voor de klimaatproblemen. Je bent dus pas echt een 'super greeny' zonder creditcard, of als je een groene creditcard hebt die je heel bewust gebruikt voor groene uitgaven. Die nieuwe biologische Fairtrade-spijkerbroek bijvoorbeeld, je zonnepanelen of dat ecologische vakantiehuisje in Frankrijk.

13

DE KRACHT VAN ACTIEVOEREN

Meestal zit ik op zondagavond op de bank met een glas wijn. Maar deze zondag niet. Vandaag ben ik samen met een club actievoerders in de actieloods van Greenpeace op een oude scheepswerf. Morgen voeren ze actie. En ik doe mee.

Mijn hele leven al heb ik grote bewondering gehad voor activisten die de straat op gingen om hun stem te laten horen of zichzelf vastketenden aan olieplatforms of treinrails om duidelijk te maken dat het hen ernst was. Zonder hen geen politieke discussie over walvisvangst, vervuilende kolenfabrieken of gevaarlijke kerncentrales. Maar heeft het wel echt zin om op die manier te protesteren? En hoe word je dat, actievoerder? En waarom doe je het? Om daarachter te komen, besloot ik me aan te melden.

Met een man of twintig zitten we aan grote kantoortafels te kijken naar de beelden die de beamer op de oude muur projecteert. Tobias leidt de vergadering, laat satellietfoto's zien van de locatie waar we morgenochtend zullen toeslaan en neemt nog één keer alle stappen door. Het doet me denken aan films als *Ocean's Eleven*, waarin een kleine club een meesterlijke roof voorbereidt. Alleen gaan wij niet roven, maar de wereld wakker schudden.

Ik kijk uit het raam en zie in de verte gezellig verlichte huiskamers. In een van die huizen woont een vriendin van me. Waarschijnlijk zit zij nu wél op de bank met een glas wijn. Zij slaapt vannacht gewoon in haar eigen bed. Ik slaap met de andere actievoerders in een omgebouwde container.

Theo de Winter, een lange, blonde veertiger die me doet denken aan een doorgewinterde zeiler, werkt al twintig jaar voor Greenpeace. Voordat we gaan slapen, vertelt hij me wat de belangrijkste regels zijn waaraan ik me moet houden: 'Geweld is uit den boze. Ook moet je nooit je stem verheffen. Het is best moeilijk om je emoties te onderdrukken, zeker als iemand boos op je wordt omdat je zijn of haar werkdag verpest, maar je zult altijd moeten blijven proberen niet persoonlijk te worden. De mensen die niet naar binnen kunnen omdat wij de weg versperren, hebben uiteindelijk niets gedaan. Greenpeace-acties zijn geweldloos, maar de kans is niet klein dat de politie ons arresteert. Verzet je dan niet. Uiteindelijk word je altijd na een paar uur weer vrijgelaten.'

De volgende ochtend, zes uur: de wekker gaat en ik sta meteen klaarwakker naast mijn bed in de container. Zonder te spreken kleden we ons aan, poetsen we onze tanden en hijsen we ons in onze actiepakken. Iedereen is opvallend rustig en stil. Maar het is de stilte voor de storm. We weten dat er iets groots gaat gebeuren, maar houden nu nog even onze adem in.

Halfacht: ik zit met zeven anderen in een busje op een verlaten parkeerterrein achter het hoofdkantoor van computerfabrikant Dell. We hebben allemaal dezelfde blauwe Greenpeace-jas aan en wachten in stilte op het sein dat we met de actie kunnen beginnen. Dat kan pas als de klimmers, die al de hele nacht in de weer zijn op het gebouw, het voor elkaar hebben gekregen het spandoek over de voorgevel uit te rollen. Dan parkeert er uit het niets opeens een rode auto achter ons. Onze chauffeur kijkt verschrikt om: 'Is dat beveiliging?' Voor de zekerheid trekken we gelijk onze Greenpeace-jassen uit. Want als iemand ontdekt wat we van plan zijn, kan de hele actie in het water vallen. 'We zeggen gewoon dat we schoonmakers zijn,' mompelt een van ons. Maar gelukkig krijgen we op dat moment het verlossende bericht: 'Het spandoek hangt, we kunnen!'

Halfnegen: ik sta tot aan mijn nek in het schuim voor de hoofdingang van het Dell-kantoor. Naast ons spuugt de gehuurde schuimmachine bergen partyschuim uit. Aan de voorgevel hangen de klimmers met een gigantisch spandoek waarop staat: 'Michael Dell, clean up Toxics!' Want dat is de reden waarom we actievoeren. Dell verwerkt giftige stoffen in zijn computers en Greenpeace eist al jaren dat het bedrijf daarmee stopt. Die schadelijke stoffen zijn niet alleen slecht voor het milieu, maar ook voor de mens. De afgedankte apparaten belanden op vuilnishopen in landen als China, India, Nigeria en Ghana. Daar hebben ze niet de mogelijkheden het giftige afval op een verantwoorde manier te recyclen. Kinderen slopen de apparatuur bijvoorbeeld voor het metaal, waar ze geld voor krijgen. Ze verbranden de apparaten in open vuurtjes, waardoor de gifstoffen vrijkomen. Dell beloofde in 2006 aan Greenpeace al de gevaarlijke gifstoffen voor eind 2009 uit de apparaten te halen, maar kwam die belofte niet na. En daarom staan we nu voor de deur. Het schuim staat symbool voor de grote schoonmaak die Greenpeace wil afdwingen. Als Dell niet begint, dan doen wij het wel.

Al snel wemelt het van de journalisten, nieuwsgierige voorbijgangers en verontruste Dell-medewerkers die hun kantoorgebouw niet in kunnen. Tobias en Theo onderhandelen met de politie, die inmiddels ook ter plaatse is.

Inmiddels heeft het Dell-personeel ontdekt dat ze om de activisten heen kunnen door de achteringang te gebruiken. Maar daar sta ík, samen met actievoerder Steve, met een spandoek te wachten. Steve spreekt iedereen aan die langsloopt met de vraag of ze weten waarom we hier staan. In het dagelijks leven is hij zanger en eigenaar van een evenementenbedrijf: 'Ik ben ooit begonnen met actievoeren omdat ik geen geld had om Greenpeace te steunen, maar toch wat wilde doen. Toen ontdekte ik dat actievoeren veel leuker is. Je kunt met elkaar praten over je betrokkenheid. Dat kan niet als je alleen maar een bedrag stort.'

Zo makkelijk als het Steve afgaat, zo bezwaard voel ik me wanneer ik de Dell-medewerkers probeer aan te spreken. Het doet me denken aan de Jehova's getuigen die ik zelf altijd zo geërgerd afwimpel. Het Dell-personeel heeft er ook moeite mee. Ze kijken naar de grond, doen alsof ze telefoneren of roepen dat we ze met rust moeten laten omdat het hun schuld niet is. Steve stapt wél op mensen af om met ze te praten. 'In het begin vond ik het ook moeilijk om mensen aan te spreken tijdens acties,' zegt hij. 'Nu heb ik er juist plezier in. Er zijn altijd mensen die met je in gesprek willen. Als iemand boos wordt, is dat niet leuk, maar ik heb een slimme truc geleerd: als je met iemand praat, moet je hem niet recht in de ogen kijken, maar er precies tussenin. Dan voelt die persoon zich minder aangevallen.'

Tien uur: we staan inmiddels ruim anderhalf uur voor de hoofdingang en opeens wordt het akelig stil. Alle werknemers zijn inmiddels naar binnen gegaan via de achteringang, de journalisten hebben hun interviews afgerond en de politie is ook vertrokken. Wat nu? 'Niets,' zegt campagneleider Kim Schoppink. 'Nu gaan we wachten. Vanmiddag heeft Michael Dell in Amerika met zijn staf een vergadering over duurzaamheid en wij gaan hier pas weg als die vergadering is begonnen en ze hebben laten weten dat ze iets gaan doen.'

Het begon zo spectaculair, maar nu vind ik het wel erg moeilijk gemotiveerd te blijven. 'Ja, dat is actievoeren,' vertelt Alexandra me terwijl we samen de ingang bewaken. Alexandra is al vaker met Greenpeace meegegaan. 'Soms doe je niets anders dan de hele dag aan een gebouw hangen, zoals de klimmers vandaag. Maar toch doe ik het. Ik kan ook geld geven, maar ik wil het gevoel hebben dat ik persoonlijk iets bijdraag.' Alexandra is een mooie Française met lange, donkere haren. Als ik haar op straat was tegengekomen, had ik nooit gedacht dat ze dit zou doen. Tot mijn verbazing werkt ze in het dagelijkse leven óók bij een computerbedrijf, als productmanager. 'Maar wij werken niet met giftige stoffen, hoor! Het klinkt misschien raar, maar die twee dingen gaan prima samen. Het mooie van actievoeren is dat ik gelijkgestemden ontmoet. Dit zijn bijzondere mensen, die allemaal de wereld een beetje beter willen maken. Dat schept een band. We zijn bezig voor een hoger doel, maar het voelt ook alsof we vrienden zijn.'

De actievoerders zijn inderdaad niet de types die ik hier had verwacht. Ik dacht een groep cynische en boze milieuactivisten aan te treffen, maar het tegenovergestelde is waar. Dit zijn hoogopgeleide optimisten die midden in het leven staan. En wat me opvalt: het zijn vooral jonge vrouwen. Lara werkt bij Greenpeace Portugal. Ze was op bezoek bij Greenpeace Nederland toen ze toevallig van de actie hoorde en zich aanbood. Alexandra komt uit Frankrijk, maar wil niet terug omdat ze vindt dat Nederlanders meer maatschappelijk betrokken zijn. N'Dala is met haar gezin gevlucht voor het geweld in haar geboorteland Zuid-Afrika en heeft zich meteen bij Greenpeace aangemeld. We zitten allemaal in ongeveer dezelfde fase van het leven, maar vergeleken met hun betrokkenheid en daadkracht voel ik me een groentje.

Het wachten duurt lang en wordt niet beloond. Aan het einde van de dag, we zijn doorweekt van het schuim en verkleumd van de kou, komt Kim Schoppink met een teleurstellende mededeling. De afspraak van Michael Dell, de reden waarom Greenpeace deze dag had uitgekozen, is afgeblazen. Kim: 'Ze zijn er intern nog steeds niet over uit hoe en wanneer ze de giftige stoffen uit hun producten gaan halen.' Teleurgesteld kijk ik haar aan. Dat betekent dat we hier de hele dag voor niets hebben gestaan! 'Nee hoor,' zegt ze, 'we hebben wel degelijk een signaal afgegeven. Dit hoort erbij. Maar het betekent wel dat de volgende actie minder vriendelijk zal zijn. We zullen de druk moeten opvoeren. Hoe vaker je dit soort acties houdt, hoe pijnlijker het wordt voor bedrijven. Personeel gaat dan zelf ook twijfelen aan de integriteit van hun werkgever, en dat is niet goed voor het imago. Uiteindelijk gaan ze dan wel overstag. Actievoeren is vooral laten zien dat je een heel lange adem hebt.'

Theo de Winter beaamt Kims verhaal: 'Ik denk zelf ook weleens dat het geen zin heeft wat we doen. Maar waarom zou ik me concentreren op dat negatieve gevoel? Uiteindelijk hebben we door steeds weer actie te voeren mooi wel een deel van het Amazonegebied kunnen redden. En ik vergeet nooit dat dankzij een actie van ons jaren geleden een extreem milieuvervuilende vuilverbrander in België definitief werd gesloten. De omwonenden vielen ons huilend in de armen. Kijk, het is uiteindelijk heel simpel: als je niets doet, gebeurt er helemáál niets.'

Het klinkt als een open deur, maar het is een van de belangrijkste drijfveren van al deze mensen: nietsdoen is geen optie voor ze. Actie ondernemen is altijd beter dan je schouders ophalen. Het is ook wel begrijpelijk, want ik merk dat deze dag me een bijzonder gevoel heeft gegeven. Ik voel me betrokkener dan ooit en de strijdlust van mijn collega-activisten is op me overgeslagen. Dat blijkt ook uit wetenschappelijk onderzoek: actievoeren maakt gelukkig. De Amerikaanse psycholoog Tim Kasser ontdekte dat activistische mensen een blijer leven leiden. Uit zijn onderzoek bleek dat mensen die actievoerden zich beter, vrijer, gelukkiger en tevredener voelden. Als je kijkt naar de vele filmpjes over het Occupy Wallstreet-protest uit 2011, begrijp je dat meteen. Duizenden mensen uit alle lagen van de samenleving sloten zich bij deze beweging en de acties aan. Wekenlang bivakkeerden ze in Wallstreet in New York om te protesteren tegen het uit de hand gelopen kapitalisme.

Carrotmob

Deze manier van actievoeren is alleen niet voor iedereen weggelegd. Dat merkte ik bij mezelf ook: na mijn Greenpeace-dag was ik vastberaden me aan te melden als nieuwe vaste vrijwilliger. Maar in de praktijk bleek het toch best moeilijk te combineren met twee kleine kinderen en veel werk. Maar er zijn gelukkig alternatieven genoeg. Vooral dankzij internet is het aantal verschillende manieren om je stem te laten horen alleen maar groter geworden. Zo waaide in 2009 een heel nieuwe vorm van activisme over uit Amerika: de *carrotmob*. Bij een carrotmob benadert een grote groep consumenten een bedrijf met een zakelijk voorstel. Als het bedrijf belooft een duurzamer beleid te gaan voeren, beloven de 'actievoerders' in ruil daarvoor vaste klant te worden of een groot aantal van een bepaald product af te nemen. De actievoerders houden het bedrijf of de instelling dus een wortel (de carrot) voor.

In 2010 was ik zelf voor het eerst bij een carrotmob. De Hotel Crash, zo heette deze mob, was georganiseerd door een club milieubewuste creatievelingen die werken onder de naam Strawberry Earth. Het werd een spectaculaire avond waar ik tot mijn spijt niet alles meer van weet. Misschien kwam dat door de duurzame wodka en biologische wijn, misschien door het optreden van de Zweedse dj's die zo hard in mijn oren rapten dat het onmogelijk was nog iets op te slaan, of misschien was het wel het speciaal voor mij geschilderde kunstwerk (een levensgroot portret van mijzelf) dat als cadeau op mijn hotelkamer was opgehangen en zo angstaanjagend was dat ik op slag vergat wat ik die avond had uitgespookt. Maar wat ik nog wel weet: ik voelde me de hele avond als een fladderende vlinder. Dronken van blijheid (en van die ecologische wodka) plofte ik op het hotelbed en ik waande me in de tijd van Flowerpower, van John en Yoko, van verliefde hippies en van een heleboel Peace On Earth.

Voor de cynisch aangelegde lezers is dit ongetwijfeld een kwelling om te lezen. En ik weet het, met dit soort hippe feestjes los je het klimaatprobleem niet op. Sterker: er viel – op die duurzame wodka, biologische wijn en organische hapjes na – weinig klimaatvriendelijks te ontdekken die avond. Maar het was dan ook niet zomaar een feest. De totale opbrengst, de huur van alle kamers en het geld van de drank en het eten, werd namelijk door de eigenaar van het hotel gestoken in het doorvoeren van duurzame maatregelen om zijn hotel klimaatvriendelijker te maken. Het was dus een soort mini-klimaatdeal: wij zorgden al feestend voor geld en aandacht, de eigenaar van Hotel V verduurzaamde zijn hotel.

Je kunt van alles aanmerken op deze vorm van activisme,

maar het is wel effectief. Je kunt wel boos bij iemand voor de deur gaan staan schreeuwen dat hij het niet goed doet, maar daar los je niet altijd alles mee op. Greenpeace kan het nog wel maken, omdat ze de media zo goed weten te bereiken met hun acties. Daarmee kunnen ze de druk goed opvoeren. Maar als je met een groepje ontevreden consumenten boos voor de deuren van dit hotel was gaan staan, had de eigenaar de politie misschien wel gebeld. Je loopt dan eerder de kans dat de deur helemaal dicht blijft. De carrotmob bewijst dat je een persoon, bedrijf of organisatie ook op een positieve manier kunt laten zien dat het beter kan. Door een deal te sluiten. Hoogleraar Duurzaamheid Jan Rotmans zei daarover in *de Volkskrant*: 'In de jaren zestig en zeventig was je ergens tegen, nu ben je ergens voor.'

Internetactivisme

En het is aan het internet te danken dat we nu zo makkelijk ergens voor kunnen zijn. Moest je vroeger met brieven de deuren langs of oproepjes in buurthuizen, sportverenigingen en kerken ophangen, nu vrijwel iedereen online is, is het stukken makkelijker geworden in heel korte tijd heel veel mensen te bereiken. Dankzij sites als Facebook en Twitter heb je zó een gigantische schare medestanders bij elkaar om te laten zien dat en hoe het beter kan. Er is zelfs een naam voor die vorm van activisme: *slacktivism*. Slacktivism is de samentrekking van *slacker* (nietsnut) en *activism*. Slacktivism wordt ook weleens *clicktivism* genoemd. Het is actievoeren vanuit je luie stoel: je hoeft de straat niet meer op om te laten zien dat je verandering wilt, maar klikt gewoon op die ene link en klaar ben je.

Die actiegroepen op internet doen me weleens denken aan het natuurwonder van de spreeuwenzwerm: eerst zie je een paar spreeuwen bij elkaar vliegen en voor je er erg in hebt, zijn het er opeens duizenden, die als een grote, zwarte wolk allemaal tegelijk dezelfde kant op vliegen zonder dat je begrijpt hoe ze dat voor elkaar krijgen. Een grote actie op internet is zo geboren. Zo is de Facebook-groep 'Save Darfur Coalition' een 'zwerm' met meer dan 33.000 *likes* en heeft de groep 'Slow Climate Change' meer dan 52.000 leden.

Toch is het ook oppassen met deze vorm van protest. Zoals een spreeuwenzwerm soms opeens in het niets opgelost kan zijn, zo kan ook een online petitie opeens zijn vergeten. En niet iedereen is ervan overtuigd dat internetactivisme zoden aan de dijk zet. Zo heeft de beroemde Amerikaanse schrijver Malcolm Gladwell felle kritiek geuit op de 'slacktivist' in een betoog dat hij in 2010 voor *The New Yorker* schreef. Zijn kritiek was niet mis en kwam neer op het volgende: 'Facebook-activisme is niet succesvol in het motiveren van mensen om een echte opoffering te maken; Facebook is succesvol in het motiveren van mensen om dingen te doen die ze doen als ze niet gemotiveerd genoeg zijn om een echte opoffering te maken.' Internetactivisme is voor de gemakzuchtigen, dus. Volgens Gladwell weten we niet meer wat activisme is. Om dat standpunt te onderbouwen, haalt hij een prachtig voorbeeld uit de geschiedenis aan. Het verhaal van de 'Greensboro Four', de vier Afro-Amerikanen die in 1960 weigerden te vertrekken uit een eethuis in Greensboro in North Carolina. Een van hen bestelde een kop koffie, waarop de serveerster zei: 'We bedienen hier geen negers.' De vier jongens bleven zitten. Uit protest.

De volgende ochtend zaten er eenendertig actievoerders in het lunchtentje. Twee dagen later waren het er tachtig, drie dagen later driehonderd en na vijf dagen waren het er zeshonderd. Een maand later deden meer dan 70.000 mensen in verschillende staten in Amerika mee aan de protestactie tegen de discriminatie van donkere mensen, en de actie van de Greensboro Four werd het begin van een burgerrechtenbeweging die de rest van de eeuw actief zou blijven. Die vier jongens hebben geschiedenis geschreven. En dat helemaal zonder mobieltje, Twitter, Facebook of YouTube.

Het voorbeeld van die vier donkere jongens die weigerden op te staan omdat er alleen maar blanken op hun plaats mochten zitten, dát is pas actievoeren, vindt Gladwell. Het was risicovol actievoeren, met als resultaat een doorbraak in de strijd tegen racisme. Actievoeren via internet is niet risicovol en daarom minder krachtig, aldus Gladwell. Bovendien hebben mensen online vaak 'zwakke' banden, terwijl offline actiegroepen bestaan uit mensen met 'sterke' banden. En die sterke banden – vrienden, familieleden, directe studiegenoten – zijn een vereiste voor effectief activisme. In die zin klopt de term slacktivist wel: het heeft iets opportunistisch. Je kunt wel heel demonstratief een mooi roze anti-borstkankerlintje of een tegen zinloos geweld-logo aan je profielfoto toevoegen, maar dat zegt niets over je werkelijke betrokkenheid. Dat viel me bij mezelf ook op, toen ik op een gegeven moment het zoveelste duurzaamheidsgroepje had ge-*liked* op Facebook. Ik had met een heel goed gevoel op de knop geklikt, maar daar bleef het bij. Dat is inderdaad geen actievoeren, dat is je aansluiten bij de verkeerde zwerm spreeuwen.

En toch ben ik het niet eens met Gladwells bewering dat we niet meer weten wat actievoeren is. Je kunt zijn kritiek net zo goed omdraaien: Gladwell weet (nog) niet wat het nieuwe actievoeren is. Het voorbeeld dat hij aanhaalde van de Greenboro Four, is bijzonder. Deze mannen hebben – ondanks de dreigingen en de risico's – destijds hun woede omgezet in vreedzaam protest, in daadkracht. En met succes. In een week tijd waren ze van vier naar zeshonderd actievoerders gegaan. Maar moet je je eens indenken wat er was gebeurd als ze bij hun plan YouTube hadden kunnen gebruiken en met hun mobieltje stiekem een filmpje hadden gemaakt van de serveerster die zei: 'Wij bedienen hier geen negers.' Internet was te klein geweest voor de golf van verontwaardiging die was losgebroken. Het was een *trending topic* geworden op Twitter, en op Facebook waren ongetwijfeld allerlei afsplitsingen ontstaan die dezelfde *sit-ins* waren gaan organiseren als deze vier jongens hadden gedaan. Ze waren in één week tijd niet van vier naar zeshonderd actievoerders gegaan, maar van vier naar 60.000 of misschien wel 600.000. En ze waren niet alleen in de krant en op het nieuws gekomen, maar over de hele wereld op honderden progressieve websites en blogs bejubeld om hun strijd tegen discriminatie. Het eerder genoemde Occupy Wallstreet-protest dat over de hele wereld navolging kreeg, is daar een voorbeeld van.

De kracht van actie

Dankzij al die 'luie' activisten op internet zijn er toch een heleboel mooie dingen gebeurd. De Facebook-groep van het 'Climate Reality Project' haalde bijvoorbeeld zowat vijftigduizend dollar op voor een campagne tegen de opwarming van de aarde. Dat was met ouderwetse kettingbrieven een stuk minder makkelijk gegaan. En zo zijn er meer voorbeelden. Zoals de succesvolle online actie waarbij de populaire Amerikaanse opiniesite Huffingtonpost.com haar lezers opriep hun geld van de grote bank naar een kleine gemeenschapsbank te verplaatsen uit protest tegen het financiële beleid van de grote banken. Die grote banken vielen niet om, maar hebben wel tot op de dag van vandaag nog steeds enorme imagoproblemen: meer dan vier miljoen Amerikanen zegden hun bankrekening op dankzij de internetcampagne.

De online KitKat-actie uit 2010 van Greenpeace laat ook zien wat je met een grote zwerm internetters kunt bereiken. Greenpeace voerde actie tegen Nestlé, dat onder andere de KitKat maakt, omdat het bedrijf nog steeds palmolie gebruikte van de zeer omstreden palmoliefabrikant Sinar Mas. Om die palmolie te kunnen produceren, kapte het Indonesische bedrijf Sinar Mas regenwoud, waardoor de orang-oetans dreigen uit te sterven. Greenpeace maakte een viral video van een man die een KitKat eet die uiteindelijk een apenvinger blijkt te zijn. Het bloed spuit uit de zogenaamde chocoladereep, maar de man trekt zich er niets van aan en eet lekker door. Hij veegt zelfs zijn bloederige mond af alsof er niets aan de hand is. Je hebt het vast een keer gezien, het werd wereldwijd meer dan anderhalf miljoen keer bekeken. Er was zoveel aandacht voor de campagne dat het bijna onmogelijk was nog een KitKat te kopen zonder aan die bloederige apenvinger te denken. Honderdduizenden mensen die het filmpje hadden gezien stuurden een door Greenpeace opgestelde e-mail naar Nestlé waarin ze erop aandrongen een einde aan deze praktijken te maken. Die boodschap kwam aan bij Nestlé: uiteindelijk kondigde de voedselproducent aan de contracten met Sinar Mas te verbreken en geen palmolie meer te zullen gebruiken waarvoor regenwoud is gekapt.

De honderdduizenden 'actievoerders' die het online filmpje bekeken en de protestmail naar Nestlé stuurden, deden dat in amper twee minuten tijd. Ze gingen niet de straat op met spandoeken beschilderd met leuzen, ze ketenden zich niet vast aan de poorten van Nestlé. Ze zaten gewoon op de bank achter de laptop of in hun werkkamer achter de pc. En je weet maar nooit. Misschien zijn er tussen die honderdduizenden mensen die meededen vanuit hun luie stoel wel een paar zó door het onderwerp gegrepen dat ze bij de volgende actie wél fysiek voor de poorten van een bedrijf liggen of op de Dam staan met een spandoek.

Als alle campagnes alleen op internet gevoerd zouden worden, zou het inderdaad weinig effectief en te abstract zijn. Maar je moet het 'oude' activisme en het nieuwe activisme ook niet als elkaars concurrenten zien. De twee kunnen elkaar juist aanvullen en versterken. Goed actievoeren, of het nu op straat is of via een computerscherm, is moeilijk. Maar als je de 'oude' en de 'nieuwe' methoden goed aan elkaar knoopt, heb je wel meer armslag. De KitKat-actie was niet voor niets zo'n succes: er zat een officiële en hiërarchische organisatie als Greenpeace achter (de sterke banden) die al jaren ervaring heeft met het mobiliseren van mensen. Dat hielp. En zo versterkten de oude en de nieuwe kracht elkaar.

Maar of je nu bewust via internet meedoet of naar buiten gaat, iets doen is altijd beter dan nietsdoen. In de provincie Utrecht deden verongelijkte burgers dat samen met Milieudefensie nadat ze te horen hadden gekregen dat er plannen waren voor de bouw van megastallen in hun woonomgeving. Via het burgerinitiatief 'Stop Veefabrieken Utrecht' werden meer dan 15.000 handtekeningen tegen de komst van de megastallen verzameld. Het resultaat was een overwinning voor de burgers: de bouw van de megastallen in hun woonomgeving werd afgeblazen.

Het aantal voorbeelden van wat je voor elkaar kunt krijgen als je ergens in gelooft (of er juist niet in gelooft), is groot. Soms heeft het invloed op miljoenen mensen, soms op een kleine groep. Zoals het initiatief van Caroli Buitenhuis, die een oplossing bedacht voor de honderden miljoenen plastic tassen die we ieder jaar weer weggooien. Ze bedacht een doorzichtige bol op een sokkel waar je oude tasjes in kunt achterlaten zodat de mensen na jou in de winkel geen nieuw tasje hoeven te kopen. De tassenbol staat inmiddels in ongeveer vijfhonderd supermarkten, een aantal basisscholen en bibliotheken. Maar toen ze het idee in 2005 bedacht, was er niet één winkel met een tassenbol. Via internet probeert ze aandacht voor haar vinding te krijgen. En die aandacht krijgt ze. Dankzij een groeps e-mail die bezoekers van de duurzaamheids-site Nudge.nl aan hun Albert Heijn in de Elandstraat in Den Haag stuurden, plaatste de supermarkt daar ook een tassenbol. En zo zullen er ongetwijfeld meer volgen. Nu is de tassenbol misschien een klein initiatief waarvan je je kunt afvragen of het wel de oplossing is voor de plastic afvalberg. Maar dat was die rare container die huisvrouwen Babs Riemens en Miep Kuiper in 1972 voor hun supermarkt lieten plaatsen om glas in te verzamelen ook. En inmiddels hebben we wel zo'n 25.000 glasbakken in Nederland. Wie weet recyclen we nu wel meer dan tachtig procent van ons glas dankzij die twee betrokken moeders uit Zeist, die zich ergerden aan ons weggooigedrag en besloten actie te ondernemen.

Een wereldberoemd voorbeeld van de kracht van actievoeren is dat van de Amerikaanse huismoeder Erin Brockovich. Eind jaren tachtig ging Brockovich als secretaresse bij een advocatenkantoor aan de slag en stuitte ze op een merkwaardig dossier over ernstig zieke mensen en een bedrijf dat chemicaliën in het drinkwater van deze mensen zou hebben geloosd. Ze besloot in het onderwerp te duiken, ontdekte een groot milieuschandaal en klaagde het bedrijf dat er de oorzaak van was aan. Ze werd van alle kanten tegengewerkt, maar toch ging ze door. Omdat ze in zichzelf geloofde. En wie de film *Erin Brockovich* met Julia Roberts in de titelrol heeft gezien, weet hoe het afliep: Brockovich won de zaak, puur op haar eigen doorzettingsvermogen, en de gedupeerden kregen allemaal een schadevergoeding. Als Brockovich haar intuïtie toen niet had gevolgd, was het milieuschandaal misschien wel nooit aan het licht gekomen.

De echte Brockovich heeft inmiddels al jaren haar eigen bedrijf, waarmee ze zich heeft gespecialiseerd in gifschandalen. In heel Amerika weten bezorgde burgers haar te vinden. Dankzij de verfilming van haar eerste succes, maar ook dankzij haar site op internet.

Mensen als Brockovich, de organisatoren van de actiegroep 'Stop Veefabrieken Utrecht', Caroli Buitenhuis en Babs Riemers en Miep Kuiper kunnen niet alle wereldproblemen oplossen. Maar ze dragen wel allemaal hun steentje bij, en dat steentje kan meer losmaken dan je soms verwacht.

Er bestaat een mooie theorie die deze gedachte onderbouwt: volgens het vlindereffect kan de vleugelslag van één vlinder in Brazilië een orkaan veroorzaken in Texas. Kleine acties kunnen grote consequenties hebben. En dat is precies de reden om betrokken te zijn, te worden of te blijven. Want misschien is het wel jouw plan, jouw actie, jouw vlinderslag – of die nu op straat was, vastgeketend aan een Greenpeace-ketting of op internet – die het verschil gaat maken.

14

EN ZO HOUD JE HET VOL!

Ik wil mijn excuses aanbieden. Aan de vegetariërs, die ik vroeger zo graag aansprak op hun inconsequente gedrag. Vaak kwam ik met opmerkingen aanzetten als: 'Als je geen vlees eet, waarom draag je dan wel leren schoenen?' En: 'Als je geen vlees eet, waarom dan wel dropjes? Daar zitten gemalen kippenbotjes in, hoor!'

Die excuses maak ik niet omdat ik zelf vegetariër zou zijn geworden. Ik eet, hoewel veel minder, nog steeds vlees. Ik maak ze omdat ik nu pas begrijp hoe vervelend het voor hen geweest moet zijn om iedere keer weer die discussie (met vleeseters) aan te moeten gaan, terwijl ze zelf alleen maar iets goeds probeerden te doen.

Wie tegenwoordig serieus probeert zo milieuvriendelijk mogelijk te leven is toch een beetje als de vegetariër van twintig jaar geleden. Sinds ik op de 'eco-toer' ben moet ik vaak denken aan die discussies over wel of geen vlees eten. Opeens verwachten mensen van me dat ik alles weet over de wereldwijde CO_2-uitstoot en de opwarming van de aarde. En krijg ik opmerkingen naar mijn hoofd geslingerd als: 'Zo, dus jij bent een eco-mama. Maar wat zie ik? Je bent met de auto naar ons feestje gekomen? Nou, dan kan het nog wel een stapje groener, hè?' Als ik op bezoek ben bij vrienden en familie, maakt er altijd wel iemand een toespeling op mijn groene ommezwaai: 'Nu vallen we door de mand, we hebben de Nespresso-cups niet gerecycled!' Of: 'Wil je melk in de koffie? O nee, jij drinkt natuurlijk alleen maar linksdraaiende sojamelk.' En: 'Dan kun je wel minder vlees eten, maar weet je wel hoe milieuvervuilend die sojaburgers van jou zijn? Het heeft helemaal geen zin wat jij doet. Terwijl jij het vliegtuig mijdt, worden er in India zes nieuwe vliegvelden gebouwd.'

Meestal ben ik ertegen bestand, maar soms overkomt het me dat ik ook even niet meer weet waarvoor ik het allemaal doe. Dan wordt het cynische duiveltje in mij wakker om in de hoedanigheid van dat nare mannetje uit die Dubbelfris-reclame ('Zoenen! Zoenen! Maak me gééék!') vanaf mijn schouder te roepen: 'Stoppen! Stoppen! Het heeft geen zin!' Op dat soort momenten denk ik weleens: ik koop morgen een oldtimer zonder roetfilter, vlieg naar een zonnig oord en bestel er zo snel mogelijk een cocktail aan de rand van een van de vijf zwembaden van mijn all-inclusiveresort. Ik gooi mijn onbespoten pastinaken, schorseneren en aardperen in de afvalbak, bestel een niet-biologische biefstuk in een restaurant mét terrasverwarmers en maak me geen zorgen meer om plastic tasjes en duurzame keurmerken. Na mij de zondvloed!

Geen weg terug

Ik heb weleens geprobeerd terug te gaan naar mijn oude leefstijl. Met sushi bijvoorbeeld. Ik ben altijd een groot liefhebber geweest, tot ik mijn hoofdstuk over duurzame vis schreef en ontdekte welke schade we aanrichten in de oceanen met onze honger naar sashimi, nigiri, maki en California rolls. Zo vriest autofabrikant Mitsubishi tonnen blauwvintonijn in op min zestig graden zodat ze de vis over een paar jaar, als het aanbod afneemt, voor de hoofdprijs kunnen verkopen. Denk daar eens goed over na: een miljardenbedrijf dat de wereldeconomie nauwlettend in de gaten houdt, vriest enorme hoeveelheden tonijn in voor de toekomst. Als je nog twijfelt aan de boodschap van bezorgde milieuorganisaties dat de oceanen over dertig jaar leeg zijn, hoef je alleen maar naar bedrijven als Mitsubishi te kijken om te begrijpen dat ze een punt hebben. Dit soort internationals zou nooit anticiperen op het uitsterven van tonijn als er geen winst mee te behalen viel. Sinds ik dit weet, ga ik liever niet meer naar een Japans restaurant. Maar van die beslissing heb ik letterlijk wakker gelegen.

Toen ik later toch weer eens werd overvallen door zo'n watmaakt-het-ook-allemaal-uit-bui, besloot ik in een opwelling sushi te bestellen. Het werd netjes thuisbezorgd in zo'n zwart plastic bakje met groene plastic garneerblaadjes en van die kleine zakjes sojasaus en wasabi. Ik ging er goed voor zitten, opende mijn bakje en opeens besefte ik dat er iets was veranderd. Hoe graag ik mijn oude gewoonte ook op wilde pakken, het lukte niet meer. De knop die ik vroeger nog kon omzetten naar onverschillig consumeren werkte niet meer. Maar in plaats van teleurstelling voelde ik juist opluchting. Opeens besefte ik dat ik niet meer afhankelijk was van een industrie die om maar één reden de oceanen leegrooft: geld. Het deed me sterk denken aan het gevoel dat je hebt als je eenmaal bent gestopt met roken. In het begin denk je dat je er nooit van afkomt en opeens besef je dat de gewoonte langzaam, heel langzaam, uit je systeem is verdwenen en dat die gigantische tabaksindustrie je niet meer in zijn macht heeft.

Het feit dat ik geen sushi meer eet, betekent overigens niet dat ik nu roomser dan de paus ben of heel dogmatisch alles afsla wat in mijn ogen niet milieuvriendelijk is. Dat heb ik overigens wel geprobeerd. Zoals ik jaloers kan zijn op mensen die vijf dagen in de week sporten, zo zou ik ook graag honderd procent klimaatneutraal willen leven. Maar dat is voor mij niet haalbaar. Ik heb nieuwe principes, maar ik ben nog steeds een mens. En dus neem ik op bruiloften nog weleens zonder mezelf achteraf te kastijden een toastje zalm aan, bestel ik een entrecote in een Frans dorpsrestaurant tijdens de vakantie en eet ik ook nog weleens verpakte ingevlogen groenten in plaats van de onbespoten variant van de boer. Maar als je af en toe door rood fietst ben je ook niet meteen een asociale wegpiraat. Het is goed om bepaalde principes te hebben, maar je hoeft ze niet tot in het extreme na te leven. Het is net als met gezond eten: iemand die niets anders dan het zuiverste bronwater drinkt, elke dag op raw food knabbelt en in paniek raakt bij het zien van een E-nummer, werkt mij op de zenuwen. Je moet wel blijven leven.

Hoeveel je ook over duurzaam leven leert, je zult altijd nieuwe dingen ontdekken die je nog niet bewust deed. Ik begin bijvoorbeeld nu pas echt kritisch te kijken naar de kleren die ik koop en het feit dat die allesbehalve groen zijn. Ik vraag me af hoe het zit met de keurmerken voor biologisch katoen. Niet al te best, zo ben ik inmiddels te weten gekomen: de keurmerken voor biologisch katoen stellen namelijk geen eisen aan de verf- en productiewijze. Het katoen is dan wel (vaak zelfs maar voor een deel) biologisch geteeld, maar het kan nog steeds in een smerige fabriek geverfd en verwerkt zijn. De milieubelasting van de katoenproductie is trouwens veel groter dan die van hennep of brandnetel, waarvan je ook heel mooie kleren kunt maken. Het zijn allemaal ontdekkingen die mijn blik opnieuw verscherpen en mijn gedrag langzaam veranderen. Spijkerbroeken koop ik nu alleen nog maar van het duurzame merk Kuyichi. In die broeken zit een label met daarop een nummer waarmee je op internet kunt zien waar en door wie je broek in elkaar is gezet. En de broeken zijn van biologisch katoen. Het is nog niet perfect, maar het voelt stukken beter dan de niet-biologische spijkerbroeken die in Pakistan voor H&M of ZARA zijn gemaakt.

Je kunt op mijn groene kledingkeuze met het grootste gemak die oude vegetariërs-kritiek loslaten. 'Zo, dus je wilt groen leven maar koopt wel niet-groene kleren? Beetje hypocriet, vind je niet?' Maar inmiddels vind ik dat gemakkelijke, flauwe kritiek. Dat neemt overigens niet weg dat het een ingewikkeld vraagstuk is. Als ik zo graag wil dat iedereen groen doet, moet ik dan niet zelf het groenst doen?

Misschien ben ik wel hypocriet: ik wil heel graag heel groen zijn, maar ik ben niet ongevoelig voor mooie nieuwe jurkjes, glanzende lipgloss, glimmende iPhones en prachtige leren laarzen. Ik houd van Afrikaanse en Australische wijnen en eet af en toe vlees terwijl ik weet dat dat niet duurzaam is. Hypocriet dus. Maar wat is het alternatief? Dat ik een heilig boontje word dat volledig klimaatneutraal door het leven gaat en mensen boos op de vingers tikt als ze in een winkel om een plastic tasje vragen? Dat lijkt me niet motiverend. Niet voor mij en niet voor de mensen om mij heen. Ik doe liever zo veel mogelijk groen met het risico als hypocriet te worden gezien, dan honderd procent groen met het risico cynisch te worden.

Aan het begin van mijn groene zoektocht interviewde ik psycholoog Arjan van Dam, schrijver van het boek *De kunst van het falen*. In dit boek probeert Van Dam mensen bewust te maken van hun faalangst en te wijzen op een eenvoudige manier om ermee af te rekenen. Kort voor mijn gesprek met Van Dam had ik een kinderfeestje voor mijn dochter georganiseerd. Het was een groot succes. Maar toen ik na afloop de rotzooi aan het opruimen was, ontdekte ik opeens dat ik volledig was vergeten op het milieu te letten. In de haast van de organisatie had ik grote zakken gekleurde dropsleutels gekocht, kant-en-klare magnetronpoffertjes ingeslagen en een bak vol roze glitters en glazuur voor op de cakejes klaargezet. En alle vriendinnetjes kregen een plastic zakje met plastic cadeautjes erin mee naar huis. Ik had het helemaal verkeerd gedaan, wat een milieuvervuiler was ik! Wat ik natuurlijk had moeten organiseren was een speurtocht door het bos met een picknick op de hei. Ik had zelf een stapel (biologische) pannenkoeken moeten bakken en een verantwoord afscheidscadeautje in oude lapjes bloemetjesstof mee moeten geven. Ik voelde me een totale flop. Maar Van Dam praatte me moed in. En zijn verhaal was even inspirerend als eenvoudig.

'Voordat je aan je groene voornemens gaat werken moet je weten dat er een verschil is tussen willen leren en willen presteren. Sommige mensen zijn heel leergericht, anderen juist heel prestatiegericht. Voornamelijk dat laatste komt veel voor.

We leven in een prestatiemaatschappij waarin we onszelf aan de lopende band prestatiedoelen stellen: ik wil dat huis kopen, ik wil die baan krijgen, enzovoort. Prestatiegerichte mensen willen dat zo snel mogelijk met zo weinig mogelijk inspanning voor elkaar krijgen. En doen daardoor de hele tijd van alles mis. Want zo werkt het niet.

Hetzelfde geldt voor groen leven. Als je dat als een prestatie gaat zien die je wilt halen, leg je de lat veel te hoog. Dan weet je bij voorbaat al dat er altijd momenten zullen zijn waarop je gaat falen. Je zwicht een keer voor McDonald's, je koopt toch het goedkope spul in de supermarkt of stapt in de auto terwijl je net zo goed met de fiets had kunnen gaan. Dat doe je dan allemaal slecht en dat demotiveert enorm. En de grote valkuil is dat je op een gegeven moment denkt: ik houd ermee op, dit gaat me nooit lukken.

Je kunt je prestatiedoel beter ombuigen naar een leerdoel. Dan wordt het: "Ik wil leren om milieubewust te leven." In dat geval zie je groen doen als een vaardigheid die je onder de knie wilt krijgen. Mensen die prestatiegericht zijn doen het vooral om goed beoordeeld te worden door de buitenwereld. Mensen die leergericht zijn, doen het vooral omdat ze het voor zichzelf willen leren. Ze hangen hun eigenwaarde niet op aan het oordeel van de ander. Het is dus belangrijk jezelf de vraag te stellen waarom je iets wilt: om indruk te maken op anderen, om de wereld te verbeteren, of voor jezelf en je kinderen?

Zodra het een leerproces is en niet langer een prestatieproces, zul je anders naar je fouten gaan kijken. Als je lekker wilt leren koken, ben je ook niet van de ene op de andere dag een topkok. Daarvoor moet je ook cursussen volgen en veel oefenen. Als je Spaans gaat leren verwacht je ook niet dat je de taal na een week al vloeiend spreekt. En voor een muziekinstrument geldt hetzelfde: je kunt je wel voornemen dat je einddoel een optreden in het Concertgebouw is, maar dan wordt het een lange en frustrerende weg. Wanneer je zegt: "Ik ga gewoon oefenen, ik wil er lol in hebben," zal het leuker zijn en beter gaan. En als het dan eens misgaat, valt de teleurstelling niet zo tegen.

Je hebt dan misschien slecht gepresteerd, maar wél wat geleerd. Leergerichte mensen durven ook hogere doelen te stellen dan prestatiegerichte mensen. Simpelweg omdat ze het niet erg vinden als ze op hun snufferd gaan. Want als je leert, mag je fouten maken.'

Ik denk terug aan het kinderfeestje van mijn dochter. Ik was teleurgesteld in mezelf omdat ik gefaald had. Maar als ik het als een leerproces had gezien, had ik kunnen zeggen: volgend jaar is ze weer jarig en krijg ik een nieuwe kans. Ik heb in ieder geval geleerd hoe ik het niet meer wil organiseren. Dan is falen juist een bron van inspiratie in plaats van een frustrerende en ontmoedigende mislukking. Waar Van Dams verhaal op neerkomt, is dat je milder op je eigen negatieve ervaringen reageert. Dat besef heeft mij erg geholpen.

Een voorbeeld: nadat ik had besloten nooit meer vlees van de bio-industrie te eten, ging er op een avond toch iets mis. Ik was naar een feestje geweest waar veel wijn en weinig eten was. Onderweg naar huis stopte ik bij een snackbar voor een patatje. Zonder dat ik er bewust bij stilstond, bestelde ik ook een portie bitterballen. Die had ik altijd gegeten zonder erover na te denken, en met die gewoonte in mijn systeem bestelde ik ze nu weer. Maar toen ik ze thuis zat op te eten schrok ik. Ik at vlees uit de bio-industrie! Ik had gefaald! Ik had geen ruggengraat!

Inmiddels zie ik dat soort ervaringen als onderdeel van mijn leerproces. Ik heb er dan wel niets van gebakken die avond, maar ik heb wel iets geleerd. In het geval van die bitterballenactie heb ik geleerd dat sommige ingesleten gewoonten hardnekkiger zijn dan ik had verwacht. En dat ik dus wat meer geduld met mezelf zal moeten hebben. Maar het feit dat ik daar überhaupt bij stilsta, voelt al als de helft van het werk.

In zijn betoog hamert Van Dam erop dat juist het proces ertoe doet, niet het einddoel. De reis is dus belangrijker dan de bestemming. Van Dam: 'Mensen die leergericht zijn, doen alles in kleine stappen. Alleen zo blijft het leuk. Als je in Hilversum aan een voetreis naar Rome begint en je denkt alleen aan Rome, dan zal het een lange teleurstellende reis worden. Als je je gaat richten op de reis zelf, wordt het veel leuker. Bij zo'n grote vraag als "hoe leer ik milieuvriendelijk leven?" kun je misschien beter af en toe één ding uitkiezen waarvan je zeker weet dat het je gaat lukken. Dat geeft zelfvertrouwen. Een mooi voorbeeld: ik ging eens houthakken met een vriend, maar het bleek heel hard hout te zijn, dat moeilijk te hakken is. Het ging ons slecht af. Maar we hadden ook een stapel vermolmd hout liggen, dat je veel makkelijker in stukken hakte. Dat noemden we ons stapeltje zelfvertrouwen. Het hakken van dat hout maakte de dag leuker en gaf ons letterlijk de kracht de zware stapel aan te kunnen. Jezelf af en toe succes gunnen is belangrijk. Want het besef dat je vooruitkomt, motiveert je. Daarom zijn kleine stappen zo belangrijk.'

Van Dams verhaal was inspirerend, maar ook verwarrend: mogen grote bedrijven dan ook kleine stapjes zetten? Toyota, de maker van de half-elektrische Prius, doet bijvoorbeeld ook aan kleine stapjes. De bedrijfscultuur van het Japanse automerk is gebaseerd op de filosofie van het *kaizen*. Kaizen (wat 'verbetering' betekent in het Japans) houdt in het kort in dat je grote doelen kunt behalen door kleine stapjes te zetten. En dat verschilt niet veel van Van Dams visie. Maar ik heb juist kritiek op het feit dat zulke bedrijven opscheppen over hun kleine stapjes. Grote bedrijven hebben veel geld, macht en invloed. Ze voeden de wereld. Dankzij ons consumptiegedrag kunnen ze hun winst ieder jaar weer een beetje opkrikken. En omdat ze die winst ieder jaar ook willen vergroten, doen ze van alles om ons langer binnen te houden en meer te laten kopen. Juist omdat ze invloed kunnen hebben op wat de consument in zijn karretje legt, hebben ze een grotere verantwoordelijkheid. Als ik eens een brood weggooi dan is dat zonde, maar het is niets vergeleken met de tonnen afval die supermarkten dagelijks weggooien.

Dit soort grote bedrijven zet stapjes die niet bij hun grootte passen. Albert Heijn en het éénsterren-vlees van de Dierenbescherming vind ik daar een sprekend voorbeeld van. Ik heb het éénsterren-vlees van dichtbij (toen het nog leefde) gezien en het verschil met geensterren-vlees vond ik schrikbarend klein. Albert Heijn hoeft er niet al te veel extra geld in te steken om over te stappen naar die ene ster, maar kan er wel mooie sier mee maken. En de consument denkt, aangespoord door mooie verhalen in de *Allerhande*, dat hij een zeer bewuste keuze maakt. Eénsterren-vlees is in mijn ogen geen stap in de goede richting. Dat is laf geschuifel.

Iedereen moet de stappen zetten die binnen zijn vermogen liggen. Een hardwerkende alleenstaande moeder met veel sores aan haar hoofd zal waarschijnlijk niet dezelfde veranderingen kunnen doorvoeren als een vrouw met een parttime baan en een goed verdienende echtgenoot. Maar de stappen die de grote levensmiddelenproducenten, energiebedrijven, autofabrikanten, banken en andere grote bedrijven maken, doen me meer denken aan een kleuter die geen zin heeft om te lopen dan aan iemand die uit volle overtuiging er de pas in zet. Die grote bedrijven hebben de mogelijkheid een vuur aan te steken, als consument kun je hooguit een vonk over laten springen. De langste en sterkste benen moeten de grootste stappen zetten en werkelijk transparant worden over die stappen zodat de consument écht bewust kan kiezen. Dat zou het voor ons veel gemakkelijker en vooral ook leuker maken om groen te doen.

En ze leefde nog groen en gelukkig

Tijdens het schrijven van dit boek kreeg ik geregeld de vraag wat nou het mooiste is wat ik had geleerd of ontdekt. Ik vind het nog steeds lastig daar één antwoord op te geven. Het is namelijk niet één ding. Het mooiste is bijvoorbeeld dat ik op zaterdagochtend met de kinderen door een stil bos naar de boer fiets om onze verse groenten te halen en dan hertjes zie lopen. Maar het mooiste is ook het moment waarop ik in de keuken sta en pompoensoep, courgettetaart of maissoep maak van de onbespoten groenten uit onze eigen moestuin. En het mooiste is ook als ik op een verlaten pompstation groengas sta te tanken en luister naar het gekke gesis van die pomp terwijl ik me probeer voor te stellen van welke boer het gas deze keer komt. En het mooiste is dat ik bijna niet meer hoef na te denken tijdens het boodschappen doen omdat ik veel minder gevoelig ben voor commerciële verleidingen.

En zo kan ik nog wel even doorgaan: de was ophangen in het trapgat terwijl mijn dochter vanuit haar bed naar me kijkt en nog even met me praat (veel leuker dan de was gehaast in de droger stoppen), je vingers aflikken bij vegetarische gerechten en heel bewust een stuk vlees uitkiezen bij de biologische slager, wetende van welke boer het komt. Zien dat je afvalbak na een week nog steeds niet vol zit en extra blij zijn als de zon schijnt omdat dat eigen, groene stroom oplevert.

Maar wat ik vooral mooi vind, is dat ik niet meer automatisch consumeer. Hiervoor deed ik bijna alles op routine. Winkelen in het weekend bijvoorbeeld, en thuiskomen met iets nieuws wat ik niet nodig had, maar waarvan ik wel dacht gelukkiger te worden. Inmiddels heb ik gemerkt dat het geluk van dat soort nieuwe dingen vervlogen is voor je er erg in hebt en dat het echte geluk uit heel andere dingen komt. Ik consumeer veel bewuster en daardoor automatisch minder. Ik heb mijn groene (denk)spieren getraind, en dat voelt goed. Zoals het ook lekker voelt als je na jaren niet sporten opeens toch in de cadans van het hardlopen kunt raken en merkt dat je lichaam tot veel meer inspanning in staat is en veel meer aankan dan je had verwacht.

In het boek *Groene intelligentie* schrijft Daniel Coleman (tevens de schrijver van *Emotionele intelligentie*) dat we onszelf 'groene intelligentie' moeten aanleren met ons verstand. Onze hersenen zijn namelijk niet in staat ons te vertellen waarom het zo belangrijk is om rekening te houden met het klimaat. Hij zegt daarover: 'We zijn in staat ogenblikkelijk de onheilspellende uitdrukking op het gezicht van een vreemde op te merken en de andere kant op te lopen, maar als het gaat om de opwarming van de aarde halen we onze schouders op. Onze hersenen zijn bijzonder adequaat bij directe bedreigingen, maar aarzelen zodra ze te maken krijgen met gevaren in een of andere onbekende toekomst.' Het gevaar staat dus te ver van ons bed. Onze hersenen kunnen het letterlijk niet bevatten. En je moet dus je verstand gebruiken om te kunnen begrijpen dat het belangrijk is dat de wereld verandert. Dat wij mensen veranderen.

Ik denk dat je de groendoen-knop wel degelijk ook met een heel primaire emotie kunt aanzetten, namelijk met de vraag 'Hoe wil ik leven?' Of 'Wie wil ik zijn?'

De Amerikaanse filosoof Jonathan Safran Foer schreef een aangrijpend boek over het eten van vlees en over de bio-industrie. Het is een boek waarvan je na lezing geen hap vlees meer door je keel krijgt. Een boek dat je confronteert met onze vernietigende zucht naar meer. Aan het einde van *Dieren eten* schrijft Foer: 'Wij kunnen ons niet beroepen op onwetendheid, alleen op onverschilligheid. Wij zijn van de generatie die beter zou moeten weten. Wij waren erbij toen er kritiek losbarstte op de bio-industrie en dat is een last en een kans. Wij zijn degenen aan wie gevraagd zal worden: wat deed jij toen je de waarheid hoorde over het eten van dieren?'

Zijn verhaal en deze uitspraak had net zo goed kunnen gaan over de klimaatdiscussie. Wij waren erbij toen de kritiek losbarstte op de grote milieuvervuilers. Wij waren erbij toen wetenschappers ontdekten dat er een duidelijke relatie is tussen de opwarming van de aarde en onze CO_2-uitstoot. En wat deden we toen we dat nieuws hoorden? Wat deed jij toen je de waarheid over ons klimaat hoorde?

Ik wil niet (meer) onverschillig door het leven gaan zonder te weten wat ik eet, drink, draag en consumeer. Ik wil bewust zijn van de natuur waarin ik fiets en waar ik op vakantie ga. Ik wil zelfstandig en onafhankelijk beslissingen kunnen nemen. Als we een nieuwe televisie kopen, vergelijken we alle specificaties en prijzen zodat we de beste keuze kunnen maken, al dan niet samen met de Consumentenbond. Maar zodra het gaat om de natuur, de gezondheid en de toekomst van onze kinderen en kleinkinderen, halen we in de meeste gevallen onze schouders op. Daar wil ik niet meer aan meedoen.

Uit onderzoek van de Britse psychologe Phillippa Lally is gebleken dat een mens gemiddeld zesenzestig dagen nodig heeft om een gewoonte te veranderen. Dat is dus ongeveer negen weken. Maar dat is het gemiddelde. Er waren mensen die in achttien dagen al afscheid hadden genomen van hun oude gewoonte en er waren er die een heel jaar nodig hadden om te veranderen. Maar of het nou achttien dagen duurt of een heel jaar, verandering is altijd mogelijk. Stel dat het een jaar zou duren, het langste scenario. Dan kunnen de hoofdstukken in dit boek je misschien wel helpen. Het zijn grofweg twaalf stappen, elke maand een. Sommige dingen zullen snel gaan, zoals overstappen op groene stroom. Dat is in een paar minuten gepiept. Duurzaam op vakantie gaan en je boodschappen anders inslaan vergen waarschijnlijk meer tijd. Maar dat is geen verloren maar gewonnen tijd. Want van iedere misser zul je wijzer worden. En lukt het niet, dan neem je er gewoon wat langer voor. Het gaat immers niet om de prestatie, maar om het leerproces. En leren, dat kan iedereen.

Tijdens mijn zoektocht naar manieren om duurzaam te leven ben ik veel wijsheden en beroemde uitspraken tegengekomen die kleine en grote wereldverbeteraars en oosterse en westerse wijsgeren geregeld gebruiken om mensen moed in te praten of duidelijk te maken dat we niet langer moeten wachten met actie. Dat 'grote veranderingen in de wereld beginnen bij jezelf', bijvoorbeeld. Of dat 'het altijd te vroeg is om op te geven'. Maar er zijn er nog veel meer, te veel om op te noemen. Bovendien zouden ze hun kracht verliezen als ik ze allemaal op een rijtje zou zetten. Als je in één keer een hele zak drop leeg eet, gaat het je ook tegenstaan.

Een paar van die inspirerende uitspraken staan in dit boek, andere zul je ongetwijfeld in het nieuws tegenkomen, op websites over het milieu en het klimaat en in interviews in kranten of boeken. Wat me opviel aan die uitspraken is dat ze bijna altijd gericht zijn op het grote geheel: de hele wereld, het hele milieu en het hele klimaat. De bekende slogan 'Een beter milieu begint bij jezelf' is er zo een. Als jij iets doet, dan wordt de wereld vanzelf beter. Met die gedachte begon ik ook aan dit boek: als ik nou wat inlever en opoffer, dan werk ik mee aan een gezonder klimaat.

Maar je kunt het ook anders zien, namelijk dat die uitspraak ook andersom blijkt te werken. Sterker nog, misschien werkt het zelfs wel beter andersom. Tijdens mijn pogingen de wéreld te verbeteren ben ík me beter gaan voelen. Zoals je je na een vakantie, een sapkuur of een weekendje sauna vrolijker, gezonder en energieker voelt, zo ben ik mezelf en mijn leven mooier en waardevoller gaan vinden. Groen doen houdt dus niet alleen in dat je werkt aan de wereld opdat die wereld er beter van wordt, maar ook dat je werkt aan jezelf en dat jíj er beter van wordt. Het mes snijdt aan twee kanten. Het is niet alleen 'Verbeter de wereld, begin bij jezelf', maar ook, of misschien wel juist 'Verbeter jezelf, begin bij de wereld'.

BRONNEN

Boeken, films en websites die mij bij het schrijven van dit boek hebben geïnspireerd en geholpen:

Boeken

Beavan, Colin, *No Impact Man*, Uitgeverij het Spectrum, Houten, 2009
Coleman, Daniel, *Groene Intelligentie*, Uitgeverij Contact, Amsterdam, 2009
Couget, Corinne, *Wat zit er in uw eten?* Bouillon Culinaire Journalistiek, Bilthoven, 2007
Craven, Greg, *What's the Worst that Could Happen?*, Penguin Group, New York, 2009
Dam, Arjan van, *De kunst van het falen*, Ambo, Amsterdam, 2009
Foer, Jonathan Safran, *Dieren Eten*, Ambo/Anthos, Amsterdam, 2009
Juffermans, Jan, *Nut & Noodzaak van de mondiale voetafdruk*, Lemniscaat, 2006
Schutte, Marieke, *Lexicon Cosmetische Ingrediënten*, Rijswijk, 2011
Wijk, Ad van, *Hoe kook ik een ei*, MGMC, Haarlem, 2010

Films

An Inconvenient Truth
The Age of Stupid
Food, inc
The Cove
The Story of Stuff
Taste The Waste
The End of the Line
Revenge of the Electric Car
Who Killed the Electric Car?
Silent Snow
Smakelijk Eten

Websites

1 Het waterdichte argument om nú wat te doen
www.gregcraven.org
www.janjuffermans.nl
www.noimpactman.com
www.wnf.nl/nl/wat_wnf_doet/thema_s/voetafdruk/living_planet_report_2010

2 Leven op (te) grote voet
Bereken je stikstofadruk op www.n-print.org
www.watervoetafdruk.be
www.wnf.nl/footprint
www.footprintnetwork.org
www.noimpactweek.nl
www.voedingscentrum.nl/voedselafdruk
www.ecolife.be

3 Keurmerken en claims: veel grijs in een groen gebied
www.foodwatch.nl
www.milieucentraal.nl
www.sinsofgreenwashing.org
www.een.be/programmas/basta

4 Eigen (groene) stroom eerst
www.ikswitch.nu
www.ikspringover.nl
www.urgenda.nl
www.wijwillenzon.nl
www.kiesgroenlicht.nl
www.nudge.nl
www.bespaartest.nl
www.natuurenmilieu.nl

5 Eco-rijden en brandstof tot nadenken
www.hetnieuwerijden.nl
www.greenwheels.nl
www.mywheels.nl
www.orangegas.nl
www.groengas.nl

6 Op zoek naar echt duurzame vis
www.goedevissers.nl
www.msc.org
www.goedevis.nl

7 Van carnivoor naar flexitariër
www.vleeswijzer.nl
www.ikbenflexitarier.nl
www.vegetarischeslager.nl

8 Het supermarktstappenplan
http://groentefruit.milieucentraal.nl
www.culios.nl
www.versvanhetland.nl
www.willemendrees.nl
www.foodwatch.nl

9 Groene cosmetica, een illusie in een potje
www.natrue.org
www.jetskeultee.nl
www.indisha.nl
www.sinlist.org
www.nanocontrole.nl
www.ewg.org/skindeep

10 Weg met dat afval!
http://zerowastehome.blogspot.com
www.littlegreendress.nl
www.repaircafe.nl
www.storyofstuff.com

11 Verantwoord op vakantie en duurzaam dineren
www.vakantievoetafdruk.nl
www.greenseat.nl
www.treesfortravel.nl
www.hivos.nl/energie
www.puuruiteten.nl
www.wetapwater.nl
www.deserresgraveland.nl

12 Pinnen met een schoon geweten
www.eerlijkebankwijzer.nl
www.overstapservice.nl

13 De kracht van actievoeren
www.greenpeace.nl/photosvideos/Video1/Video-Have-a-break
www.occupywallst.org
www.strawberryearth.com
www.tassenbol.nl

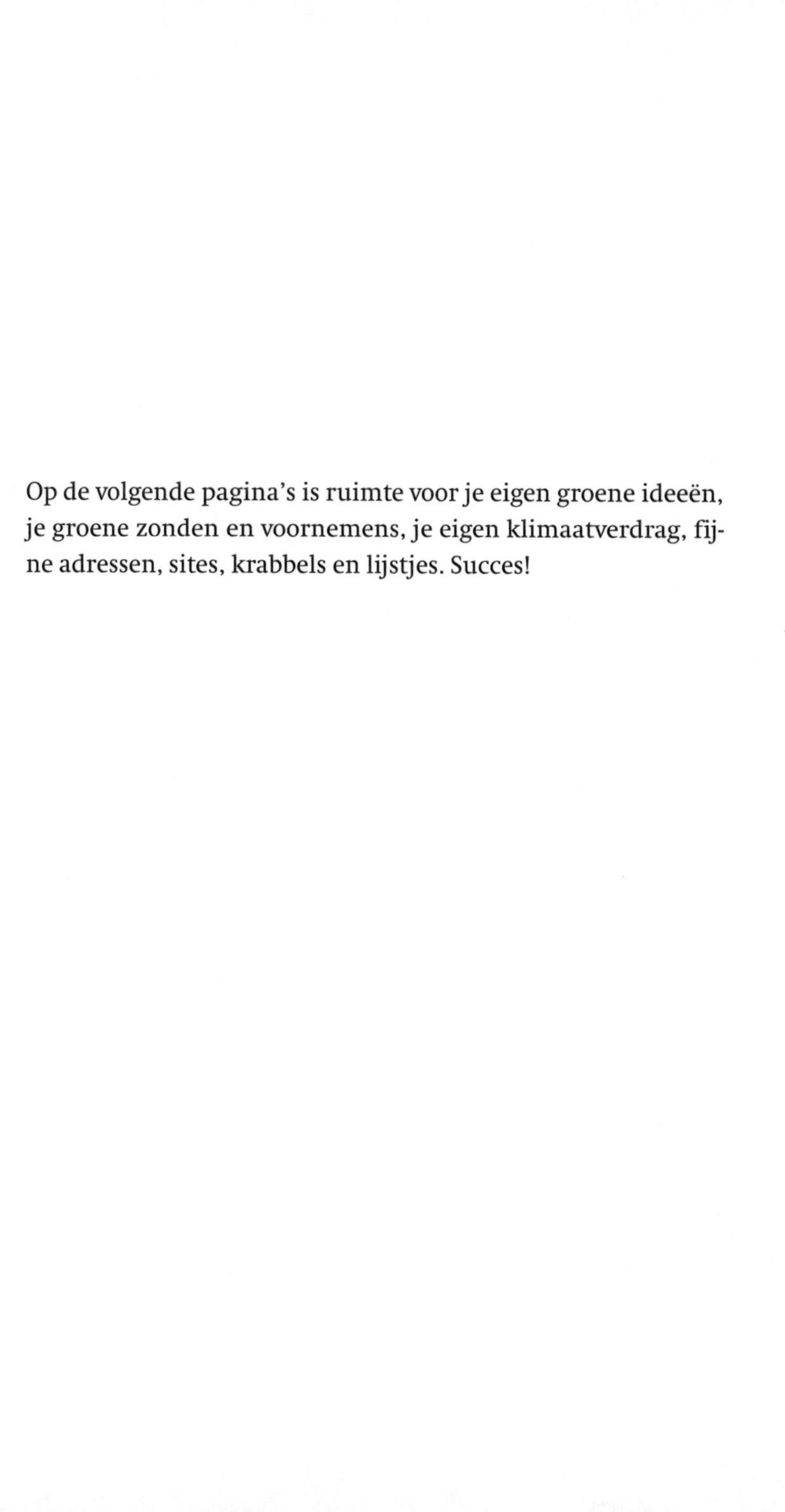

Op de volgende pagina's is ruimte voor je eigen groene ideeën, je groene zonden en voornemens, je eigen klimaatverdrag, fijne adressen, sites, krabbels en lijstjes. Succes!